vmb
PUBLISHERS

Versunkenes Mexiko

Geschichte und Kultur der Maya, Azteken und anderer vorkolonialer Zivilisationen

VERSUNKENES MEXIKO

GESCHICHTE UND KULTUR DER MAYA, AZTEKEN UND ANDERER VORKOLONIALER ZIVILISATIONEN

Text
Maria Longhena

Redaktion
Fabio Bourbon
Valeria Manferto De Fabianis

Grafik
Patrizia Balocco Lovisetti
Anna Galliani
Clara Zanotti

Illustrationen
Monica Falcone
Roberta Vigone

INHALT

VMB Publishers®
ist eine eingetragene Marke von
Edizioni White Star s.r.l.

Via Candido Sassone, 24
13100 Vercelli – Italien
www.whitestar.it

Überarbeitete Auflage

Übersetzung: Dr. Marion Pausch
Lektorat: Aliya Bohnsack

ISBN 978-88-540-1609-5
1 2 3 4 5 6 15 14 13 12 11

Gedruckt in China

1 Bedrohlich wirken die Köpfe der Gefiederten Schlange am Treppenaufgang der Adlerplattform in Chichén Itzá.

2-3 Diese Luftaufnahme fasst die wichtigsten Gebäude von Palenque ins Bild. Das Zeremonialzentrum der Maya liegt in der mexikanischen Region Chiapas.

4-5 In Tikal, Guatemala, führt eine lange Treppe zur Spitze der Pyramide der Verlorenen Welt empor.

6-7 Die imposante Wahrsagerpyramide in der Mayastadt Uxmál zeichnet sich durch einen untypischen, ovalen Grundriss aus. Darüber erheben sich mehrere Gebäude.

8-9 Diese herrliche Totenmaske der Maya aus Diopsid, Schwefelkies und Muscheln wurde in Tikal (Guatemala) gefunden.

10-11 Vor dem prächtigen Kriegertempel in Chichén Itzá auf der Halbinsel Yucatán liegen die Ruinen eines weiteren Gebäudes, das die Tolteken während ihrer Herrschaft über die Mayastadt erbaut hatten.

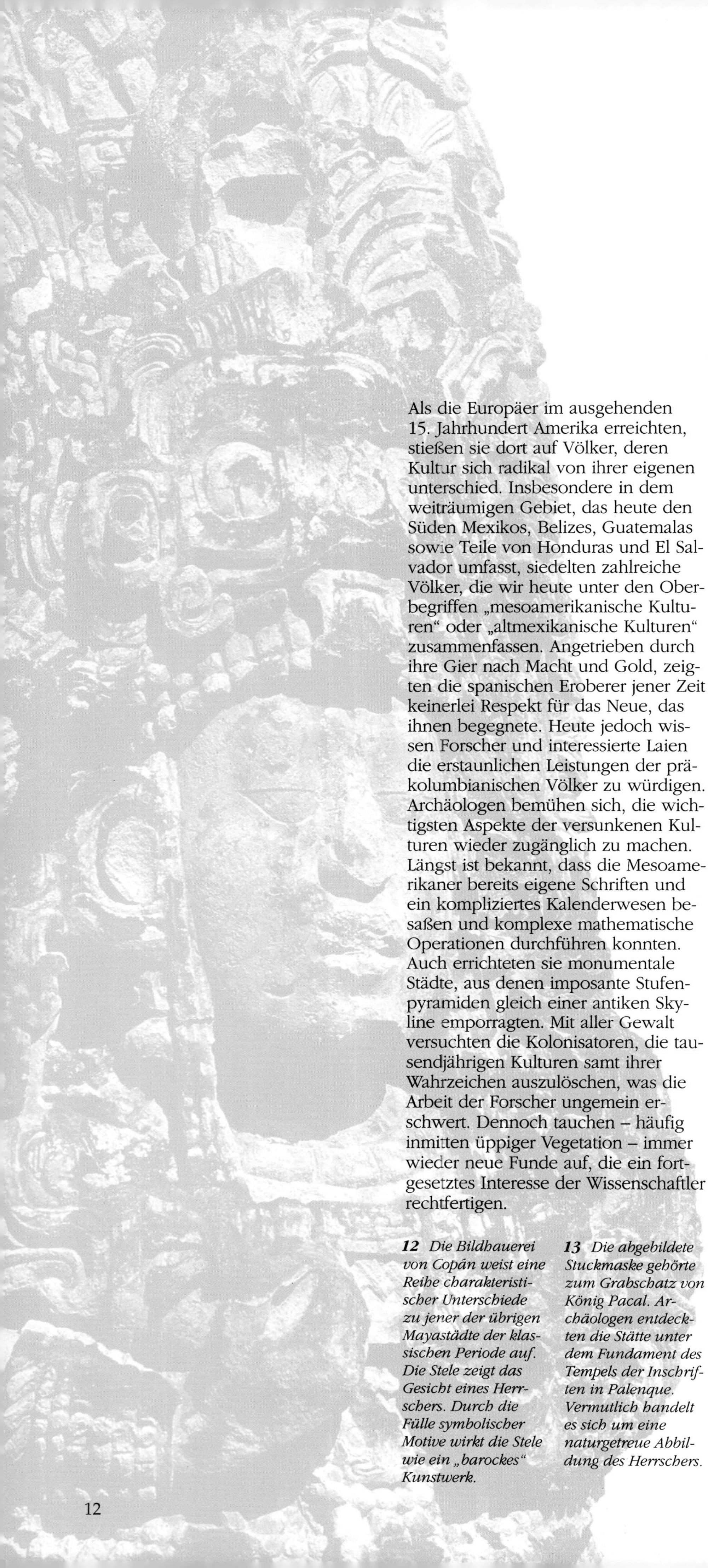

Als die Europäer im ausgehenden 15. Jahrhundert Amerika erreichten, stießen sie dort auf Völker, deren Kultur sich radikal von ihrer eigenen unterschied. Insbesondere in dem weiträumigen Gebiet, das heute den Süden Mexikos, Belizes, Guatemalas sowie Teile von Honduras und El Salvador umfasst, siedelten zahlreiche Völker, die wir heute unter den Oberbegriffen „mesoamerikanische Kulturen“ oder „altmexikanische Kulturen“ zusammenfassen. Angetrieben durch ihre Gier nach Macht und Gold, zeigten die spanischen Eroberer jener Zeit keinerlei Respekt für das Neue, das ihnen begegnete. Heute jedoch wissen Forscher und interessierte Laien die erstaunlichen Leistungen der präkolumbianischen Völker zu würdigen. Archäologen bemühen sich, die wichtigsten Aspekte der versunkenen Kulturen wieder zugänglich zu machen. Längst ist bekannt, dass die Mesoamerikaner bereits eigene Schriften und ein kompliziertes Kalenderwesen besaßen und komplexe mathematische Operationen durchführen konnten. Auch errichteten sie monumentale Städte, aus denen imposante Stufenpyramiden gleich einer antiken Skyline emporragten. Mit aller Gewalt versuchten die Kolonisatoren, die tausendjährigen Kulturen samt ihrer Wahrzeichen auszulöschen, was die Arbeit der Forscher ungemein erschwert. Dennoch tauchen – häufig inmitten üppiger Vegetation – immer wieder neue Funde auf, die ein fortgesetztes Interesse der Wissenschaftler rechtfertigen.

Der vorliegende Band möchte die Geschichte einiger mesoamerikanischer Völker zurückverfolgen. Im Vordergrund stehen dabei diejenigen Ethnien, die sich durch eine besonders stark ausdifferenzierte Gesellschaft und einen hohen Kenntnisstand auszeichneten. Zapoteken, Maya, Azteken und andere, weniger bekannte Völker haben erstaunliche Kulturdenkmäler in Form von Bauwerken, Skulpturen, Flachreliefs, Keramiken, Schmucksteinen und nicht zuletzt schriftlichen Zeugnissen hinterlassen, deren Geheimnisse sich erst allmählich zu lüften beginnen. Gleichzeitig sollen die nachfolgenden Seiten auch die Bedeutung einiger bis heute weniger bekannter Kulturen unterstreichen, die ebenfalls entscheidend zur ökonomischen und künstlerischen Entwicklung Mesoamerikas beigetragen haben. In aller Ausführlichkeit analysieren der Text und das reichhaltige Bildmaterial somit die gesamte Geschichte der mittelamerikanischen Völker, von den ersten Zeugnissen der olmekischen Kultur bis hin zur späten nachklassischen Periode und der Ankunft der Spanier unter Hernán Cortés. Wissenschaftlich und dennoch allgemein verständlich formuliert, ermöglicht das vorliegende Werk die gründliche und zugleich anregende Auseinandersetzung mit einer zeitlich wie räumlich weit entfernten Welt. Am Ende steht schließlich die Erkenntnis, dass die Fülle unvertrauter Werte, die uns in diesen Kulturen begegnen, gerade auch die Einstellung zu unserer von Normen stark geprägten Gesellschaft verändern kann.

12 *Die Bildhauerei von Copán weist eine Reihe charakteristischer Unterschiede zu jener der übrigen Mayastädte der klassischen Periode auf. Die Stele zeigt das Gesicht eines Herrschers. Durch die Fülle symbolischer Motive wirkt die Stele wie ein „barockes“ Kunstwerk.*

13 *Die abgebildete Stuckmaske gehörte zum Grabschatz von König Pacal. Archäologen entdeckten die Stätte unter dem Fundament des Tempels der Inschriften in Palenque. Vermutlich handelt es sich um eine naturgetreue Abbildung des Herrschers.*

14-15 *Diese Totenmaske aus Terrakotta stammt aus Teotihuacán. Der Fund aus der klassischen Periode zeigt Ohrringe sowie einen T-förmigen Nasenschmuck, der noch Spuren der ursprünglichen Farbe aufweist.*

16-17 *Diese Maske veranschaulicht, mit welch außergewöhnlicher Kunstfertigkeit das Volk von Teotihuacán Edelsteine verarbeitete. Ein Mosaik aus Türkisen, Schwefelkies und Muscheln bedeckt die Jademaske aus dem 8. Jh. v. Chr.*

DIE PRÄKOLUMBIANISCHEN VÖLKER MESOAMERIKAS

18 Die Aufnahme zeigt einen Ausschnitt von Wandmalereien. Sie schmücken Raum 1 des Tempels der Fresken in Bonampak, einer Mayastadt der klassischen Periode. Gemeinsam mit Musikern und Tänzern führen die dargestellten Fächerträger einen heiligen Tanz auf.

19 Dieser Tänzer ist ebenfalls Bestandteil des berühmten Freskenzyklus von Bonampak. Er trägt zwei auffällige, bunt bemalte künstliche Vogelflügel. Tierähnliche Verkleidungen waren häufiger Bestandteil religiöser Zeremonien.

Erste Baumeister: die Olmeken

A Cerro de las Mesas
B Tres Zapotes
C La Venta

Ab dem 2. Jahrtausend v. Chr. begannen in Mesoamerika Hochkulturen zu blühen, die im Kulturraum der tropischen Tiefebene am Küstenstreifen des Golfs von Mexiko wurzelten. Ein dichtes Netz von Flüssen und Sümpfen bildet die Lebensgrundlage der von üppiger Fruchtbarkeit geprägten feuchtwarmen Gebiete. Hier entstand um 1500 v. Chr. die Kultur der Olmeken, die Ursprungskultur der antiken mexikanischen Hochkulturen.

Bis heute liegen die Ursprünge und Besonderheiten dieser ältesten mesoamerikanischen Kultur im Dunkeln. Der Name „Olmeken“ stammt aus dem Nahuatl, der Sprache der Azteken. Er bezeichnete dort „die Bewohner von Olmán“ oder „das Volk des Kautschuklandes“, jene Untertanen Moctezumas, die zur Zeit der spanischen Eroberung an der Küste des Golfes von Mexiko siedelten. Noch immer ist jedoch ungeklärt, wie die Olmeken des 2. und 1. Jahrtausends v. Chr. sich selbst nannten. Dank archäologischer Funde gilt es allerdings als gesichert, dass die Olmeken am Beginn der großen Kulturen und Reiche der Zapoteken, Maya und Azteken standen, die in Mittelamerika bis zum Eintreffen der Spanier aufeinander folgten. Die Entwicklung und die kulturellen Eigenheiten der olmekischen Kultur werden allerdings nur vor dem historischen und geographischen Hintergrund verständlich, der ihr Entstehen ermöglichte.

Um das 4. Jahrtausend v. Chr. strukturierte sich im mittelamerikanischen Raum die Landwirtschaft. In der Folge bildeten sich erste sesshafte Gemeinschaften. Grundnahrungsmittel war der Mais, ergänzt durch Maniok, Kürbis, Bohnen und Süßkartoffeln. Die seit der Antike in Europa domestizierten Tierarten wie Pferd, Rind und Schaf waren in der Neuen Welt bis zur Ankunft der Europäer unbekannt. Die indianischen Völker hielten ihrerseits Hunde, Truthähne, Honigbienen und vermutlich Tapire. Die Einwohner Mittelamerikas bewirtschafteten Felder, jagten aber auch weiterhin Vögel und Wild in den tropischen Wäldern und fischten in den Flüssen oder seichten Küstengewässern.

In den letzten Jahrhunderten des 2. Jahrtausends v. Chr. war das fruchtbare Gebiet in den heutigen mexikanischen Teilstaaten Veracruz und Tabasco dicht besiedelt. Die Menschen lebten in zahlreichen Bauerndörfern, insbesondere entlang der Flüsse Tonala und Papaloapán und nahe der Bucht von Campeche. Um das Jahr 1200 v. Chr. zeichneten sich jedoch gewisse Veränderungen ab, die die Geburt einer eigenständigen Hochkultur ankündigten. Im Mittelpunkt der aus Lehm und Stroh erbauten Hüttensiedlungen errichtete man pyramidenartige Bauten aus Vulkangestein, die als Tempel dienten. Bei diesen Gebäuden handelt es sich um

20 links *Diese Steinfigurine eines Akrobaten wurde um 600 v. Chr. in der präklassischen Stadt Tlatilco, einem der ältesten Zentren Zentralmexikos, gefertigt.*

20 rechts *Auch diese Steinfigur stammt aus der präklassischen Periode. Der Ringer hat typisch olmekische Gesichtszüge.*

21 *Die Olmeken schufen eindrucksvolle Skulpturen aus Vulkangestein wie diesen Kolossalkopf aus San Lorenzo. Die Gesichtszüge wirken negroid oder fernöstlich und werfen Fragen zu Herkunft und Ursprung der Olmeken auf. Vermutlich sollten die Häupter das feierliche Aussehen hoher Würdenträger festhalten.*

die ältesten architektonischen Zeugnisse Mittelamerikas, die bis heute rätselhaften Bauten der frühen olmekischen Kultur. Das Dorf gruppierte sich um die für Kulthandlungen errichteten großen Stufenpyramiden, von Fachleuten als „Zeremonialzentren" bezeichnet. Der Gesamtkomplex unterschied sich allerdings deutlich von „Städten", wie sie im 1. Jahrhundert n. Chr. bei den Maya oder in Teotihuacán aufkamen. Die bedeutendsten Zeremonialzentren der Olmeken, die bis heute gefunden wurden, befinden sich in San Lorenzo, La Venta, Tres Zapotes und Laguna de Los Cerros.

Archäologische Untersuchungen zeigen, dass San Lorenzo um 1200 v. Chr. als erste dieser Stätten erblühte und vermutlich um 900 v. Chr. gewaltsam zerstört wurde. In der Folge entstand auf einer Anhöhe inmitten des Urwalds La Venta, das nach dem heutigen Stand der Forschung größte und bedeutendste Zeremonialzentrum der Olmeken. Hier errichteten sie die älteste mesoamerikanische Pyramide, einen 34 Meter hohen, kegelförmigen Bau, dessen Form nach Meinung einiger Wissenschaftler einen Vulkan nachbildet.

Außer Pyramiden und Plattformen förderte man an diesen Stätten Überreste mit Flachreliefs verzierter Altäre und Stelen zutage sowie die vielleicht interessantesten Funde jener Epoche, eine Reihe steinerner Kolossalköpfe. Insgesamt fand man bis heute 17 dieser mehrere Tonnen schweren Skulpturen, die letzte erst in jüngerer Zeit. Besonders beeindrucken die menschlichen Gesichtszüge der riesigen Häupter, die eine Art Helm krönt: Mandelaugen, Wulstlippen und plattgedrückte Nasen erinnern an Völker negroider Abstammung und haben viele, bislang ungeklärte Fragen über die ethnische Herkunft der dargestellten Personen aufgeworfen.

Auf Statuen und Flachreliefs von Altären fand man ähnlich geartete Bilder von Menschen, die Kinder in den Armen halten, aber auch Jaguare oder an Jaguare erinnernde Wesen. Neben den großen Steingebäuden brachten Ausgrabungen kleinere Funde ans Licht, die das künstlerische Geschick der Olmeken belegen. Hier-

22 Diese große Skulptur aus grünem Stein wird nach ihrem Fundort im mexikanischen Staat Veracruz „Herr von Las Limas“ genannt. Sie stammt aus der mittleren präklassischen Periode und stellt einen Mann mit einem Kind in den Armen dar. Er könnte für den Regengott stehen, den die Olmeken in kindlicher Gestalt verehrten.

23 unten *Zu den künstlerischen Besonderheiten der Olmeken gehören die „Baby Face“-Figuren. Die Statuetten aus Stein oder Terrakotta zeigen kindliche, geschlechtslose Gestalten mit rundlichem Körperbau, meist in sitzender Haltung mit geöffneten Beinen. Die abgebildete Figur scheint sich die Augen zu reiben.*

zu gehören zum Beispiel Votivschränkchen oder Grabbeigaben von Mitgliedern der Oberschicht. Es handelt sich zumeist um Keramikgefäße, Terrakottafiguren, die Forscher wegen ihres kindlichen Gesichtsausdrucks „baby face“ nennen, aber vor allem um elegante Schmuckstücke und Figurinen in Tier- oder Menschengestalt aus ziselierter Jade, Serpentin oder Obsidian.

Solche Objekte fanden sich nicht nur in der Küstenregion des Golfs von Mexiko, sondern auch an zahlreichen anderen Stätten in ganz Mexiko, in Belize, Guatemala und Honduras.

Die weite Verbreitung belegt die Ausdehnung, die Kultur und Wirtschaft der Olmeken ab 900 v. Chr. für mehrere Jahrhunderte erreichte.

Im Vergleich zu den nachfolgenden Hochkulturen liegen die Ursprünge und die Geschichte der Olmeken ungeachtet zahlreicher Funde noch immer weitgehend im Dunkeln. Dennoch ist es heute möglich, aus dem Vorhandenen wissenschaftliche Thesen abzuleiten und die wichtigsten soziokulturellen Aspekte der olmekischen Kultur zumindest in Ansätzen zu rekonstruieren. Gegen Ende des 2. Jahrtausends v. Chr. stieg in der bäuerlichen Gesellschaft im Küstengebiet des Golfs von Mexiko eine herrschende Elite auf. Zum ersten Mal in der mesoamerikanischen Geschichte versuchte diese Kaste von Priesterkönigen, durch bleibende Monumente ihre politische und religiöse Macht auszudrücken. Von ihrer absoluten Gewalt zeugen besonders die Grabschätze: Vermutlich wollten die Priesterkönige erreichen, dass das Volk sie als irdische Verkörperung der Götter ansah. Auch mussten die Einwohner der Dörfer den Herrschern regelmäßig einen Teil ihrer Ernte und verschiedene andere Gaben als Tribut entrichten. Eine weit verbreitete These geht davon aus, dass die olmekischen Fürsten die Kolossalhäupter und die übrigen Statuen mit menschlichen Gesichtszügen behauen ließen, um damit ihre Macht zu demonstrieren. Die Archäologen nehmen an, dass der hierzu nötige Basaltstein aus dem Vulkangebirge von Las Tuxtlas stammte. Um die gewaltigen Steinblöcke über die kilometerweite Entfernung an ihren Bestimmungsort zu bringen, verwendeten die Olmeken Flöße für den Wasserweg und Schlitten sowie hölzerne Rollen für die Landstrecke.

23 oben *Dieses Beispiel einer „Baby Face“-Figurine weist weitere charakteristische Merkmale auf. Offenbar wurden Hände und Füße der Skulptur zu kultischen Zwecken rot bemalt, auch trägt sie Ohrringe und eine helmartige Frisur. Der genaue Hintergrund der bei den Olmeken so beliebten kindlichen Darstellungsweise ist bis heute ungeklärt.*

Die Olmeken verbreiteten ihren religiösen Kult, die damit verbundenen Riten und eine Reihe geistiger Errungenschaften bei anderen Völkern Mexikos und in den angrenzenden Gebieten vor allem über den Handel mit Jade und Obsidian. Auf diese Weise schufen sie die Grundlage für einen kulturellen Nährboden, der die Basis aller mesoamerikanischen Zivilisationen bildete und in einigen Bereichen sogar die Konquista überdauerte.
Die Olmeken praktizierten einen Schamanenkult, dessen Ursprünge sich in grauer Vorzeit verlieren. In der frühesten Phase kam eine als *nahualismo* bezeichnete Vorstellung auf, der zufolge der Schamanenzauberer sich mit Hilfe festgelegter Riten in ein Tier, insbesondere in einen Jaguar, verwandeln konnte. Eigentlich waren die *nahual*-Tiere jedoch Verkörperungen einer bestimmten Gottheit, ein Grundgedanke, der in den Religionen aller präkolumbianischen Kulturen fortlebt. Um in direkten Kontakt mit der übernatürlichen Welt zu treten, versetzten sich die Schamanenzauberer durch Drogen wie halluzinogene Pilze oder Tabak in einen ekstatischen Rauschzustand. Sie praktizierten ihre Riten, zu denen auch Opfer und Selbstverstümmelungen gehörten, in den verborgensten Teilen der Tempel, in tiefen Höhlen oder bei Dunkelheit im Freien.
Einer neueren Hypothese zufolge wurzelt der Jaguarkult somit in der olmekischen Kultur, von wo aus er sich über Handel, Kulturaustausch und vielleicht Erkundungszüge über

24 unten *Die abgebildeten Figurinen gehören – wie die Votivaxt – zu einem Grabschatz aus La Venta. Die 15 Gestalten aus Jade oder Serpentin wenden sich einer etwas größeren Figur aus Granit zu. Die Szene erinnert an einen Stammesrat oder Initiationsriten.*

25 oben *Das fein gearbeitete Gefäß in Tiergestalt stammt aus der Gegend von Tlatilco und zeigt einen Wasservogel mit langem Schnabel.*

25 unten *Dieses graue Terrakottagefäß aus Tlatilco gehört zur olmekischen Kultur. An der zentralmexikanischen Stätte stießen die Forscher auf verschiedene Vasen in Form von Wassertieren und -vögeln. Vielleicht dienten sie nicht als Behälter, sondern als Räucherfässer.*

24 oben *Diese Votivaxt aus Jade stammt aus dem mittleren Präklassikum und wurde in La Venta gefunden. Die böse blickende Gestalt gehört eindeutig dem Bereich des Übernatürlichen an. Der quadratische Kopf ist in der Mitte eingekerbt; die Brauen erinnern an Flammen und der Mund ist typisch für die Jaguarwesen der olmekischen Mythologie. Die Gebärde der angewinkelten menschlichen Arme lässt sich nicht klar zuordnen. Votiväxte aus olmekischer Zeit sind seltene Funde.*

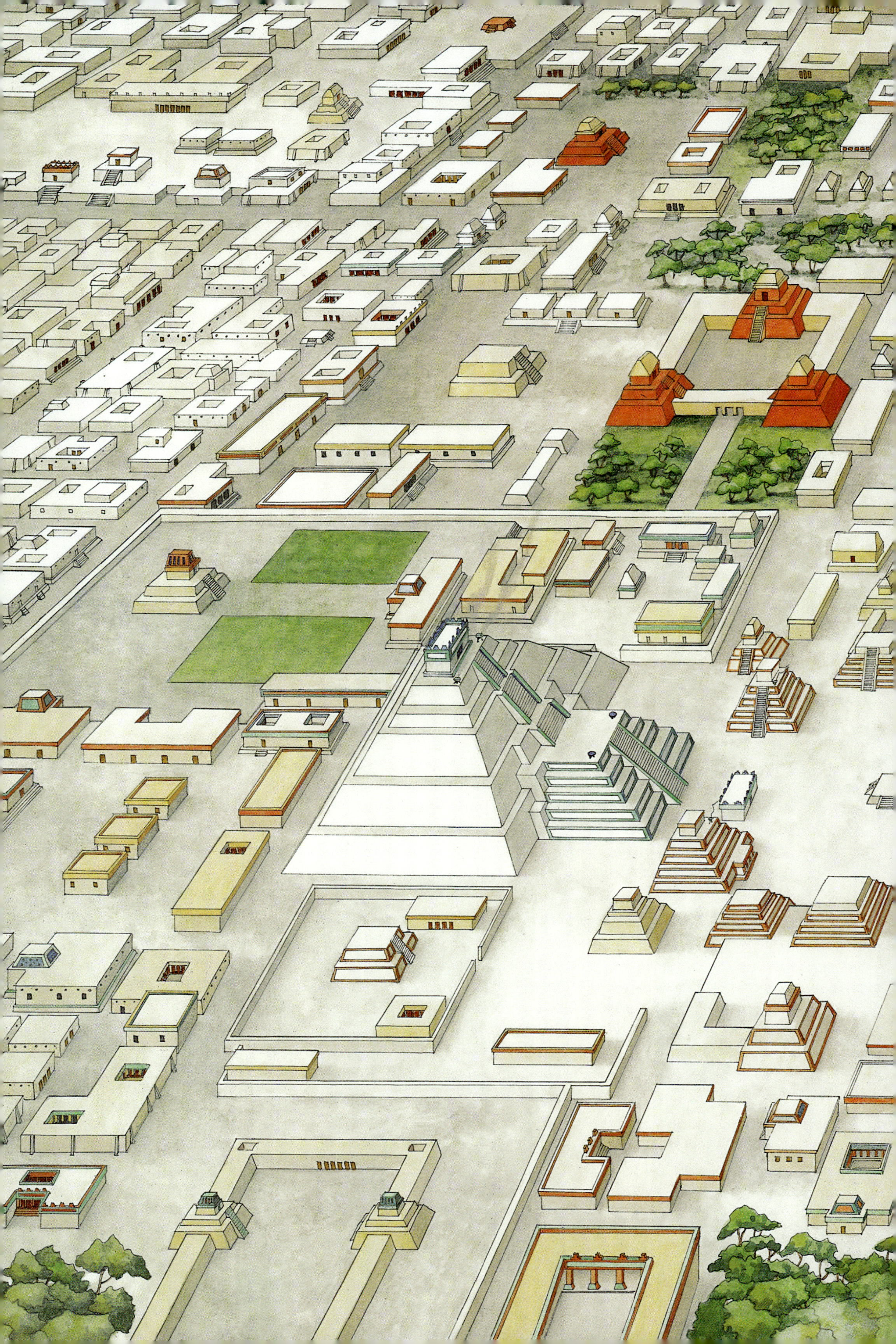

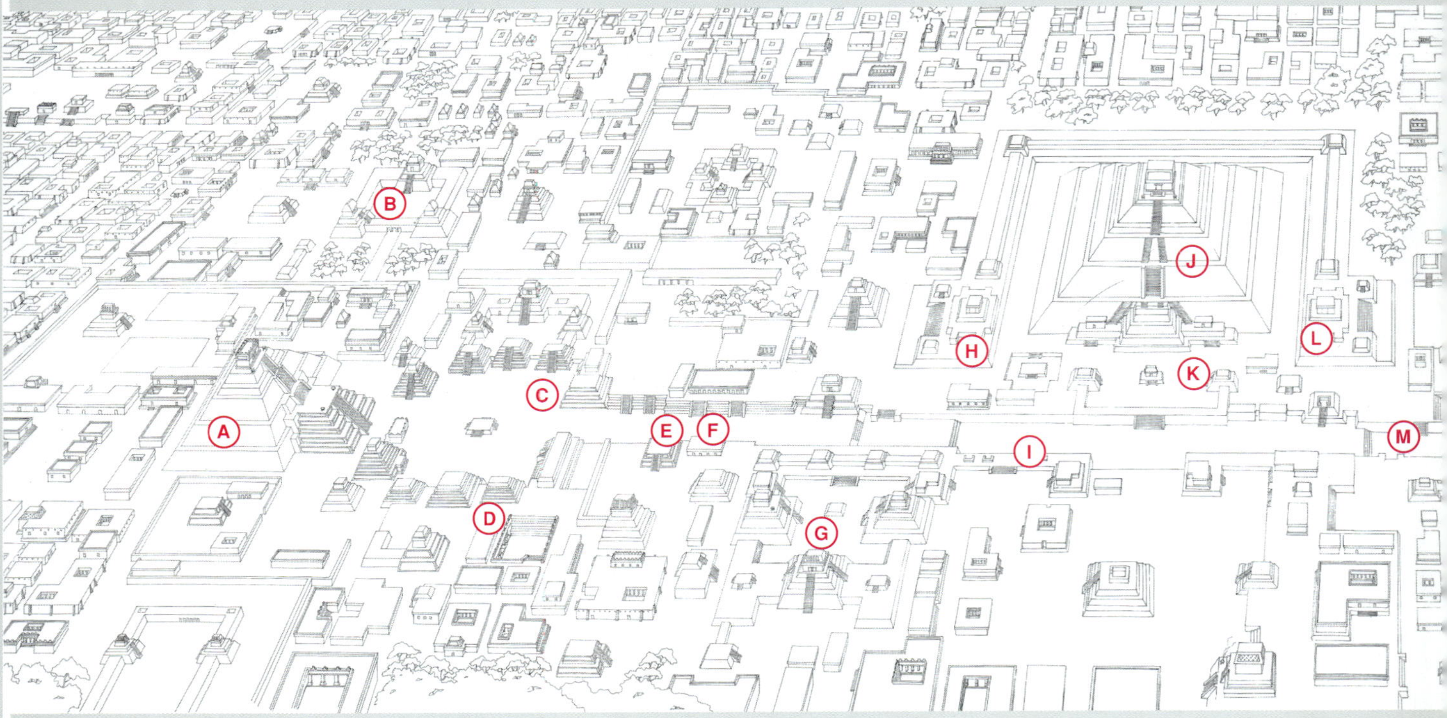

Teotihuacán, eine Stadt voller Rätsel

A Mondpyramide
B Guppe 5
C Platz der Mondpyramide
D Palast des Quetzalpapalotl
E Tempel des Feldbaus
F Tempel der mythologischen Tiere
G Säulenplatz
H Sonnenpalast
I Hof der Vier Tempelchen
J Sonnenpyramide
K Platz der Sonnenpyramide
L Haus der Priester
M Totenweg
N Komplex der Stufengebäude
O Lauf des San Juán
P Zitadelle
Q Tempel Quetzalcoatls
R Gran Conjunto oder Marktplatz

Niemand kann bis heute mit Sicherheit sagen, welches Volk die Metropole gründete, die die Azteken später Teotihuacán, „Stadt der Götter", nannten. Auch weiß man nicht genau, wer die gewaltige Sonnenpyramide und die imposante Mondpyramide errichtete, den Totenweg anlegte und Häuser sowie Wohnviertel baute, deren moderne Infrastruktur noch heute Erstaunen hervorruft.
Mit Sicherheit floh allerdings eine kleine Gruppe von Menschen in der späten präklassischen Periode nach einem verheerenden Vulkanausbruch aus Cuicuilco. Die Überlebenden ließen sich in einem alten Zeremonialzentrum im San Juán-Tal nieder. Aus dieser Siedlung könnte im Laufe der Jahrhunderte die größte Stadt Mesoamerikas entstanden sein. Ihre Einwohner huldigten der Gefiederten Schlange, deren Bild sich auf der Pyramide des Quetzalcoatl wieder findet und das hohe Alter des Kultes belegt.
Einige Wandgemälde verweisen auch auf einen anderen wichtigen und hochverehrten Gott, Tlaloc. Der Herr des Regens und der Fruchtbarkeit wird zumeist in seinem nassen Reich dargestellt, zu dem nur wenige Verstorbene Zutritt erhielten.
Die große Farbtafel auf den eingeklappten Seiten veranschaulicht die Struktur der rechtwinklig angelegten Stadt mit ihren bedeutenden Tempeln. Die architektonischen Vorgaben, die zum Beispiel das stufenförmige Talud- und Tablero-System schufen, fanden später in ganz Mesoamerika Verbreitung.

34 *Diese steinerne Totenmaske aus Teotihuacán hat Ohrlöcher. Ursprünglich trug sie vermutlich die gleichen Ohrringe wie ihr Besitzer und ruhte auf dem Gesicht des Verstorbenen. Zusammen mit anderen Wertgegenständen gehörten solche Masken zum Grabschatz hoch stehender Personen. Die heute leeren Augenhöhlen waren wahrscheinlich einst mit Muscheln und Obsidianstückchen besetzt, um die Augen anzudeuten.*

ARCHAIKUM

7000–2000 v. Chr.

Als Archaikum bezeichnen Wissenschaftler die Periode zwischen 7000 und 2000 v. Chr. Im Laufe dieser langen Epoche begannen Gruppen von nomadisierenden Jägern und Sammlern, den Boden zu bearbeiten. Sie pflanzten Mais, Bohnen und Avocados an und hielten Hunde oder Truthähne.

Jagd und Fischfang behielten ihre Bedeutung als Wirtschaftsfaktor im mesoamerikanischen Raum weiterhin bei. Nachdem es den Menschen gelungen war, Kulturpflanzen zu züchten und Tiere zu domestizieren, wurden sie sesshaft. Erste Dörfer entstanden zwischen dem Ende des Archaikums und dem Beginn der präklassischen Periode. Zunächst handelte es sich dabei lediglich um einige Hütten aus verderblichem Material. Etwa zeitgleich formten sich religiöse Ideen und damit verbundene Kulthandlungen aus, die den Grundstein der späteren mesoamerikanischen Kulturen bildeten.

Archaikum (7000–2000 v. Chr.)

Sesshaftwerdung (2000–1500 v. Chr.)

DIE OLMEKEN

1500 v. Chr.–200 n. Chr.

Im Verlauf der Präklassischen Periode (1500 v. Chr.–200 n. Chr.), auch Formativum genannt, blühte in den neuentstandenen Siedlungen die älteste mesoamerikanische Kultur, die Wissenschaftler heute als Kultur der Olmeken bezeichnen.

Im tropischen Tiefland entlang der Küste des Golfs von Mexiko errichteten die Menschen erste Zeremonialzentren, die sich durch pyramidenförmige Bauten aus Stein auszeichneten. Allmählich entwickelte sich im Rahmen der olmekischen Kultur eine politisch-religiöse Zentralgewalt, während parallel dazu Schamanentum und Nahualismo aus einem noch älteren kulturellen Substrat hervorgingen. Die Olmeken schufen verschiedene Kunstformen, darunter Bildhauerei und Töpferei. Letztere resultierte vermutlich aus Kulturkontakten zum südamerikanischen Raum. Das kulturelle Erbe der Olmeken fand sukzessive Eingang in alle späteren Kulturen Mesoamerikas.

Beginn der präklassischen Periode (1500 v. Chr.)

Entstehung des olmekischen Zeremonialzentrums von San Lorenzo (um 1200 v. Chr.)

Zerstörung von San Lorenzo und Entstehung von La Venta (um 900 v. Chr.)

Niedergang der olmekischen Kultur (ab ca. 400 v. Chr.)

DIE ZAPOTEKEN

600 v. Chr.–800 n. Chr.

Um das 7. Jahrhundert v. Chr. entstand in der Gegend von Oaxaca ein bedeutendes Zeremonialzentrum, Monte Albán, das Forscher als ehemalige Hauptstadt der Zapoteken betrachten. Die ältesten Spuren dieses Volkes zeigen noch deutliche Züge der olmekischen Kultur. Die Zapoteken trugen zur Blüte der Region um Oaxaca bei und verbreiteten kulturelle Elemente von grundlegender Bedeutung, z. B. Schrift und Kalender, in ganz Mesoamerika. Monte Albán erlebte zwei entscheidende Phasen, die erste zwischen 200 v. Chr. und 200 n. Chr. im Protoklassikum, die zweite zwischen dem 3. und dem 10. Jahrhundert während der klassischen Periode. Von archäologischer Wichtigkeit sind vor allem der Tempel J, der vermutlich als Observatorium diente, der Danzantes-Komplex sowie zahlreiche Gräber hoch stehender Persönlichkeiten. Um das 9. Jh. begann der Niedergang des Zentrums. An seiner Stelle ging Mitla aus der Verschmelzung von zapotekischer und mixtekischer Kultur als neue Hauptstadt der Region Oaxaca hervor.

Mutmaßliche Gründung von Monte Albán (600 v. Chr.)

Älteste Inschrift Mesoamerikas (Kalenderzeichen auf Stein) (um 600 v. Chr.)

Monte Albán wird schrittweise aufgegeben. Die Mixteken gründen Mitla (800 n. Chr.)

DIE KULTUR VON TEOTIHUACÁN

200–900 n. Chr.

Im Verlauf der präklassischen Periode stiegen in Zentralmexiko zwei neue Zentren auf: Cuicuilco und Teotihuacán. Cuicuilco, das sich durch mehrere runde Plattformen auszeichnete, wurde im 2. Jahrhundert durch einen verheerenden Vulkanausbruch in Schutt und Asche gelegt. Von diesem Moment an behauptete sich Teotihuacán als Machtzentrum und entwickelte sich von einer kleinen Bauernstadt zum urbanen Mittelpunkt der Region. Um das Jahr 250 hatte der Ort sich beachtlich vergrößert und eine Reihe prachtvoller Sakralbauten dazugewonnen. Er diente vermutlich als wichtigste Kultstätte für den Gott Tlaloc und die Gefiederte Schlange. Im Jahre 725 zerstörte ein Feuer Teotihuacán; im 10. Jahrhundert wurde die Metropole endgültig aufgegeben.

Zerstörung von Cuicuilco (100 n. Chr.)

Aufstieg Teotihuacáns (250 n. Chr.)

Gipfel der Macht von Teotihuacán (300–700 n. Chr.)

Ein Brand zerstört Teotihuacán (725 n. Chr.)

EL TAJÍN-KULTUR

400–900 n. Chr.

Während der klassischen Periode (250–900 n. Chr.) entwickelte sich in der Gegend von Veracruz die El Tajín-Kultur, die als bedeutendste Kultur in der Küstenregion des Golfs von Mexiko gilt. Das Zeremonialzentrum El Tajín gab der gesamten Kultur ihren Namen. An keinem anderen Ort Mesoamerikas stießen Forscher auf eine so große Zahl von Ballplätzen. Sie gehen deshalb davon aus, dass das Ritual des Ballspiels in der ansonsten noch weitgehend unbekannten Geschichte der Stadt eine entscheidende Rolle spielte. Niemand weiß bis heute, wie das Volk hieß, das über Jahrhunderte in der Region siedelte. Viele Wissenschaftler plädieren jedoch dafür, dass dort bis zum Ende der klassischen Periode Totonaken lebten. Sie wurden vermutlich von Huaxteken verdrängt, die in der Folge ihrerseits im Volk der Azteken aufgingen.

Höhepunkt der Kultur von El Tajín (600–900 n. Chr.)

Herrschaft der Huaxteken über El Tajín (900–1200 n. Chr.)

ganz Mittel- und Südamerika verbreitete. Auch in anderen Bereichen, vor allem der Astronomie und Astrologie, wirkte sich die olmekische Kultur auf die Vorstellungen nachfolgender Zivilisationen aus. Die Olmeken beobachteten die Sterne und führten einen Kalenderzyklus, die Lange Zählung, ein, mit dem sich ein Zeitpunkt ausgehend von einem „Jahr Null" bestimmen ließ. Die älteste Inschrift, die auf einer Stele in Tres Zapotes gefunden wurde, trägt ein Datum, das dem Jahr 31 v. Chr. entspricht. Bis heute streiten Wissenschaftler darüber, ob die Olmeken bereits Schriftzeichen gebrauchten. Viele Forscher gehen davon aus, dass die Zapoteken die Schrift einführten, doch gibt es auch Stimmen, die den Gebrauch einer Hieroglyphenschrift auf die spätolmekische Zeit datieren. Bis heute gibt es für die letztere These zwei Belege: die erst kürzlich freigelegten Inschriften auf der Stele von La Mojarra sowie die Figurine von Tuxtla.

Die Komplexität der Zeremonialzentren, das künstlerische Geschick und der beachtliche Reichtum an religiösen und kulturellen Elementen haben viele Fragen über die Identität der Olmeken aufgeworfen, die bis heute nicht geklärt werden konnten. Vermutlich gebrauchten die Olmeken eine Sprache des Mixe-Zoque-Stammes, aber niemand kann sagen, wer sie wirklich waren und wie sich ihr hohes geistiges Niveau auf der Basis einer einfachen bäuerlichen Gesellschaft entwickelte.
Nach mehreren Jahrhunderten permanenter Ausdehnung ging die olmekische Kultur allmählich in neuen Hochkulturen – vor allem der Zapoteken und der Maya – auf, die ab 200 v. Chr. zu blühen begannen.

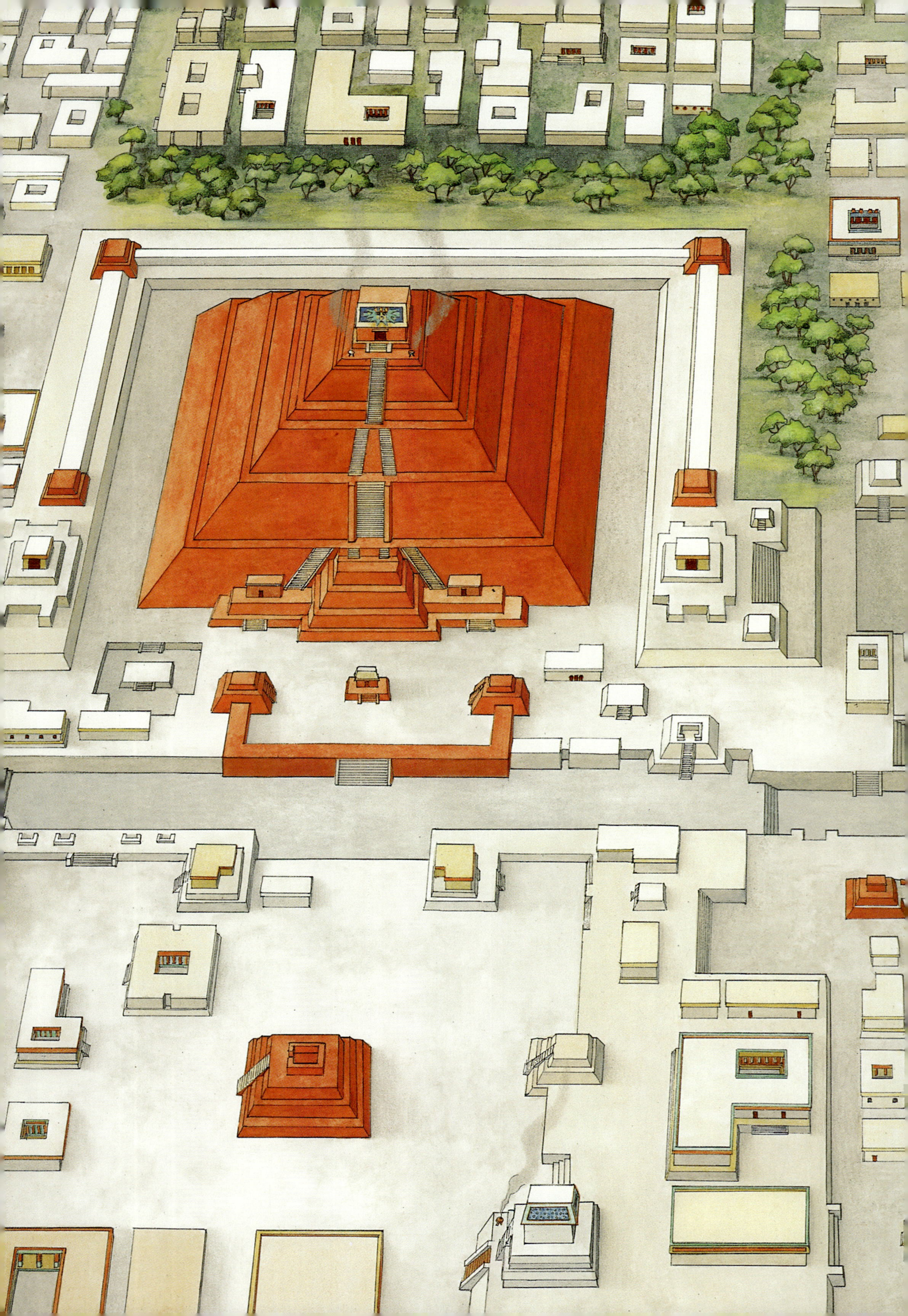

Ab dem 10. Jahrhundert stülpten die Mixteken Monte Albán und dem nahen Zentrum von Mitla ihre Kultur und ihre Traditionen allmählich über. Machte sich zunächst noch der Einfluss der Tolteken stark bemerkbar, so entwickelte sich ab dem 13. Jahrhundert eine eigenständige Kultur. Während in Mitla prächtige Kultzentren entstanden, errichteten die Mixteken in Monte Albán vor allem Grabstätten. Ein Vergleich mit den älteren Gräbern der Zapoteken unterstreicht die Entwicklung des Totenkultes: Die Mixteken opferten zum Beispiel Menschen und begruben sie gemeinsam mit dem Verstorbenen. Auch die Grabbeigaben waren kostbarer und bestanden nun aus wertvollem Schmuck und Goldgefäßen. Als erstes Volk beherrschten die Mixteken die bis dahin in Mesoamerika unbekannte Goldschmiedekunst, deren Techniken sie vermutlich im Kontakt mit Völkern aus Costa Rica und Panama erlernt hatten.

39 oben *Die Mixteken gaben ihren Verstorbenen zahlreiche Objekte mit ins Grab, die die Toten auf ihrer Reise ins Jenseits begleiten sollten. Das abgebildete Beispiel einer Totenmaske aus Terrakotta wurde äußerst kunstvoll und präzise gefertigt. Zu rituellen Zwecken wurde ein Auge durchbohrt; auch weist das Gesicht typische Opfernarben auf.*

39 Mitte *Dieser Raubtierkopf aus Terrakotta mixtekischer Herkunft gehörte zu einer Skulptur oder einem Gefäß. Besondere Sorgfalt wurde auf die Schnauze, die gerundeten Ohren und die Reißzähne verwendet. Der uralte Raubtierkult blieb in ganz Mesoamerika bis zum Postklassikum verbreitet.*

39 unten *Auch diese Schale mit breitem Fuß stammt aus der Mixtekenstadt Zaachila. Die aufgemalten Motive machen die einfache Form zu einem erlesenen Kunstwerk. Ein blauer Vogel, vielleicht ein Kolibri, schmückt den Rand des Gefäßes.*

El Tajín, ein Volk von Ballspielern

A El Tajín

40 links *Die weibliche Terrakottafigur wirkt sehr naturgetreu. Sie gehört zu einer Stilrichtung der Tonverarbeitung, die sich während der klassischen Periode in Veracruz, besonders in Las Remojadas, entwickelte. Es handelt sich zumeist um elegant gekleidete Frauenfiguren mit ausgebreiteten Armen und geöffnetem, fast lächelndem Mund.*

40 rechts *Diese etwa 50 Zentimeter große, sitzende Gestalt gehört zu einer Reihe von Terrakottafiguren, die um 700 v. Chr. in El Zapotal (Veracruz) unter totonakischer Herrschaft entstanden. Sie trägt einen seltsamen Kopfputz und eigenartige Ringe um die Augen, deren Bedeutung noch unklar ist.*

41 *Dieser schön gearbeitete Menschenkopf entstand in der klassischen Periode im Raum Veracruz. Die geschlossenen Augen deuten vielleicht auf den Tod hin. Im halboffenen Mund sieht man Zähne. Die Männer- und Frauenfiguren aus Veracruz unterscheiden sich deutlich von denen im übrigen Mesoamerika.*

Während der klassischen Periode, zwischen 250 und 900, tauchte ein Volk auf und verbreitete sich in der Küstenregion des Golfes, insbesondere im Zentrum und im Norden von Veracruz. Nach dem bedeutendsten Zentrum, das die Forscher fanden, nannten sie es Tajínkultur. Der Name selbst geht auf den Regengott zurück, dem die Kultstätte geweiht war. Noch heute rätseln Archäologen und Historiker jedoch darüber, welches Volk sich hinter der Tajínkultur tatsächlich verbarg. Einige Überreste lassen vermuten, dass es sich um die Totonaken handelte, eine ethnische Gruppe, die noch heute in dem Gebiet siedelt, doch gibt es keine letztgültigen Beweise dafür, dass ihre Vorfahren sich bereits in der klassischen Periode hier aufhielten. Lediglich der spanische Chronist Torquemada berichtet von der Präsenz der Totonaken zur Zeit der Konquista. Viele Wissenschaftler vermeiden es deshalb, die Kultur einem bestimmten Volk zuzuordnen und sprechen lieber nur von der Tajín- oder Veracruz-Kultur.
Ihr bedeutendstes Zentrum, El Tajin, liegt in einem engen Tal. Zu höchster Blüte gelangte es in der spätklassischen Periode, doch verlor es seine Bedeutung erst am Ende der nachklassischen Periode, im 14. Jahrhundert.
Das spektakulärste Gebäude, das aus der Hochzeit der Veracruz-Kultur stammt, ist die so genannte „Nischen-Pyramide“, ein Stufentempel mit insgesamt 365 Nischen. Diese Zahl symbolisiert zweifellos die 365 Tage des Sonnenkalenders und verweist damit auf die Funktion des Baues. Er bildete vermutlich die Stirnseite eines nicht nur religiösen Kulthandlungen, sondern im engeren Sinne der Zeitrechnung vorbehaltenen Komplexes.
Auch andere, weniger imposante Tempel zeichnen sich durch die Nischenbauweise aus. Darüber hinaus tragen sie Stilmerkmale der Kultur von Teotihuacán wie das stufenförmige Talud- und Tablero-System.
Das eigentümlichste Element der bis heute noch nicht vollständig erforschten Veracruz-Kultur war jedoch das Ballspiel. In El Tajín gab es mindestens elf Ballplätze, was die Annahme gestattet, dass diese Sportart hier nicht nur rituellen Charakter wie in anderen mesoamerikanischen Zentren hatte, sondern eine eigene Kultform darstellte. Wahrscheinlich fanden in El Tajín große Wettkampffeste statt, an denen zahlreiche Menschen auch aus benachbarten Ländern teilnahmen. Durch das Ballspiel verbreitete sich die Veracruz-Kultur über ganz Mesoamerika, bis hin zu den entlegenen Regionen Westmexikos.

42 oben *Dieses steinerne Joch zählt zu den typischen Kunstformen der El Tajín-Kultur. Es handelt sich um eine Nachbildung des gleichnamigen ledernen Schutzgürtels, den die Spieler beim rituellen Ballspiel trugen.*

42 unten *Dieses Terrakottagefäß totonakischer Herkunft stammt aus der klassischen Periode. Die Form ist sehr einfach, der Reliefschmuck dient als Raumfüller und erinnert an die typischen Steinobjekte der El Tajín-Kultur.*

42-43 *Zusammen mit „Jochen" und „Schlägeln" fanden sich „Äxte" – wie die hier abgebildete – meistens in Gräbern. Diese Kultgegenstände waren Kopien der beim Ballspiel verwendeten Objekte aus verderblichem Material. Die Äxte – hier ein Exemplar in Form eines Menschenkopfes – könnten als Abzeichen gedient haben.*

Seinen künstlerischen Ausdruck fand das Ballspiel in einer Reihe von Steinbildwerken von hohem Niveau, den so genannten Jochen, Äxten und Schlägeln. Hierbei handelt es sich offensichtlich um steinerne Abbildungen der auf dem Ballplatz verwendeten kultischen Geräte aus Leder. Die hufeisenförmigen Joche entsprechen den schweren Gürteln, mit denen sich die Spieler schützten; die Äxte könnten als Abzeichen gedient haben, während die lang gezogenen Schlägel vielleicht Brustpanzer waren, die man an den Jochen befestigte.
Diese Kultgegenstände wurden in großer Zahl hergestellt und waren fast überall in Mesoamerika bekannt. Auf die symbolische und rituelle Bedeutung lässt vor allem die äußerst elegante, an Tier- und Menschenmotiven, Fantasiegestalten und verschlungenen Spiralen reiche Verzierung schließen.

Neben den genannten Objekten zeichnete sich die Kunst der Veracruz-Kultur vor allem durch ihre Keramik aus. Auf olmekische Ursprünge gehen vermutlich die „lächelnden Köpfchen", kleine Tonfiguren von hoher Ausdruckskraft, zurück. Auch der Weberei, die eine brokatähnliche Technik verwendete, kam große Bedeutung zu. Darüber hinaus fertigten die Künstler Wandmalereien an, die wertvollsten finden sich in den Grabkammern von Las Higueras.
Zu Beginn der nachklassischen Periode kamen im nördlichen Teil von Veracruz neue kulturelle Aspekte auf, die einige Forscher dem Volk der Huaxteken zurechnen. Es gibt jedoch nur wenige und ungenaue Belege dafür, dass dieses Volk sich auch in der Gegend von El Tajín aufhielt. Es handelte sich um eine Ethnie mit enger Sprachverwandtschaft zu den Maya, die ab dem 10. Jahrhundert eigenständige künstlerische Ausdrucksformen entwickelte. Letztere verbreiteten und festigten sich in der Region, die bis dahin vermutlich von den Totonaken beherrscht worden war.
Die Huaxteken hinterließen verschiedene, über die Region verstreute Rundbauten, die dem Kult der Gefiederten Schlange geweiht waren. Dies lässt auf einen gemeinsamen Ursprung oder auf enge Kontakte mit den Tolteken von Tula und Chichén Itzá schließen. Eine künstlerische Besonderheit der Huaxteken waren dreidimensionale Skulpturen, zumeist menschenähnliche Figuren mit strengem Ausdruck und einer zweiten Figur, einem Kind oder einem Skelett, auf dem Rücken. Man nimmt an, dass diese Statuen den Herrscher mit seinem Nachfolger oder Ahnen darstellten. Es gilt als sicher, dass die Azteken, die Mitte des 15. Jahrhunderts ihre Macht über das Gebiet der Huaxteken ausdehnten, das stilistische Modell dieser Steinskulpturen übernahmen.

44 links *Nach den Totonaken übernahmen die Huaxteken aus Mexiko im Postklassikum die Macht im Gebiet von Veracruz. Die wenigen Kenntnisse über dieses Volk beruhen vor allem auf einigen Steinskulpturen, zu denen diese Frauenfigur als typisches Beispiel gehört.*

44 oben rechts
Der gedrungene Körper und die ernste Miene dieser huaxtekischen Figur scheinen die aztekische Kunst vorwegzunehmen. Es handelt sich um den mexikanischen Gott des pulque, *identifizierbar durch das Kaninchen auf der Brust.*

44 unten rechts
Auch diese Skulptur weist Stilmerkmale der huaxtekischen Kunst auf. Die weibliche Figur stellt die mexikanische Maisgöttin Xilonen *dar. Der zugespitzte Kopfschmuck erinnert an einen Maiskolben.*

45 *Dieses seltsam geformte Gefäß huaxtekischer Herkunft war entweder eine Urne oder ein Räucherfass. Die Keramik trägt noch deutliche Farbspuren. Die Gesichtszüge und die eigenartige Verzierung des Mundes, der Flammen zu spucken scheint, deuten auf eine Furcht erregende Gottheit hin, deren Identität noch ungeklärt ist.*

TEOTIHUACÁN, DIE METROPOLE DER HOCHEBENE

A Teotihuacán
B Cuicuilco
→ Verkehrswege und Ausbreitung der Kultur von Teotihuacán

Im Verlauf der späten vorklassischen Periode vergrößerte sich die Bedeutung zweier in Zentralmexiko gelegener Dörfer im Vergleich zu den angrenzenden Siedlungen. Cuicuilco und Teotihuacán entwickelten sich zu wirklichen Zeremonialzentren. Zwischen den Ruinen von Cuicuilco stehen einige wuchtige, über einem ovalen Grundriss erbaute und mit Steinen verkleidete Stufenplattformen, zu denen eine breite Treppe hinaufführt. Archäologische Grabungen belegen, dass ein Vulkanausbruch den Ort um das 2. Jahrhundert gewaltsam zerstörte. Cuicuilco wurde vollständig verschüttet und die Überlebenden flüchteten vermutlich nach Teotihuacán, in das zweite, unweit vom Texcocosee gelegene Zentrum der Region. Die ältesten Plattformen wurden hier erst zwischen dem 2. und dem 4. Jahrhundert, also später als in Cuicuilco, errichtet. Die ebenfalls steinverkleideten Bauten erheben sich allerdings über einem quadratischen Grundriss.
Zu Beginn der klassischen Periode wandelte sich Teotihuacán grundlegend: Innerhalb kürzester Zeit entwickelte sich das kleine Zeremonialzentrum zu einer echten „Metropole", die Mitte des 3. Jahrhunderts zu höchster Blüte gelangte. In dieser Epoche entstanden die bedeutends-

46 Diese Terrakottafigur ist ein Beispiel für die Kunst von Teotihuacán. Sie gehört zu einer Gruppe ähnlicher, Reliquiar-Figuren genannter Objekte, deren Körper eine Öffnung aufweist. Im Inneren befindet sich eine weitere Figur, die vielleicht einen Gott darstellt.

47 Dieses schön gearbeitete Räucherfas. aus farbiger Keramik entstand um 600 in Teotihuacán. Das Gefäß war vermutlich mit dem Kult des Gottes Tlaloc verknüpft. Der reich verzierte Deckel ist typisch für den Kunststil der Stadt in jener Epoche.

ten Bauten: die Sonnenpyramide, die Mondpyramide und der Tempel Quetzalcoatls. Letzterer gehört aufgrund seiner reichen Ausschmückung mit Skulpturen und Friesen zu den beeindruckendsten architektonischen Leistungen Zentralmexikos. Etwa um die gleiche Zeit begannen mehrstöckige Steinhäuser, die zum Teil das Ausmaß von Palästen erreichten, die ursprünglichen Hütten aus Naturmaterialien zu ersetzen. Zwischen dem 6. und dem 8. Jahrhundert erreichte die Stadt ihre größte Ausdehnung und zählte schätzungsweise 200 000 Einwohner. Nun begann man, einige ältere Gebäude neu zu strukturieren, legte den Totenweg als Hauptachse an und gruppierte die Wohnhäuser, die nun aus mehreren abgeschlossenen Wohnungen bestanden, zu Vierteln.
Wissenschaftler konnten verschiedene Einflüsse fremder Völker auf die Kultur von Teotihuacán nachweisen. Bis heute haben sie jedoch noch nicht herausgefunden, welches Volk für die Blüte dieser größten und beeindruckendsten Stadt der mesoamerikanischen Welt verantwortlich zeichnet und die Kultur von Teotihuacán begründete. Otomí-Völker kämen hierfür ebenso in Frage wie die Totonaken von Veracruz oder ein Volk aus dem Nahuatl-Sprachraum, das möglicherweise zu den Vorfahren der Azteken gehört haben könnte.
Verschiedene Elemente prägen die Kultur von Teotihuacán: Zum ersten Mal in der mesoamerikanischen Geschichte finden sich hier Bilder von Quetzalcoatl, dem Gefiederten Schlangengott, dessen Kult sich in der nachklassischen Periode durch die Tolteken verbreitete. Herrliche Wandmalereien in den Tempeln und Grabkammern illustrieren andere religiöse Aspekte. Zu den berühmtesten gehört das „Paradies von Tlaloc", das in leuchtender Farbenpracht die Herrschaft des Regen- und Fruchtbarkeitsgottes veranschaulicht.
Von Malerei und Baukunst abgesehen, deren Kunstfertigkeit zum Beispiel in neuentwickelten Elementen

48-49 *Totenmasken aus verschiedenen Materialien gehörten zu den künstlerischen Ausdrucksformen von Teotihuacán. Am durchbohrten Ohr des abgebildeten Stückes aus Jade hing ursprünglich ein Ohrring. Wie vielerorts in Mesoamerika legte man in Teotihuacán hochrangigen Toten eine kostbare Maske aufs Gesicht und bedeckte sie mit Wertobjekten. Den Ärmeren steckte man ein Jadescheibchen als Reisegeld für den Weg ins Jenseits in den Mund.*

wie dem Talud- und Tablero-System beim Pyramidenbau zum Ausdruck kam, betätigten sich die Bewohner von Teotihuacán auch auf anderen Gebieten künstlerisch: Sie bearbeiteten Schmucksteine wie Türkis und Obsidian, webten Stoffe und töpferten. Herausragend sind auch die von ihnen gefertigten Totenmasken aus Stein und Ton und die ebenfalls bunt bemalten dreifüßigen, zylindrischen Gefäße.

Die große Verbreitung der handwerklichen Produkte gab Anlass zu der These, Teotihuacán sei nicht nur eine reiche Stadt, sondern über Jahrhunderte auch ein Handelsimperium und bedeutendes religiöses Zentrum gewesen, das dem Kult des Regengottes Tlaloc gehuldigt und vielleicht sogar Pilger angezogen habe. Händler und Priester bildeten vermutlich die Elite und trugen dazu bei, dass sich die Kultur und Ideologie von Teotihuacán bei anderen Völkern, darunter den Maya, verbreitete.

Zwischen dem 7. und dem 8. Jahrhundert wurde Teotihuacán, vielleicht von Chichimekenvölkern, geplündert und zerstört und im 11. Jahrhundert schließlich ganz aufgegeben. Die Hinterbliebenen könnten den Kult der Gefiederten Schlange an die Tolteken von Tula überliefert haben.

Die wichtigsten archäologischen Stätten des Präkolumbianischen Mittelamerika

GOLF VON MEXIKO
UXMÁL
CHICHÉN ITZÁ
JAÍNA
KABAH
SAYIL
TULUM
EL MIRADOR
PALENQUE
UAXACTÚN
BONAMPAK
TIKAL
GOLF VON HONDURAS
COPÁN
PAZIFISCHER OZEAN

Die Maya, Sterndeuter und Mathematiker

In der späten präklassischen Periode liegen die Anfänge der Mayakultur, die sich einige Jahrhunderte später zur faszinierendsten Kultur im vorkolumbianischen Mesoamerika entwickeln sollte.
Um 300 v. Chr. gab es auf der Hochebene des Chiapas und entlang der Pazifikküste einige Bauerndörfer, die sich nach und nach zu Zeremonialzentren wandelten. In diesem Kontext finden sich erste Hinweise auf die Kultur der Maya, die zu jener Zeit noch deutlich von den Olmeken beeinflusst war. Die wichtigsten Mayazentren der präklassischen Periode befanden sich in Izapá, El Baul und Kaminaljuyú. Izapá ist vermutlich das älteste von ihnen: Mehrere stein- und plattenbedeckte Erdplattformen wurden bereits um 800 v. Chr. errichtet. Das herausragende Merkmal von Izapá sind jedoch die Steinskulpturen – Altäre und Stelen mit Flachreliefs –, die bereits die Grundelemente des Ursprungsmythos und der religiösen Vorstellungen späterer Jahrhunderte aufweisen. Hierzu gehören der Weltenbaum, der Regengott Chac sowie einige mythologische Themen, die sich im *Popol Vuh*, einer der heiligen Schriften der Maya, wieder finden. Zwar ähnelt der Stil der Stelen von Izapá jenen der olmekischen Skulpturen von Tres Zapotes, doch zeichnen sich erstere durch ihre reichhaltigeren Verzierungen aus. Kaminaljuyú, nahe der heutigen Stadt Guatemala gelegen, gewann ab 400 v. Chr. an Bedeutung. Hier entdeckte man zahlreiche Darstellungen von Würdenträgern und Herrschern, die häufig mit göttlichen Attributen ausgestattet sind. Daneben förderte man reiche Grabbeigaben zutage. Beide Funde lassen darauf schließen, dass sich in Kaminaljuyú eine Herrscherkaste etablierte, die über absolute Macht verfügte und vom Volk als heilig verehrt wurde.
Bei Grabungen an den ältesten Mayastätten stießen die Archäologen auch auf die frühesten Hieroglyphen und Zahlensymbole. Schrift, Kalenderwesen und Bildhauerei haben ihren Ursprung in dieser Region.

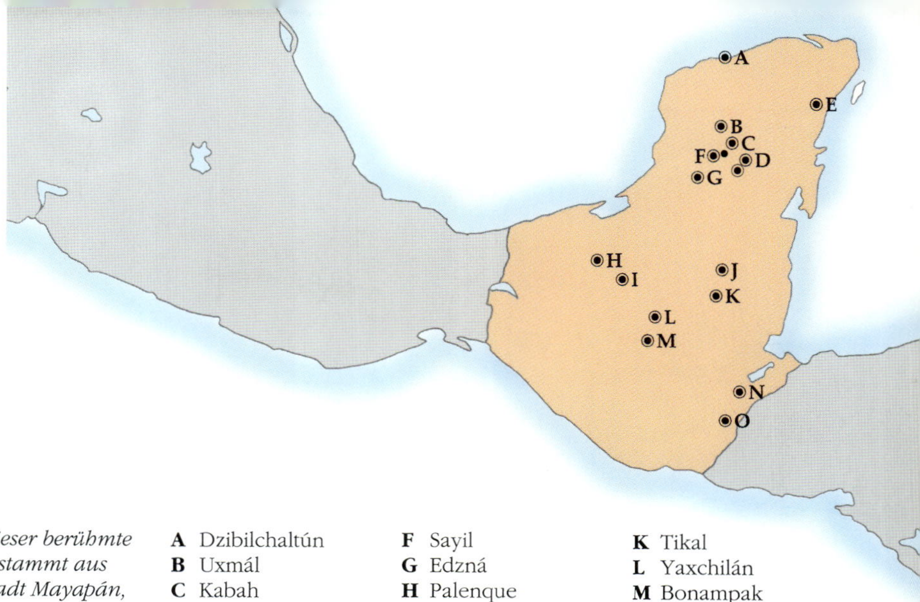

A Dzibilchaltún
B Uxmál
C Kabah
D Labná
E Tulum
F Sayil
G Edzná
H Palenque
I Piedras Negras
J Uaxactún
K Tikal
L Yaxchilán
M Bonampak
N Quiriguá
O Copán

52 *Dieser berühmte Fund stammt aus der Stadt Mayapán, einer der letzten Mayabastionen der nachklassischen Periode. Das Räucherfass stellt Chac, den Gott des Regens und der Fruchtbarkeit, oder einen seiner Priester dar.*

Die antiken Mayazentren des Tieflandes weisen dagegen andere typische Merkmale auf. In El Mirador, Cerros und Uaxactún fand man pyramidenförmige Steinbauten, deren Fassaden große Götterköpfe aus Stuckwerk zieren. Auch die in der klassischen Periode häufig anzutreffenden falschen Gewölbe wurden im Tiefland entwickelt. Aus heute nicht mehr nachvollziehbaren Gründen gaben die Maya einige ihrer ältesten Zeremonialzentren, darunter Cerros und El Mirador, nach wenigen Jahrhunderten außergewöhnlicher Blüte auf. Archäologische Untersuchungen und Inschriftenanalysen belegen, dass der Aufstieg der bereits Jahrhunderte zuvor in der Tiefebene entstandenen Zentren ungefähr auf den Beginn der klassischen Periode zu Anfang des 3. Jahrhunderts fällt. Ebenfalls zeitgleich entstanden weitere Städte, die den Höhepunkt ihrer Macht ab dem 6. Jahrhundert erreichten. Noch heute lässt sich inmitten der üppigen Vegetation des Urwaldes der einstmalige Prunk von Tikal, Caracol, Copán, Yaxchilán, Bonampak, Kalakmúl und vielen anderen Städten erahnen.

53 links *Eine andere Darstellung Chacs zeigt diese hölzerne, bemalte Statuette. Die grüne Farbe stellt die Verbindung zum Wasser- und Fruchtbarkeitskult her. Der Gott fand sich in einem Königsgrab der klassischen Periode in Tikal, Guatemala.*

53 rechts *Die Profilansicht des Räucherfasses aus Mayapán zeigt deutlich die typische, gebogene Nase des Gottes. Die blaue Hautfarbe verweist ebenso wie das Grün auf den Wasser- und Fruchtbarkeitskult. Das Räucherfass wurde gewöhnlich bei Reinigungsriten entzündet.*

Bis vor rund dreißig Jahren waren die Geschichte und Kultur der Mayastädte weitgehend unbekannt. Erst als es nach umfänglichen Studien gelang, die auf steinernen Monumenten hinterlassenen Inschriften zu entziffern, hob sich der geheimnisvolle Schleier ein Stück weit, der die Maya und ihre Geschichte bis dahin umgeben hatte.
Die ersten Bauernsiedlungen der späten präklassischen Periode hatten sich vergrößert und zu Zeremonialzentren entwickelt. Nun formten sie sich allmählich zu echten Städten.

Die ehedem um einen steinernen Tempel und einige öffentliche Gebäude gruppierten Hütten wichen Metropolen mit einer komplexen urbanen Infrastruktur. In vielen Fällen bildeten eine Stadtfeste, Verwaltungseinrichtungen, Plätze und Ballplätze den Kern der Stadt, um den sich von gepflasterten Straßen durchzogene Wohnviertel reihten. Vor den Toren der Stadt bestanden die bäuerlichen Siedlungen weiter. Die intensive Bewirtschaftung der Felder stellte die Haupteinnahmequelle dar. Nach heutigem Kenntnisstand war Tikal mit 40 000 Stadtbewohnern und weiteren 500 000 Menschen im ländlichen Einzugsgebiet die größte und am dichtesten besiedelte Metropole der Maya. Die Schriftzeichen, die Wissenschaftler auf Stelen, Tempeltreppen und Altären entdeckten, sind historische Dokumente. Sie erzählen unter präziser Angabe der Daten vom Wechsel der herrschenden Dynastien und den damit verbundenen Ereignissen, von Kriegen, Hochzeiten, Geburten und Krönungszeremonien.
In der klassischen Periode verbreitete sich die Kultur der Maya im heutigen Mexiko, Guatemala, Belize, Honduras und El Salvador. Es handelte sich allerdings nicht um ein einziges Reich, sondern vielmehr um mehrere Dutzend Stadtstaaten, von denen sich einige zusammengeschlossen hatten. Neueren Inschriftenanalysen zufolge gehörte sogar die Mehrzahl der Stadtstaaten einem von zwei großen Bün-

54 und 55 *Der Sonnengott der Maya, Kinich Ahau, schmückt dieses große Räucherfass. Das Terrakottagefäß ist 108 Zentimeter hoch und stammt aus Palenque. Die Stadt erlebte ihre Blütezeit in der klassischen Periode. An einigen Stellen des Gefäßes sieht man noch Farbspuren. Die Maya verehrten die Sonne nicht nur als Gottheit des Lichts, sondern – in Gestalt des Jaguars – auch als Gott der Dunkelheit.*

Ballplätze und repräsentative Gebäude an oder ließen Altäre und Stelen mit eleganten Flachreliefs errichten, deren Inschriften ein Loblied auf den regierenden König sangen.
Die Maya hinterließen der Nachwelt nicht nur imposante Monumente, Wandmalereien, Keramiken und kostbare Grabbeigaben, sondern auch eine Reihe geistiger Errungenschaften, die das Volk aus heutiger Sicht zur eindrucksvollsten Zivilisation der präkolumbianischen Ära machen. Überlegen waren die Maya insbesondere auf den Gebieten der Sternforschung, des Kalenderwesens und der Mathematik. Bereits viele Jahrhunderte vor den indischen Gelehrten führten sie zum Beispiel die Zahl Null ein. Einige Bücher überlebten die Zerstörungswelle, die mit den spanischen Eroberern über Amerika hereinbrach. Diese so genannten Kodizes illustrieren anhand von Bildern oder gemalten Schriftzeichen, welch außerordentliche Kenntnisse die Maya im Bereich von Astronomie und Astrologie besaßen. Die Zeitpunkte für Alltagsereignisse, Kriege oder Festlich-

den an. Die angegliederten Stadtstaaten entrichteten der führenden Macht in der Regel Tributzahlungen und erhielten dafür militärischen und diplomatischen Beistand. An der Spitze jeder Stadt stand ein mit absoluten Machtbefugnissen ausgestatteter Herrscher, der sowohl über die Armee als auch über Verwaltung und vermutlich den Klerus bestimmte. In den Augen des Volkes besaßen die Mayafürsten, ähnlich den Pharaonen im alten Ägypten, gottähnliche Qualitäten. Sie führten ein prunkvolles Leben bei Hofe, umringt von einer oder mehreren Frauen, ihren Kindern und möglichen Thronfolgern sowie einer riesigen Menge von Würdenträgern, Dienern, Priestern und Künstlern, darunter Töpfer, Weber, Maler und Juweliere. Besiegte und versklavte Feinde gehörten natürlich ebenfalls zum Privatbesitz des Herrschers.
Die Gesellschaft war streng hierarchisch in Klassen untergliedert. Handwerker, Kaufleute und Bauern nahmen eine Sonderstellung ein. Neue Untersuchungen belegen, dass die Maya keine langen Friedensperioden kannten. Die Stadtstaaten führten häufig Krieg gegeneinander, um persönliche Rivalitäten auszutragen oder ihre Gebiete zu erweitern.
In Zeiten des Friedens bemühten sich die Herrscher, unter ihnen einige wenige Frauen, den Glanz ihrer Höfe und Städte zu vergrößern. Sie weihten den Göttern neue Tempel, legten

keiten sowie der Götterkult folgten klaren Gesetzmäßigkeiten, die sich mit Hilfe verschiedener Kalenderzyklen berechnen ließen. Hohe Bedeutung kam dem 260 Tage umfassenden *tzolkin*, dem 365 Tage zählenden *haab* und der Langen Zählung zu. Die Maya entwickelten eine Schrift mit vollständiger Grammatik und Syntax, die erst in jüngerer Zeit entziffert werden konnte. In jahrelanger, geduldiger Arbeit gelang es einigen russischen, amerikanischen und europäischen Wissenschaftlern, die Fülle von historischen Ereignissen, Orten, Daten und Personen der Mayakultur zumindest in Teilen zu ordnen und aufeinander zu beziehen.
Im Verlauf der klassischen Periode kam eine Priesterelite auf, die den Götterkult organisierte und verwaltete. Gleichwohl blieben die religiösen Vorstellungen dem Schamanentum früherer Zeiten verhaftet und beruhten weiterhin wesentlich auf dem *nahualismo*, demzufolge die Götter sich den Menschen in Tiergestalt, vor allem als Jaguar, offenbaren konnten. Die höchsten Gottheiten der Maya standen im Zusammenhang mit Landwirtschaft und Fruchtbarkeit. Zu ihnen gehörte der Regengott, Chac, und der Maisgott, darüber hinaus der Sonnengott, die Mondgöttin und der Himmelsgott Itzamná.
Um das 10. Jahrhundert, zu Beginn der nachklassischen Periode, begann der politische und kulturelle Glanz der Mayastädte zu verblassen. Ein Großteil der ehedem mächtigen Zentren im Tiefland wurde nun aufgegeben, lediglich Seibál erlebte eine neue Blüte, die vermutlich auf kulturelle Kontakte mit den Putún, einem Fremdvolk, zurückging. Von diesem Zeitpunkt an errichteten die Maya keine Gedächtnisstelen mehr. Das jüngste Bauwerk dieser Art findet sich in Toniná und datiert auf das Jahr 909. Viele Hypothesen versuchen zu erklären, welche Faktoren den Nieder-

56 links *Auf diesem Wandrelief aus der klassischen Periode nimmt ein sitzender Fürst die Huldigung eines stehenden Edelmannes entgegen. Auch dieses Bild trägt Spuren der für die Maya typischen, jedoch selten erhaltenen Bemalung.*

56 rechts *Diese schön gearbeitete Terrakottafigur aus der klassischen Periode zeigt einen hohen Würdenträger auf seinem Thron. Kleidung und auffälliger Kopfputz zeichnen ihn als Angehörigen der Herrscherkaste und des Hofes aus.*

57 links *Die Maya fertigten Zeremonialzepter aus Kiesel und Obsidian in den seltsamsten Formen. Hier stehen sich mehrere menschliche Profile gegenüber. Die Maya glaubten, Kiesel und Obsidian entstünden, wenn die Sonnenstrahlen die Erde berührten.*

57 rechts *Ein Beispiel für bemalte Räucherfässer ist dieses zylinderförmige Gefäß mit dem Gesicht eines Gottes, dessen Deckel aus einem Ungeheuer mit menschen- und tierähnlichen Zügen besteht. Der „Jaguar“ trägt eine weite Tunika, sodass es sich um einen Schamanen oder Priester während der Verwandlung zum* nahual*-Tier handeln könnte. Der Jaguar galt als magisches Tier, über das die Schamanen nach halluzinatorischen Riten in Kontakt mit den Göttern traten.*

58 Als der mexikanische Archäologe Alberto Rúz 1952 in Palenque das Grab von König Pacal entdeckte, kam auch der prächtige Grabschatz des großen Herrschers ans Licht. Unter den Funden waren zwei lebensgroße Köpfe aus Stuck, darunter der hier abgebildete, der vermutlich die Züge des Verstorbenen trägt.

59 links *Dieser Kopf aus Stuck bildet vielleicht einen Edelmann der Maya ab. Er wurde in Comalcalco in einem Grab aus der klassischen Periode gefunden. Um die Stirn ist ein Band gewickelt, das die Herrscher bei der Krönung erhielten.*

59 unten *Dieses farbige Räucherfass aus Terrakotta fertigten die Maya während der klassischen Periode in Villahermosa. Inmitten einer üppigen, barock wirkenden Motivfülle sitzt eine Gestalt, vielleicht ein Priester, mit gekreuzten Beinen.*

gang und schließlich den Zusammenbruch des Mayareiches nach Jahrhunderten der Prachtentfaltung bedingten. Dennoch bestehen bis heute viele Unklarheiten. Nur eins ist sicher, es war eine Reihe von Ursachen, die die Hochkultur zum Verschwinden brachten.

Nach Meinung mancher Forscher führten zahlreiche Missernten zu Hungersnöten, welche die Bevölkerung dezimierten und den Handel lahm legten. In dieser ökonomischen Krisensituation könnten sich dynastische Streitigkeiten und Herrschaftsansprüche verschiedener Stadtstaaten zugespitzt haben, bis das Reich im allgemeinen Chaos versank. Dennoch erlosch die Kultur nicht vollständig: Während die Zentren des Tieflandes aufgegeben wurden, blühten im Gebiet von Yucatán neue Städte. Die Bauwerke von Uxmál, Sayil und Labná zeugen von einer neuen Stilrichtung, Puuc genannt, die im Süden der heutigen Stadt Merida aufkam. Um das Jahr 1000 stieg Chichén Itzá zur Hauptstadt der letzten Mayabastion empor.

Die Zentren der Halbinsel Yucatán entwickelten sich indes nicht plötzlich und aus eigenem Antrieb, sondern unter militärischem und kulturellem Druck der Tolteken, einem von Norden her vorstoßenden Volk.

Die nachklassische Periode, Tolteken und Maya-Tolteken

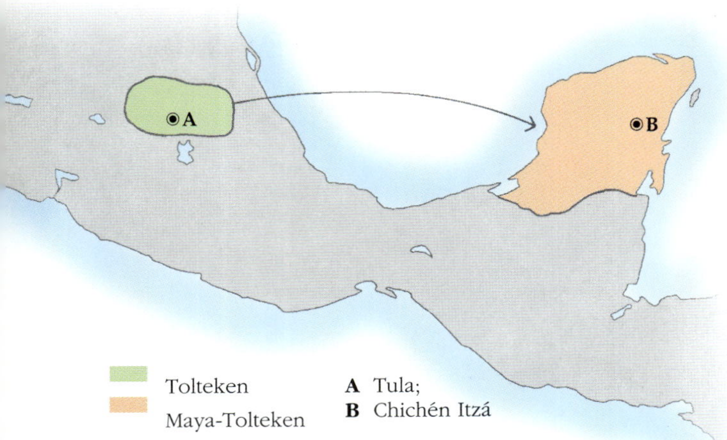

Tolteken

Maya-Tolteken

→ Migrationsrichtung der Tolteken

A Tula;
B Chichén Itzá

60 oben *Diese bunte, toltekische Terrakottafigur stammt aus der nachklassischen Periode. Gesichtszüge und Ringe um die Augen belegen, dass es sich um den Regengott Tlaloc handelt.*

60 unten *Die Steinskulptur aus Xochipala, eine stilisierte Schildkröte, datiert aus der nachklassischen Periode. Mythologie und Kosmologie der Maya sahen die Welt oft als Kaimanrücken oder Schildkrötenpanzer.*

61 links *Ausführung und Stil dieses seltsamen toltekischen Gefäßes wirken deutlich einfacher als die Stücke der klassischen Maya-Periode. Die dreifüßige Vase in Tierform stellt einen Hund mit Strick um den Hals dar.*

61 oben rechts *Ein Relief ziert diesen kleinen, zylindrischen Becher. Das Motiv erinnert an uralte religiöse Themen, die die Maya an die Tolteken weitergaben: Ein Mensch mit Jaguarzähnen und Augenringen schwingt ein Schlangenzepter.*

61 unten rechts *Dieser einfach gearbeitete toltekische Keramikbecher trägt ein feines Flachrelief. Zwei hoch stehende Persönlichkeiten, eine davon mit Bart, diskutieren miteinander. Federn und kleine Vögel schmücken die Köpfe.*

In den Jahrhunderten, die auf die spanische Eroberung folgten, wurden die Tolteken immer stärker mythisch verklärt. Noch im 18. Jahrhundert gaben die Indios der Halbinsel Yucatán ihre Ursprünge und Taten von Generation zu Generation weiter.
Zu Beginn des 10 Jh. begann in Mesoamerika eine Phase des ethnischen und kulturellen Wandels, die den Niedergang und das Ende einiger Hochkulturen einläutete. Die so genannte nachklassische Periode fällt mit der letzten Epoche der präkolumbianischen Kulturen Mesoamerikas zusammen.
Die „Hauptverantwortung“ für derartige Erschütterungen trugen Nahuatl-Völker, die aus Gebieten jenseits des nördlichen Mexikos nach Süden hin vorstießen.
Die Azteken bezeichneten diese Völker mit einem Nahuatl-Wort als Chichimeken, was soviel wie „Völker des Hundes“ bedeutet. In der mündlichen und schriftlichen Überlieferung jener Ära wurden sie „Barbarenvölker“ genannt, weil sie keine eigenen Städte besaßen, kriegerisch auftraten und in Mesoamerika bis dahin unbekannte Waffen wie Pfeile und Bogen gebrauchten.
Zahlreiche schriftliche Dokumente, die nach der Konquista in Nahuatl, aber in lateinischer Schrift verfasst wurden, enthalten Angaben zur Geschichte der Chichimeken und zu den damit verbundenen Ereignissen. Die Berichte widersprechen sich allerdings häufig und nur wenige Chroniken gelten heute als vertrauenswürdig. Deren Autoren erzählen, dass im 10. Jahrhundert eine Gruppe chichimekischer Barbaren die zentrale Hochebene Mexikos eroberte. Ihr Anführer war ein Kriegsherr, der den Namen Mixcoatl ce Tecpatl, „Opfermesser“, trug. Er unterwarf zunächst

eine Reihe von Stämmen und Städten wie Xochicalco und Cholula, ehe er Colhuacán am östlichen Ufer des Texcocosees zu seiner Hauptstadt machte. Hier heiratete er eine Prinzessin, die ihm einen Sohn, Ce Acatl Topilzin, gebar. Um diese mythologische Gestalt rankt sich die gesamte kulturgeschichtliche Tradition der nachklassischen Periode. Ce Acatl Topilzin, („Gefiederte Schlange 1 Rohr“), wurde ein Priester des Gefiederten Schlangengottes Quetzalcoatl und gründete am Ende des 10. Jahrhunderts eine neue Hauptstadt in den kargen, steppenartigen Ebenen Zentralmexikos. Er nannte sie Tollan, die spanischen Eroberer machten später daraus Tula. Die Anhänger

und Untertanen Quetzalcoatls erhielten ihrerseits die Bezeichnung Tolteken, die sich von dem Nahuatl-Wort für „Meister des Handwerks“, *toltecatl*, ableitete.
Rückblickend fällt besonders die starke einigende Kraft der Tolteken ins Auge. Auf dem Höhepunkt ihrer Macht hatten sie die Überreste des Volkes von Teotihuacán in ihre Gemeinschaft eingegliedert und ihre Herrschaft über den gesamten Westen Mexikos, die Halbinsel Yucatán und Oaxaca ausgedehnt. Überlieferungen beschreiben die Stadt als bedeutende Metropole, Zentrum von Kunst und Kultur mit hohen und prachtvollen Bauten. Die archäologischen Funde von Tula, im heutigen Staat Hidalgo, deuten aber auf eine Stadt von eher bescheidenen Ausmaßen hin.
Die religiösen Bilder und Vorstellungen weisen Einflüsse der Kultur von Teotihuacán auf, insbesondere, was den Kult der Gefiederten Schlange anbetrifft. Dank der Kombination von mündlicher Überlieferung und archäologischen Daten war es möglich, die Migration einiger Toltekengruppen aus dem Gebiet von Tula zu rekonstruieren. Im 11. Jahrhundert unternahmen diese nach sporadischen Berührungen mit den Mayavölkern von Yucatán einen regelrechten Eroberungszug in die dortige Region. Exakt zu diesem Zeitpunkt stieg Chichén Itzá zur größten und mächtigsten Stadt Mesoamerikas auf. Aus diesem Grund wurde die letzte Bastion der Mayakultur, die auf der Halbinsel Yucatán blühte, mit der Maya-Tolteken-Kultur gleichgesetzt. Vor allem in Chichén Itzá verbanden sich architektonische und ikonographische Elemente fremder Herkunft mit den überkommenen Anteilen der Mutterkultur aus dem Tiefland.
Ein neuer Kult begann die Verehrung für die Götterwelt der Maya zu überlagern und wurde von den Tolteken binnen kurzer Zeit in Mexiko verbreitet. Nun huldigte man Quetzalcoatl, der „Gefiederten Schlange von Quetzál“. Bald schon herrschte der in der Mayasprache „Kukulcan“ genannte Gott über die alten Götter der klassischen Periode.
Zwei ebenso komplexe wie interessante Legenden verbinden sich mit dem Ursprung von Ce Acatl Quet-

62 oben *Bis zur Konquista pflegte man in Mesoamerika das Ballspiel. Der abgebildete Steingegenstand stammt aus der Stadt Xochicalco, die nach dem Fall von Teotihuacán aufblühte. Der stilisierte Papagei war vermutlich ein Mannschaftsabzeichen.*

62 Mitte *Auch die zumeist strenge und einfache toltekische Kunst kannte zuweilen komplexere Ausdrucksformen. Diese perlmuttbesetzte Skulptur könnte Quetzalcoatl, die Gefiederte Schlange, darstellen, die hier eine Tiermaske trägt. Andere halten die Figur für einen Koyoten.*

62 unten *Einige künstlerische Ausdrucksformen, die die Tolteken im Zusammenhang mit ihren Riten einführten, waren bei den Maya der klassischen Periode unbekannt. Hierzu zählt der* Chac mool *(hier aus Tula), ein Opferaltar in Form eines liegenden Menschen mit erhobenen Schultern, angewinkelten Beinen und zur Seite gedrehtem Kopf.*

63 *Der „Stein der vier Hieroglyphen“ aus Xochicalco ist in Wirklichkeit eine Kalenderstele, die auf einer Seite vier Hieroglyphen als Datumsangaben trägt (5 Rohr, 4 Kaninchen, 7 Reptilienauge, 6 A).*

zalcoatl. Er galt als charismatischer Prophet, der im Bereich der Künste und Wissenschaften Kenntnisse aller Art nach Tula trug. Dann vertrieb ihn jedoch sein niederträchtiger Bruder Tezcatlipoca aus der Stadt und so erreichte er die Atlantikküste, wo er sich gen Himmel erhob und sich in den Morgenstern verwandelte.
Eine Variante derselben Geschichte weiß hingegen zu berichten, dass der Fürst nach seiner Flucht aus Tula auf einem Floß aus Schlangen nach Osten segelte. Er erreichte Yucatán, befriedete die gesamte Region und bereicherte die Kultur von Chichén Itzá durch seinen hohen Wissensstand. Der Mythos um die Person von Quetzalcoatl-Kukulcan verarbeitet ohne Zweifel auch die Invasion und Eroberung der Mayastädte von Yucatán durch die kriegerischen Tolteken.
Daneben brachten die Eroberer aber auch den Kult des heiligen Cenote mit. Im Mittelpunkt stand hier ein dem Regen- und Fruchtbarkeitsgott Tlaloc geweihter Teich, in dessen trübem und tiefen Wasser zahlreiche Menschen geopfert wurden.
Die Tolteken von Tula beeinflussten auch die Architektur und Bildhauerei der Mayastädte in der nachklassischen Periode. Die neuen Stilelemente zeugen von der Anwesenheit einer zentralistischen Militärmacht. Im Gegensatz zu den Mayaherrschern, die ihr Ansehen durch häufige Darstellungen der eigenen Person oder Dynastie zu steigern suchten, verzichteten die Kriegerkönige aus Mexiko offenbar auf den Personenkult, denn es existieren in diesem Zusammenhang weder Bilder noch Inschriften. Dagegen praktizierten die Tolteken nun ausgiebig Riten, die in der klassischen Periode eine untergeordnete Rolle gespielt hatten, etwa das He-

rausreißen und Opfern von Menschenherzen. Dies belegen die *Chac Mool* genannten, menschenähnlichen Skulpturen, die als Opferaltäre für die noch zuckenden Herzen dienten. Neu war auch der *tzompantli*, eine Art Holzgestell, von dem Steinkopien die Zeit überdauerten. An dieser Vorrichtung hängte man die Schädel geköpfter Feinde oder Verlierer beim Ballspiel auf.

Fast zeitgleich begann um das Jahr 1200 der unaufhaltsame Niedergang der beiden mächtigen Städte Tula und Chichén Itzá. Die Hegemonialmacht über Yucatán ging auf Mayapán über, ein von Festungsmauern umgebenes politisches und religiöses Zentrum. Rund zwei Jahrhunderte lang regierten die Fürsten von Mayapán an der Spitze eines Bündnisses kleiner Stadtstaaten. Erst im 16. Jahrhundert, kurz vor der Ankunft der Spanier, zerstörten die kriegerischen Cocóm die Stadt Mayapán und unterwarfen binnen kurzer Zeit die gesamte Halbinsel Yucatán.

Als die ersten Spanier an der mexikanischen Küste vor Anker gingen und sich ins Landesinnere aufmachten, stand das Aztekenreich unter Moctezuma II. auf dem Höhepunkt seiner Macht. Von den meisten Städten der Maya und Tolteken waren dagegen nur Ruinen geblieben, um die sich kleine Indiogemeinden gruppierten. Die hier lebenden Menschen pilgerten allerdings noch regelmäßig zum Kult des heiligen Cenote nach Chichén Itzá. Auch hüteten sie die kostbaren Kodizes, welche die Geheimnisse, Kenntnisse und religiösen Vorstellungen ihrer Vorväter, der Maya, enthielten. Ein Großteil dieser Schriften fiel den Flammen zum Opfer, denn die spanischen Eroberer hielten sie für Teufelswerk und verbrannten daher von den antiken Gelehrten überlieferte Daten und Fakten von unschätzbarem Wert.

Im Jahre 1524 hatten sich die Spanier mit den Städten Cakchiquél und Iximché verbündet und brachten mit ihrer Hilfe den Maya von Utatlán aus der Quiché-Zone eine vernichtende Niederlage bei. Im darauf folgenden Jahrhundert übertrugen einige gebildete Edelleute dieses Volkes die heiligen Texte des *Popol Vuh* und der *Chilam-Balam*-Bücher, die die Weissagungen, Ursprungsmythen und religiösen Ideen ihrer Ahnen enthielten, in die lateinische Schrift. Zusammen mit vier weiteren geretteten Kodizes bilden diese Werke die Grundlage, auf der alle Studien zum kulturellen Erbe der Maya – Ideologie, Kosmogonie, Kulte und astronomische Kenntnisse betreffend – beruhen.

64 oben *Ein Mosaik aus Türkisen und Korallen bedeckt diese hölzerne Scheibe mit Schlangenmotiven. Der Fund gehört zu den erlesensten Werken der maya-toltekischen Kunst. In der Mitte befand sich vermutlich ein Spiegel aus Schwefelkies.*

64 unten *Diese gedrungene, strenge Skulptur gehört zu den „Atlanten", welche den Opferaltar auf dem Gipfel des Kriegertempels in Chichén Itzá trugen. Der Fund entstand zwischen dem 11. und dem 12. Jahrhundert.*

65 *In Chichén Itzá führten die Tolteken einige neue Ornamentalformen ein. Besonders verbreitet waren steinerne Tierhäupter, aus deren Maul ein menschlicher Kopf ragte. Ein Bezug besteht vermutlich zu rituellen Enthauptungen oder Menschenopfern.*

Die Azteken, Höhepunkt blutiger Opferriten

Die Azteken waren die letzte einigende Macht im präkolumbianischen Mexiko. Genau wie bei den Maya ranken sich auch um die Ursprünge dieses Volkes zahlreiche Mythen und Legenden. Bezeugt ist lediglich, dass sich im Jahre 1345 ein Nomadenstamm aus dem Nahuatl-Sprachraum am Ufer des Texcocosees niederließ und dort seine zukünftige Hauptstadt gründete. Vermutlich handelte es sich um eine letzte Abteilung von Chichimeken, die noch jenseits der Grenze lebten. Diese Leute bezeichneten sich selbst als „Mexica" und gaben ihrer Stadt den Namen Mexico Tenochtitlán, der sich später auf Tenochtitlán verkürzte. Einer der Ursprungsmythen der Mexica berichtet von einem fiktionalen Herkunftsort namens Chicomotzóc, dem „Ort der Sieben Höhlen". Einer noch interessanteren und geheimnisvolleren Erzählung zufolge begaben sich die Mexica von Aztlán, dem „Weißen Land inmitten des Wassers", aus auf die Reise und erreichten nach langer Wanderung Mexiko. Von diesem Mythos leitet sich die von den Europäern übernommene Benennung „Azteken" für das Volk ab. Wenn

67 unten rechts *Auch einige spanische Chronisten der Kolonialzeit überlieferten die aztekische Geschichte. Die abgebildete Seite gehört zur 1579 von Diego de Durán verfassten* Historia de las Indias *und schildert den Bau von Tenochtitlán.*

66 *Tolteken und Azteken schufen stehende Heere, die Expansionszüge durchführten, aber auch Gefangene für blutige Opferriten herbeischleppten. Die aztekische Armee bestand aus mehreren Orden, die nebenstehende Skulptur aus Tenochtitlán zeigt einen Soldaten der „Adler".*

67 links *Geschichte und Ideenwelt der Azteken sind uns durch Kodizes überliefert. Diese Seite des* Codex Boturini *beschreibt die Wanderung der Azteken.*

67 oben rechts *Die erste Seite des erst jüngst entschlüsselten* Codex Mendoza *erzählt die letzten 194 Jahre der aztekischen Geschichte ab der Gründung von Tenochtitlán.*

68-69 Die Azteken waren Meister der Steinbearbeitung. Diese Basalttafel zeugt von hoher Kunstfertigkeit: Ein Rand mit geometrischen Motiven umrahmt das Bild eines Adlers, der auf einer blühenden Pflanze sitzt und versucht, eine Schlange zu verspeisen.

69 oben Ein anderes Beispiel aztekischer Bildhauerei stellt dieser hockende, federbedeckte Koyote dar. Zusammen mit Jaguar und Adler gehörte der Koyote zu den Totemtieren der Azteken. Viele Aztekenherrscher entstammten der Dynastie der Coyotl.

der Mythos – wie in den meisten Fällen – einen historischen Kern enthält, so stammten die Azteken vermutlich von einer weit entfernten Insel. Trotz zahlreicher Forschungen konnten die Wissenschaftler jedoch bis heute die Herkunft der Azteken nicht genau bestimmen. Einige Überlieferungen erzählen, dass die Azteken sich, nachdem sie in Mexiko angekommen waren, zunächst nach Tula begaben und sich mit dem dortigen Wissen und der Kultur vertraut machten. Hinter dieser Geschichte steht möglicherweise die historische Tatsache, dass die Azteken sesshaft wurden und im Kontakt mit den Tolteken einen gewissen Akkulturationsprozess durchliefen. Am Endpunkt des Weges der Mexica lag der Texcocosee. Hier stellten die Priester das Standbild des Stammesgottes Huitzilopochtli auf. Nach zahlreichen Wechselfällen der Geschichte und territorialen Kämpfen mit benachbarten Ethnien, insbesondere mit den kriegerischen Tepaneken, empfingen die Mexica ein Zeichen der Götter und gründeten ihr Zentrum auf einigen sumpfigen Inseln. Nach ihrem Priester Tenoch

nannten sie die Stadt Tenochtitlán. Die Überlieferung berichtet auch, dass sich 13 Jahre später eine Gruppe von Azteken auf den Weg machte und eine weitere Stadt, Tlatelolco, gründete. Archäologische Funde belegen indessen, dass die Schriften der Kolonialzeit irren, denn die Ruinen von Tlatelolco sind älter als die von Tenochtitlán und gehören zum tepanekischen Kulturkreis. Vermutlich ließen sich Azteken in Tlatelolco nieder oder kolonisierten die Stadt und führten auf diese Weise die älteste Verschmelzung der beiden ethnischen Gruppen herbei. Zieht man ausschließlich die historischen Ereignisse in Betracht, so besiegten die Azteken die Tepaneken im Jahre 1428 endgültig und unternahmen ab diesem Zeitpunkt einen Feldzug, der ein doppeltes Ziel verfolgte. Die Azteken wollten zum einen neue Handelsstraßen erschließen, zum anderen Tributzahlungen kassieren. Sie unterwarfen deshalb zunächst ihre Nachbarn und drangen dann immer weiter entlang der Küste des Golfs von Mexiko bis in das Gebiet von Veracruz vor. Ausgewählte Gruppen, die *pochteca*, erhielten den Auftrag, Handel zu treiben und bereiteten so den Weg für die ökonomische und militärische Expansion. Diese wiederum schuf die Voraussetzungen für das Imperium der Azteken.

Im Laufe der Jahrzehnte nahm die Zahl der aztekischen Götter zu, da die Azteken verschiedene Kulte der von ihnen unterworfenen Völker übernahmen und neue Gottheiten einführten. Hauptgott blieb jedoch Huitzilopochtli, der mit dem Krieg und der Sonnenscheibe gleichgesetzte Stammesgott der Vorväter, von dem keine bildlichen Darstellungen existieren. Im heiligen Bezirk von Tenochtitlán errichteten die Azteken einen großen, pyramidenförmigen Tempel, den die Spanier später Templo Mayor nannten. Die Hauptfassade des Tempels ruhte auf einer gewaltigen Plattform und war nach Westen ausgerichtet. Zwei Treppen führten zum oberen Teil des Tempels, wo sich zwei Heiligtümer befanden: Die Stätte im Süden war

69 unten *Dieser quadratische Steinsitz trägt ein mit dem aztekischen Kalenderwesen verknüpftes Motiv. Das in Flachrelieftechnik gearbeitete Tier im Zentrum ist ein Kaninchen und steht für ein Datum, das Jahr „1 Kaninchen", das in gregorianischer Zeitrechnung dem Jahr 1480 entspricht. Die Azteken verwendeten vier Hieroglyphen zur Jahresangabe: „Haus", „Kaninchen", „Rohr" und „Messer".*

Im Zusammenhang mit dem Kult um Huitzilopochtli wurden außerdem so genannte „Blumenkriege", *xochiyayotl*, veranstaltet. Ziel dieser Feldzüge war es nicht, neue Gebiete zu erobern, sondern möglichst viele Gefangene zu machen, die dann dem schier unstillbaren Blutdurst Huitzilopochtlis zum Opfer fielen.
Zahlreiche Herrscher folgten auf dem Thron von Tenochtitlán aufeinander und alle versuchten, das Reich weiter auszudehnen und immer mehr Völker ihren politischen und religiösen Vorstellungen zu unterwerfen. Als im Jahre 1502 Moctezuma II. zu herrschen begann, hatte das Imperium riesige Ausmaße erreicht und umfasste Gebiete im heutigen Mexiko, Guatemala und Belize. Bis zu diesem Zeitpunkt hatte Tenochtitlán unter den großen Metropolen der Azteken keine Vormachtstellung inne, da die Stadt zusammen mit den beiden anderen Zentren, Tlatelolco und Tacuba, einige Jahrzehnte zuvor eine Tripelallianz gebildet hatte. Bis zu Beginn des 16. Jahrhunderts war das Reich daher nicht pyramidenförmig strukturiert und der Autorität eines einzigen Monarchen unterstellt, sondern setzte sich aus einem Verbund von Städten zusammen, die ihrerseits Tributzahlungen von unterworfenen Vasallenstaaten erhielten. Darüber hinaus gab es eine Reihe militärischer Vorposten, die nicht zu den eigentlichen Kolonien gehörten. Sie entrichteten keinen

70 Mitte *Der berühmte „Kalenderstein" gilt als ein Wahrzeichen der aztekischen Kultur. In der Mitte der großen Kalenderscheibe prangt das Sonnenbild als Knotenpunkt der vier vorgeschichtlichen Weltperioden. Ringsherum gruppieren sich die 20 Tageszeichen des rituellen Kalenders.*

Huitzilopochtli, die im Norden dem Regen- und Fruchtbarkeitsgott Tlaloc geweiht. Ausgrabungen belegen, dass das religiöse Zentrum der Azteken insgesamt sieben Erweiterungen erfuhr. Die beiden in einer langen Grabungsaktion zutage geförderten Heiligtümer gehen demzufolge auf das Jahr 1390 und damit auf „Phase II" der aztekischen Bautätigkeit zurück. Außer dem Tlaloc-Kult übernahmen die Azteken auch noch die Verehrung für Xipe-Totec, dessen Name übersetzt etwa „Unser Herr, der Geschundene" bedeutet. Die ursprünglich aus Guerrero stammende Gottheit hatten schon die Mixteken als Schutzherrn der Goldschmiedekunst angebetet. Im aztekischen Kulturraum finden sich auch häufig Darstellungen von Tezcatlipoca, dem bösen Bruder Quetzalcoatls, der Fruchtbarkeitsgöttin Coatlicue, dem Gott der Zwischenwelt, Miclantecutli, und von Mayahuel, der Herrin der Agaven und des Pulque, eines aus dieser Pflanze gewonnenen alkoholischen Getränks. Als besonders grausam offenbarte sich die Religion der Azteken in Bezug auf besiegte Feinde, die mit Gewalt dazu gezwungen wurden, Huitzilopochtli zu verehren und ihm Menschenopfer darzubringen. Darüber hinaus entfernten die Azteken regelmäßig Götzenbilder und Statuen unterworfener Völker von deren Altären und sperrten sie in eine Art „Göttergefängnis", den Coacalco in Tenochtitlán.

70 oben *Bilderhandschriften, in denen sich Mythos und Wahrheit mischen, erzählen die Geschichte der Azteken und ihre Ankunft in Mexiko. Die Heldentaten der Herrscher wurden auch auf Steinen verewigt. Dieser Ausschnitt gehört zu einem Denkmal, das König Tizoc und seine Siege rühmt.*

Tribut und dienten als Pufferstaaten zwischen dem Reich der Azteken und benachbarten Mächten. Gleichwohl war Tenochtitlán die bedeutendste Stadt innerhalb der Tripelallianz. Sie erhielt die höchste Summe an Tributzahlungen und besaß die wichtigsten Kultstätten. Dennoch genügte dieser Status quo dem absoluten Machtbedürfnis Moctezumas II. nicht. Er löste den Dreibund und das föderative System auf, das über fünfzig Jahre lang existiert hatte, konzentrierte die gesamte Macht auf seine Person und verwandelte Tenochtitlán in eine prunkvolle Hauptstadt. Die Herrscher von Tlatelolco und Tacuba wurden zu Vasallen degradiert und Moctezuma begann einen Eroberungszug, um Völker wie die Mexteken von Oaxaca und die Yopi von Guerrero zu unterwerfen und die Grenzen seines Reiches zu befestigen. Zeitgleich unternahm er Anstrengungen, Tenochtitlán zur elegantesten und prächtigsten aller Städte zu machen. Das ursprüngliche Zentrum auf den sumpfigen Inseln des Texcocosees wandelte sich zu einer Märchenstadt, die sich über einem Netz von Kanälen, ähnlich dem von Venedig, erhob. Gärten und Parks

70 unten *Der steinerne Menschenkopf belegt, dass die Azteken auch sehr realistische Kunstwerke schufen. Es könnte sich um einen König, aber auch eine weniger prominente Person handeln. Im halboffenen Mund erkennt man eine Reihe weißer Zähne aus Muschelstücken; die roten Augen bestehen aus Schwefelkies.*

71 *Der „Stein des Tizoc“ ist ein zylindrisches Denkmal, dessen Oberseite die Sonnenscheibe ziert. Das Flachrelief zeigt den Herrscher im Kampf mit dem feindlichen Kaiser Ahuitzotl. Das Datum „8 Rohr“ des aztekischen Kalenders entspricht dem Jahr 1487 unserer Zeitrechnung.*

voller Tiere und Vögel aller Art erstreckten sich neben pompösen Palästen, Privathäusern, Pyramiden und Türmen. Zur Zeit der spanischen Eroberung lebten über 250 000 Menschen in der Stadt. Ein großer steinerner Aquädukt versorgte die Bevölkerung mit Trinkwasser aus den Quellen der Hügel von Chapultepec. Moctezuma selbst residierte in einem riesigen Palast inmitten von zahllosen Konkubinen, Würdenträgern, Dienern und Sklaven. Das Volk *macehuallis* gliederte sich in Clans oder *calpulli,* die je einen eigenen Stammvater besaßen. Die Angehörigen eines solchen Clans bearbeiteten ein Stück Land, das ihnen selbst gehörte. Ein Teil des Ertrags war für den eigenen Gebrauch bestimmt, den Rest erhielt der Herrscher als Tribut.
Einige Stadtviertel waren Fremden vorbehalten, von denen viele als Handwerker arbeiteten. Besonders die Mixteken genossen einen hervorragenden Ruf als Goldschmiede und Juweliere. Nachdem Tlatelolco zum Vorort von Tenochtitlán abgesunken war, diente die Stadt ausschließlich als Marktplatz. Hier wurden alle in der Metropole gefertigten Handwerksprodukte verkauft. Als kostbarste Waren galten goldene Geschmeide oder Ketten aus Türkis, Tonwaren sowie Mosaiken aus Steinen und Federn. Daneben importierten die Azteken genau wie die peruanischen Inka Kunstgegenstände und Handwerk unterworfener Völker.
Die Überreste des antiken Tenochtitlán sind leider nur noch ein müder Abglanz der Größe und Pracht, von der die spanischen Chroniken berichten. Lediglich von der Bildhauerei, in der die Kunst der Azteken zweifellos

ihren individuellsten Ausdruck fand, können wir uns dank zahlreicher Beispiele ein relativ vollständiges Bild machen. Sie konzentriert sich vor allem auf den religiösen Bereich, wo ihre kraftvolle Gestaltung besonders stark zur Geltung kommt. Das bekannteste und wichtigste Kunstwerk ist der so genannte Sonnenstein, ein riesiger Monolith, in den eine komplexe Symbolik eingraviert ist. Sie bezieht sich auf die verschiedenen Kalender der Azteken, die diese ihrerseits von den ältesten Kulturen Mesoamerikas übernommen hatten. Zahlreiche Handschriften überlebten die spanische Eroberung im Unterschied zu den Kodizes der Maya. Sie sind in einer Bilderschrift verfasst, die jener der Mixteken ähnelt. In jüngerer Zeit gelang es erstmals, Teile davon zu entziffern, nachdem man einen im *Codex Mendoza* enthaltenen Text entschlüsselt hatte. Das Imperium der Mexica brach auf dem Höhepunkt seiner Macht unter dem Ansturm der Konquistadoren zusammen. Die Spanier waren 1519 unter der Führung von Hernán Cortés in Mexiko gelandet. Moctezuma II. hielt die bärtigen, hellhäutigen Fremden zunächst für Gesandte Quetzalcoatls und empfing sie mit allen Ehren. Nach zweijährigen Kämpfen nahm Cortés Tenochtitlán ein und zerstörte die Stadt. Ein Großteil der Bevölkerung wurde hingerichtet und auch Moctezuma entging seinem Schicksal nicht. Die Eroberer zwangen den Überlebenden den katholischen Glauben auf und unterstellten sie der spanischen Krone. Das riesige Aztekenreich hörte auf zu existieren; seine Gebiete bildeten unter dem Namen Neu-Spanien eine Kolonie der Katholischen Könige.

73 *Mit den eigenartigsten und makabersten Kunstwerken stellten die Azteken den Tod und damit verbundene Kulte dar. Dieser menschliche Schädel wurde bei Grabungen in Tenochtitlán gefunden. Zwar fehlt der hintere Teil, doch sind die Zähne gut erhalten, was auf einen Opfertod hinweist. Durch falsche Augen und zwei Klingen aus Kieselstein anstelle von Nase und Zunge wirkt er besonders Furcht erregend.*

72 *Die Gestalt auf dieser Terrakottaplatte, die noch Farbspuren aufweist, ist Xipe-Totec, eine alte mixtekische Gottheit, deren Kult die Azteken übernahmen. Sein Name bedeutet „der Geschundene", die Goldschmiede verehrten ihn als Schutzpatron. Auf Bildern trägt er stets eine Menschenhaut.*

A Tzintzuntzan

Der Westen Mexikos

Will man ein vollständiges Bild der präkolumbianischen Ära Mexikos und der Völker der damaligen Zeit erhalten, so dürfen jene Zivilisationen nicht fehlen, die sich am Rande der großen Hochkulturen, insbesondere im äußersten Westen Mexikos, entfalteten.
Dieses Gebiet umfasst die heutigen Staaten Guerrero, Colima, Michcoan, Jalisco, Nayarit und Sinaloa. In dieser Region entstanden keine Zeremonialzentren und Städte wie anderenorts in Mesoamerika, sondern lediglich kleine Reiche, die von einem Häuptling oder Würdenträger, dem Kaziken, regiert wurden. Auch während der klassischen Periode lebte die Bevölkerung vermutlich großenteils in Bauerndörfern. Jedenfalls wurden bis heute keine Monumentalbauten entdeckt und die bedeutenden archäologischen Funde beschränken sich auf reich ausgestattete Nekropolen, in denen man vor allem auf Tonwaren als Grabbeigaben stieß. Während die Handwerkskunst aus Guerrero eine gewisse Offenheit für andere Kulturen aufweist und in der präklassischen Periode Einflüsse der Olmeken, später Stilelemente von Teotihuacán zeigt, blieben die übrigen Kulturen völlig isoliert.
Die Keramiken zeichnen sich nicht durch eine besonders ausgefeilte Technik aus, sind aber aufgrund der abgebildeten Alltagsszenen von Interesse. Viele Gefäße sind mit Tieren, Tänzern, Possenreißern, Akrobaten, Schamanen oder Kriegern verziert. Daneben stieß man auf Darstellungen des Ballspiels, obgleich dieser Kult jedenfalls nicht auf gleiche Weise wie in den großen Zeremonialzentren praktiziert wurde. Grabfunde belegen überdies, dass die Bewohner der Westküste Köpfe als Trophäen sammelten und Menschen opferten.
Während der nachklassischen Periode übernahm ein Volk aus Michoacan die Vorherrschaft über die anderen. Die Tarasken errichteten Tzintzuntzan, ein Zentrum mit pyramidenförmigen Tempeln, das lange Zeit den Neid der Azteken erregte.
Durch Kontakte mit Peru und Kolumbien erlernten die Tarasken die Kunst des Gold- und Kupferschmiedens, die sie hervorragend beherrschten. Als einziges Volk Mesoamerikas verwendeten sie Waffen und Äxte aus Kupfer.

74 links *Die Kulturen im westlichen Teil Mexikos entwickelten einfachere, an die Traditionen der Völker gebundene Ausdrucksformen, die sich von der komplexen Bildwelt im übrigen Mesoamerika deutlich unterschieden. Diese Chupicuaro-Figur stellt eine weibliche Gottheit mit zwei Köpfen dar.*

74 rechts *Diese beiden Figuren aus dem Einzugsgebiet von Nayarit wirken durch ihre einfache Verarbeitung kindlich. Es handelt sich um ein sitzendes Paar. Die Frau hält ein Gefäß in den Händen; beide tragen Kopfschmuck und Nasenringe. Geometrische Motive deuten die Kleidung an.*

75 links *Die farbige Terrakottafigur gehört zur Chupicuaro-Kultur und stellt vermutlich eine Frau dar. Die aufgemalten Motive entsprechen wahrscheinlich den Stoffmustern der damaligen Zeit.*

75 rechts *Die Keramikstatuette ist ein typisches Beispiel der Nayarit-Kunst. Die stark stilisierte Frauenfigur mit gekreuzten Beinen hält einen spitzen Gegenstand, vielleicht ein Opfermesser oder ein Arbeitsgerät.*

76 links *Die westmexikanischen Kulturen haben keine großen Zeremonialzentren, wohl aber Grabstätten mit interessanten Beigaben hinterlassen, darunter viele Terrakottafiguren. Die abgebildete Gestalt, vielleicht ein Würdenträger, Priester oder Ballspieler, ist einfach, jedoch mit großem Realismus gestaltet.*

76 oben rechts
Dieses Gefäß in Tiergestalt stammt wie die Figur aus Westmexiko. In vielen Gräbern fanden sich Hundefiguren aus Terrakotta, aber auch Knochen von Hunden, die man mit den Verstorbenen begraben hatte. In Mesoamerika wurden Hunde für den Verzehr gezüchtet.

__77 oben links__ Diese seltsam gekleidete, lustige Gestalt könnte ein Gaukler sein. Die Einwohner von Colima hinterließen viele Darstellungen von Spaßmachern und Jongleuren, die bei Volksfesten auftraten.

__77 unten links__ Neben menschlichen Gestalten schuf das Volk von Colima auch die unterschiedlichsten Tierfiguren wie diesen ziegelroten Behälter aus dem 2. Jahrhundert in Form eines Papageis.

__77 rechts__ Am Hofe des Aztekenherrschers Moctezuma II. trafen die Spanier auf viele missgestaltete Menschen, Zwerge und Bucklige, die man wie göttliche Wesen behandelte. Diese Tradition galt auch für die Völker Westmexikos, wie dieser Behälter belegt. Er hat die Form eines Buckligen, der auf zwei fischähnlichen Unterlagen steht und sich auf einen Stock stützt.

Die Konquista, das Ende einer Welt

78 oben links *Das Bild zeigt einen Ausschnitt aus der* Historia de los Indios, *die der spanische Chronist Diego de Durán 1579 verfasste: Der Aztekenherrscher Moctezuma II. sieht einen Kometen, eines von mehreren Unglückszeichen, die den Untergang seines Reiches ankündigten.*

78-79 *Diese Seite des* Codex Durán *fasst eine der Schlachten zwischen Azteken und Spaniern ins Bild. Links führt Pedro de Alvarado, ein Begleiter von Cortés, das spanische Heer an; von rechts rücken Azteken des Adler- und des Jaguarordens an. Die Spanier nutzten die Naivität Moctezumas und zerstörten das letzte präkolumbianische Reich Mittelamerikas in einer Reihe von blutigen Kriegen.*

1519
1524–1526
1535

Die Eroberungszüge von Hernán Cortés

A Tenochtitlán

78 unten links *Auch dieses Bild stammt aus dem* Codex Durán, *einem wichtigen Dokument zur Geschichte der Eroberung Mittelamerikas. Es zeigt die Begegnung zwischen Cortés und Malinche, einer von Moctezuma II. ausgesandten Dolmetscherin.*

Außergewöhnliche astronomische Phänomene hatten bereits seit längerer Zeit eine düstere Zukunft prophezeit, als Moctezuma II. im Jahre 1519 von der Ankunft hellhäutiger bärtiger Menschen in seinem Gebiet erfuhr. Genau wie 14 Jahre später der Inkakönig Atahualpa, hielt auch Moctezuma die spanischen Eroberer für Botschafter des bärtigen Gottes Quetzalcoatl und glaubte, mit dessen Rückkehr würde sich eine alte Weissagung seiner Vorväter erfüllen.
Die Azteken empfingen die spanischen Eroberer, die unter der Führung von Hernán Cortés nach Mexiko vordrangen, mit großen Ehren in Tenochtitlán. Jene wiederum glaubten sich in ein Venedig der Neuen Welt versetzt, als sie die herrlichen Paläste und Gärten auf schwimmenden Inseln inmitten von Kanälen erblickten. Göttlichen Gesandten gleich, erhielten die Ankömmlinge Geschenke und Tributzahlungen. Kaum hatten sie jedoch die Situation erfasst, nutzten Cortés Männer die Naivität Moctezumas geschickt und skrupellos aus und zerstörten in einer Reihe blutiger Kriege das letzte große Reich im präkolumbianischen Mesoamerika.
Im Laufe weniger Jahre vernichteten die Spanier die Kultur der Azteken, ihre schriftlichen Dokumente, Kunstwerke und Traditionen. Von den 20 bis 25 Millionen Einwohnern Mexikos überlebte nur ein Zehntel; die meisten starben durch Waffengewalt oder eingeschleppte Krankheiten. Nachdem die Pocken auch Moctezumas Nachfolger dahingerafft hatten, leistete der letzte Herrscher von Tenochtitlán, Cuauhtemóc, heldenhaft Widerstand gegen die Eindringlinge, musste 1521 jedoch kapitulieren. Der Sieg von Cortés unterwarf das Land vollständig den spanischen Königen, die es zur Kolonie erklärten und ihm den Namen Neu-Spanien gaben.

79 oben *Als Moctezuma II. von der Ankunft der weißen, bärtigen Männer erfuhr, glaubte er an die versprochene Rückkehr Quetzalcoatls und empfing die Spanier mit allen Ehren. Auf diesem Bild des* Codex Durán *überbringt ein Bote Moctezumas Cortés eine Halskette.*

79 unten *Dieses Bild bezieht sich auf die Schlacht um Tenochtitlán, in der die Spanier das Heer der Azteken niedermetzelten. Die Geschichte der Mexica endete mit dem Mord an Moctezuma II. und der völligen Zerstörung der Hauptstadt, deren Einzugsgebiet ab 1521 der spanischen Krone unterstand.*

diosas delas parteras
en este mes tenjan los hõbres
para hazer vnn fiesta. par
njen dios. particular. porq
diosas delas
vn&no decymo mes

Alltag, Kunst und Religion der mesoamerikanischen Völker

80-81 *Bilderhandschriften berichten von den Mythen, der Geschichte und dem Alltag der Azteken. Tafel 21 des* Codex Borbonicus *erzählt vom göttlichen Schöpferpaar und der Einführung des Kalenders.*

81 *Diese Darstellung Quetzalcoatls, einer der wichtigsten Gestalten der mesoamerikanischen Götterwelt, stammt aus der* Historia de los Indios *von Diego de Durán.*

Die Quellen

Geschichte und Kultur vieler präkolumbianischer Völker Mesoamerikas kennen wir heute nur dank archäologischer Funde. Hierzu gehören vor allem die Tempel und Paläste der Zeremonialzentren sowie Skulpturen, Keramiken und Grabbeigaben.
Von den verschiedenen Schriftformen, der sich die Indiovölker bedienten, konnten bis heute nur die Texte der Maya und der Azteken entschlüsselt werden und auch bei ihnen blieb noch manche Frage offen.
Als die Europäer zu Beginn des 16. Jahrhunderts erstmals mit der Neuen Welt in Kontakt traten, waren viele der großen Kulturen schon lange untergegangen oder hatten sich im riesigen Reich der Azteken aufgelöst. Nur mit letzteren kamen die spanischen Soldaten und Mönche daher direkt in Berührung, und zwar zu einer Zeit, da das Reich seinen kulturellen Zenit und seine maximale Ausdehnung erreicht hatte. Es verwundert nicht, dass sich die Europäer höchst erstaunt über die herrliche Stadt Tenochtitlán, den prunkvollen Hofstaat Moctezumas II. und die Lebensweise der einfachen Leute zeigten. Fast zur gleichen Zeit stießen die Spanier auf der Halbinsel Yucatán auf die letzte Bastion der Maya der nachklassischen Periode, die sich nach jahrelangen blutigen Aufständen erst 1546 der kastilischen Krone unterwarf.
Als einzige Völker Mesoamerikas hinterließen die Maya und die Azteken der Nachwelt Zeugnisse ihrer Geschichte und Kultur nicht nur in Gestalt von archäologischen Überresten, sondern auch in Form von schriftlichen Texten, die spanische Chronisten später ergänzten.
Auch wenn diese Berichte häufig unvollständig oder widersprüchlich sind, haben sie doch viele historische Ereignisse, Vorstellungen und Aspekte des täglichen Lebens der alten Kulturen festgehalten und in Worte gefasst. Die Überlieferungen der Maya und Azteken konnten darüber hinaus Aufschluss über andere Völker Mesoamerikas geben, deren Geschichte und Kultur sie zum Teil aufgenommen und in ihrer eigenen Tradition verarbeitet hatten. Es gelang den Forschern, manche dieser Anteile herauszuarbeiten und das schriftliche Quellenmaterial mit den archäologischen Funden in Übereinstimmung zu bringen.

82 *Dank zahlreicher Kodizes kennen wir die Sitten und Gebräuche der Azteken besser als die anderer Völker Mesoamerikas. Diese Seite des* Codex Mendoza *zeigt Möbel, Geräte sowie Uniformen und Schilde der Soldaten verschiedener Militärorden.*

83 *Auf 36 Seiten behandelt der* Codex Borbonicus *Weissagungsthemen. Er illustriert den 260 Tage umfassenden aztekischen Kalender sowie die an ihn geknüpften Feste und Riten. Erst jüngst begann man mit der Entschlüsselung des komplexen Symbolgehaltes. Das Bild zeigt einen Fruchtbarkeitskult zu Ehren von Tlaloc.*

Die wenigen erhaltenen Texte der Maya umfassen vier vor Beginn der Kolonisierung entstandene Bücher, die so genannten Kodizes, sowie einige sehr alte heilige Schriften, die Indios nach der Konquista ins Lateinische übersetzten. Hierzu gehören vor allem der *Popol Vuh* und die *Chilam-Balam*-Bücher. Auch von Mönchen und Priestern existieren Zeugnisse, darunter die besonders reichhaltige *Relación de las Cosas de lo Yucatán,* die Diego de Landa in der zweiten Hälfte des 16. Jahrhunderts verfasste. Mit großem Eifer hatte der spanische Bischof die „Teufelskulte“ der Maya ausgetrieben und diese gewaltsam zum christlichen Glauben „bekehrt“. Ihre in den Tempeln verborgenen Götzenbilder und Schriften ließ er verbrennen und zerstörte damit Kulturschätze von unermesslichem Wert. Vielleicht wurde dem Bischof später doch noch bewusst, dass die Kulturen der Halbinsel Yucatán zahlreiche interessante Aspekte bargen und so begann er mit seiner detailreichen Schilderung über das Leben der letzten Nachkommen der Maya. Natürlich enthalten die Beschreibungen de Landas viele Interpretationen und persönliche Bewertungen und sind aus einem ganz und gar eurozentrischen und vom Missionsauftrag der katholischen Kirche erfüllten Blickwinkel heraus verfasst. Dennoch liefert die *Relación de las Cosas de lo Yucatán* eine Fülle von Beobachtungen zu Alltag, Feierlichkeiten, Kleidung, Kalender und religiösen Praktiken, wie sie bei den Indios im 16. Jahrhundert gebräuchlich waren. Derartige Erkenntnisse stehen allerdings ausschließlich für den spätesten Abschnitt der Maya-Kultur, das

heißt für die letzten Jahrhunderte der nachklassischen Periode, zur Verfügung, sodass es stets eine Fülle fremder Kultureinflüsse zu berücksichtigen gilt. Über das Leben der einfachen Menschen zur Zeit der klassischen Periode ist demgegenüber nahezu nichts bekannt: Viele Inschriften harren noch der Entschlüsselung, auch geben sie in erster Linie über die Geschichte der herrschenden Dynastien Auskunft, während die Gefäßmalereien das höfische Leben illustrieren.
Im Unterschied zu den Schriften der Maya überlebten viele Kodizes der Azteken die Eroberung. Einige stammen bereits aus der Zeit vor der Konquista, andere wurden von indianischen Kopisten übertragen, als die Spanier sich für die Kultur der unterworfenen Völker zu interessieren begannen.
Die in Bilderschrift verfassten Kodizes veranschaulichen mit viel Liebe zum Detail die Geschichte der Azteken und die mit ihr verknüpften Daten, aber auch Alltagsszenen, religiöse Praktiken sowie Kult- oder Kalenderfeiern. Darüber hinaus existieren auch in diesem Bereich zahlreiche Texte von spanischen Mönchen oder zum Katholizismus bekehrten Indios. Zu den wichtigsten Autoren gehören Bernardino de Sahagún, Diego de Durán und Lopez de Gomara. Jeder von ihnen sammelte eine große Menge an Informationen über die Sitten und Gebräuche der Azteken und hielt sie schriftlich fest, manche in Form von Augenzeugenberichten, andere als Überlieferungen, die aus älteren Quellen oder Erzählungen von Indios schöpfen.
Wie Diego de Landa begreifen und beschreiben auch die Chronisten der aztekischen Geschichte die Neue Welt aus der Distanz ihrer europäischen und christlichen Kultur. Dennoch stellen ihre Texte bedeutende Quellen dar, was das Leben und die Gebräuche zur Zeit Moctezumas II. anbetrifft.
Im folgenden Kapitel sollen die interessantesten Aspekte der Gesellschaft und des Alltags der mesoamerikanischen Völker zur Sprache kommen, wobei der Schwerpunkt auf den Azteken und den Maya der nachklassischen Periode liegt. Bevor wir uns auf die gedankliche Reise in zeitlich wie räumlich weit entfernte Kulturen begeben, sollten wir uns indes verge-

84-85 *Der* Codex Cospi *heißt nach seinem Aufbewahrungsort auch* Bologneser Kodex. *Die Weissagungsschrift besteht aus fünf Hirschlederhäuten, die zu einer langen Bahn zusammengeklebt wurden. Die Bilderhandschrift behandelt vor allem den 260-Tage-Kalender,* tonalpohualli, *dessen Symbole hier abgebildet sind.*

85 oben *Der* Codex Borbonicus *ist eine der wichtigsten und reichsten Bilderschriften der Azteken. Hier entzünden vier prächtig gekleidete Priester die Flammen während der Zeremonie des Neuen Feuers. Nach Auskunft von Diego de Landa pflegten auch die Maya diesen Brauch.*

85 unten *Der* Codex Borbonicus *besteht aus ziehharmonikaartig gefalteten Pflanzenfasern. Die meisten Seiten erläutern den Kalender,* tonalpohualli; *der abgebildete Ausschnitt beschreibt die Zeremonie des Neuen Feuers.*

genwärtigen, dass im präkolumbianischen Amerika auch den einfachsten Handlungen und Begebenheiten stets eine tiefe religiöse Bedeutung zukam. Die Menschen verstanden die Geburt eines Kindes, den Blitz am Himmel oder das Heranreifen der Maiskolben nicht einfach als Ereignis, sondern als Ausdruck des Göttlichen. Krieg, Tanz oder die Beobachtung der Sterne waren Möglichkeiten, um mit dem Übernatürlichen in Kontakt zu treten. Wenn wir uns auf ein Weltbild einlassen, das sich grundlegend von dem unsrigen unterscheidet, so können wir durch die Auseinandersetzung mit uns unvertrauten Sitten und Traditionen einen intellektuellen Zugang zu den antiken Hochkulturen Mesoamerikas finden.

FAMILIE, ERZIEHUNG, ERNÄHRUNG UND WOHNRAUM

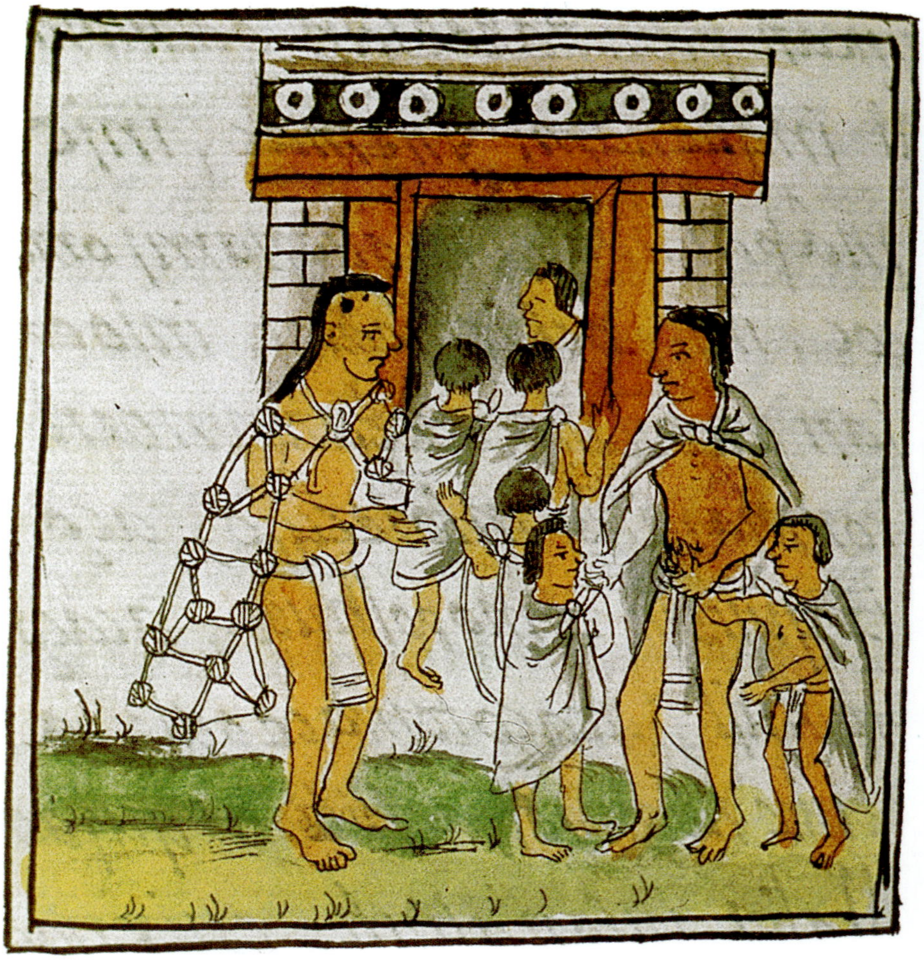

Die Inschriften der klassischen Periode geben ziemlich genau Aufschluss über die Königsfamilien, die an den Höfen der Maya-Stadtstaaten herrschten. In einigen Fällen, so zum Beispiel in Palenque, nahmen Frauen – in der Regel Mütter oder Gattinnen der Herrscher – eine bedeutende Rolle in der dynastischen Folge ein. Aus der Untersuchung der Texte geht hervor, dass sich die Thronfolge in bestimmten Situationen über die weibliche Linie vollzog. Unter den Angehörigen der Oberschicht war die Polygamie weit verbreitet und eine Reihe von Königen besaß nachweislich mehrere Frauen. Die unteren Klassen praktizierten die Vielehe aber offenbar nicht und auch die Berichte aus der Kolonialzeit sprechen nur von monogamen Ehen. Die Hochzeit war ein bedeutender Moment im Leben aller Indios, gleich welcher Gesellschaftsschicht sie angehörten. Große Feierlichkeiten und präzise ausgeführte Rituale gehörten unverzichtbar dazu. Eine wichtige Rolle bei der Brautwahl spielten die Sternzeichen: Erwiesen sich die Geburtskonstellationen der Brautleute als unvereinbar, stellte dies ein unüberwindliches Hindernis für die Eheschließung dar. Zeigten die Sterne sich dagegen günstig gesonnen, wurde ein Vermittler bestimmt. Er sollte über die Höhe der Mitgift verhandeln, die die Braut in das Haus der Schwiegereltern einzubringen hatte. In der Regel handelte es sich dabei um Wertgegenstände wie Federn, Kakao, Schmucksteine oder Baumwollstoffe. Nicht in allen Fällen vollzog ein Priester die Ehe. Reichten die finanziellen Mittel der Familien nicht aus, übernahmen der Dorfälteste oder ein Kazike, ein Dorf- oder Stammeshäuptling, diese Aufgabe. Der Leiter der Zeremonie verknotete die Zipfel der Hochzeitsgewänder und segnete die Brautleute, nachdem er sie ermahnt hatte, stets den Göttern gefällig zu leben. Danach folgte ein Festbankett mit Musik und Tanz. Der Dominikanerpater Bartolomé de las Casas weiß von einem bemerkenswerten Brauch im Zusammenhang mit der Hochzeitsnacht zu berichten: So hatten zwei alte Frauen die Aufgabe, das Paar nach Hause zu begleiten und die ganze Nacht über bei ihm zu wachen, um es in alle wichtigen Fragen des Sexuallebens einzuweihen. Noch genauer sind uns die umfänglichen Vorbereitungsriten für Hochzeiten bei den Azteken überliefert. Die Männer erreichten mit 20, die Frauen mit 16 Jahren das heiratsfähige Alter. In wohlhabenden Kreisen mussten nicht nur die Eltern, sondern auch andere Personen, zum Beispiel die Erzieher, ihr Einverständnis zur Eheschließung geben. Auch in diesem Kulturkreis war es, genau wie bei den Maya, unabdingbar, dass die astrologischen Konstellationen der Brautleute miteinander harmonierten. Nach Abschluss der Zeremonien und Feierlichkeiten durfte die Ehe vollzogen werden. Danach erhielt der Ehemann von seinem Clan, dem *calpulli*, ein Stück Land und einen Teil des Ernteertrags, mit dem er sich und seine Familie ernährte. Das junge Paar war auf diese Weise völlig in das soziale Leben der Gemeinschaft integriert. Bei den Azteken galt Ehebruch als schweres Vergehen, das in etwa einem Mord gleichkam. Bezeugten außer dem Ehepartner auch noch mehrere Außenstehende den Fehltritt, wurden die Schuldigen sofort gefoltert, zum Tode verurteilt und gesteinigt. Sowohl bei den Maya als auch bei den Azteken bildete die Familie

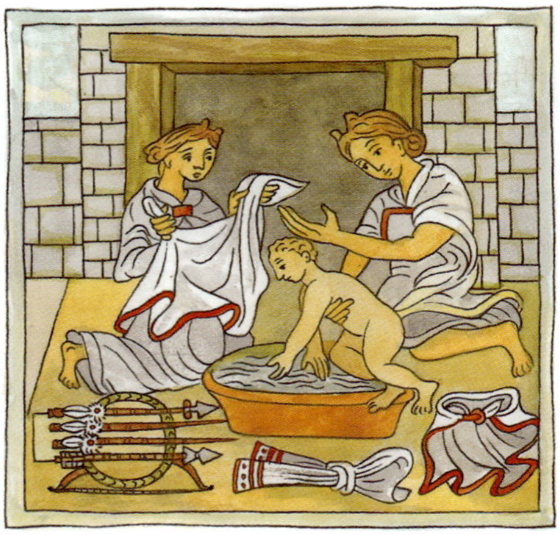

86 oben links *Auf diesem Bild aus dem* Codex Florentinus *waschen Wöchnerin und Hebamme das Neugeborene. Der Symbolgehalt der Szene ist hoch, da Reinigungsriten bei den Azteken kultische Bedeutung hatten.*

86 unten links *Dieses Bild aus dem* Codex Florentinus *zeigt den Palast eines Erziehers* (tlatoani). *Die beiden Bildzeichen an seinem Mund deuten an, dass der Mann spricht.*

86 rechts *Die letzten Aztekenherrscher führten die Schulpflicht auch für Knaben niederer Herkunft ein. Auf diesem Bild des* Codex Florentinus *begleiten einige Väter ihre Söhne zur öffentlichen Schule* (tepochalli).

87 oben *Gemeinsam nehmen die Mitglieder einer aztekischen Familie die Mahlzeit ein. Sie sitzen dazu auf Matten am Boden um den Essenstopf herum. Die Azteken kannten keine Möbelstücke wie Tische oder Stühle.*

87 unten *Dieser Ausschnitt aus dem* Codex Florentinus *beschreibt die Maisernte. Von Anfang an stellte der Mais für die mesoamerikanischen Völker das Grundnahrungsmittel dar.*

die Keimzelle der Gesellschaft. Die Chronisten überliefern eine Reihe interessanter Fakten zur Schwangerschaft und Geburt innerhalb beider Kulturen. Sobald die Wehen einsetzten, halfen der Wöchnerin zwei Hebammen, die über magisch-geistliche Kräfte verfügten. Diese flößten der Gebärenden beruhigende Getränke auf pflanzlicher Basis ein oder legten ihr warme, zuvor rituell gereinigte Steine auf den Bauch, um die Schmerzen zu lindern. Einige Rituale wurden zu Ehren des Schutzgottes von Geburt und weiblicher Fruchtbarkeit vollzogen, der bei den Maya *Ixchél*, bei den Azteken *Chalchiutlicue* hieß. Auf diese Weise hoffte man, dem Neugeborenen Gesundheit und die Protektion des Himmels zu sichern. Eine interessante Parallele zur christlichen Tradition bildete ein an die Taufe erinnernder Ritus, bei dem der Priester den Säugling mit geweihtem Wasser wusch. Archäologische Funde belegen außerdem, dass viele präkolumbianische Völker an Kleinkindern Schädeldeformationen vornahmen. Diego de Landa berichtet in diesem Zusammenhang, dass die Kinder wenige Tage nach der Geburt rücklings auf einem Bettchen ausgestreckt wurden. Dann legte man ein Holzbrettchen auf den Hinterkopf und ein weiteres auf die Stirn und presste damit den noch weichen Schädel zusammen, bis die Form des Kopfes den ästhetischen Vorstellungen der damaligen Zeit entsprach.
Bei den Azteken war es üblich, dass die Eltern ihre Söhne bis zum Jünglingsalter selbst erzogen. Mit fünfzehn Jahren traten die Knaben in die öffentliche Schule, den *tepochalli,* ein, was so viel wie „Haus der jungen Männer" bedeutete. Tatsächlich hatte Moctezuma I. die Schulpflicht für alle Buben eingeführt, ganz gleich, welcher sozialen Schicht sie angehörten. Jeder *calpulli* besaß eine öffentliche Schule, die wie ein Internat funktionierte. Hier erhielten die Jugendlichen eine doppelte Ausbildung. Zunächst bemühten sich die Lehrer, sie zu mustergültigen Bürgern und Untertanen zu erziehen, sodann unterrichteten sie sie in der Kunst der Kriegsführung. Die Schüler sollten lernen, die Älteren, die regierende Schicht und den Herrscher zu respektieren, zu ehren und nach Kräften zu unterstützen. Lektionen in Musik, Tanz und Gesang ergänzten dieses pädagogische Konzept, kam ihnen doch bei allen Festlichkeiten eine herausragende Rolle zu. Dieser angenehme Teil der Ausbildung durfte die jungen Männer jedoch nie davon abhalten, die wichtigsten Inhalte – Kriegstechnik, Militärdisziplin und den Gebrauch der Waffen – zu studieren. Deutlich elitärer waren die religiösen Schulen, die *calmecac,* ausgerichtet, die Jugendlichen aus den gehobenen Schichten vorbehalten blieben. Angehörige der Priesterkaste leiteten die an die Tempel angeschlossenen Einrichtungen. Auch in diese Institutionen konnten die Heranwachsenden im Alter von 15 Jahren eintreten, doch genossen sie hier eine wesentlich umfassendere Ausbildung, als dies in den öffentlichen Schulen der Fall war. Sie wurden in die Geheimnisse der Schrift, des Kalenderwesens, der Astronomie und der Weissagung eingeweiht, wobei letztere immer das Privileg eines kleinen Personenkreises blieb. Auf Wunsch konnten die jungen Männer darauf verzichten, eine Frau zu nehmen, und den Weg zum Priesteramt einschlagen. Die Tempelschule stand auch Mädchen der gehobenen Klassen offen. Diese wurden in einem gesonderten Teil des Tempels von Erzieherinnen in Tanz, Musik, Kochkunst und Weberei unterrichtet. Die lange und harte Ausbildung endete erst, wenn die jungen Frauen ins heiratsfähige Alter kamen. Im Unterschied zu den Knaben hatten Mädchen aus unteren Schichten überhaupt kein Anrecht auf den Schulbesuch. Über die Erziehung im Kulturkreis der Maya ist nur sehr wenig bekannt. Man geht aber davon aus, das Bildung sich als Privileg auf die oberen Klassen beschränkte. Diego de Landa bemerkt lediglich, dass die Töchter ihre Mütter mit großer Ehrerbietung behandelten. Letzteren oblag

die Erziehung der Mädchen, auch hatten sie die Aufgabe, die jungen Frauen in ein Handwerk einzuweisen und sie bei Ungehorsam schwer zu bestrafen.
Ein Blick auf die Ernährungsgewohnheiten der altamerikanischen Völker zeigt, dass die Landwirtschaft, ergänzt durch Jagd und Fischfang, ohne Ausnahme die ökonomische Grundlage der präkolumbianischen Kulturen bildete. Wichtigste Kulturpflanze und Basis der gesamten Ernährung war der Mais, der bis zur Eroberung Amerikas in Europa unbekannt war. Die Maya und die Azteken, aber auch andere Völker und Stämme, brachten den Schutzgöttern der Maispflanze Opfer dar; das vergossene Blut sollte die Erde ernähren und dadurch eine reiche Ernte sichern. Die Kolben wurden in gekochtem oder geröstetem Zustand verzehrt, die Körner zu Mehl vermahlen. Hieraus stellte man Lebensmittel für den täglichen Bedarf her, zum Beispiel *tortillas* oder *tamales.* Zu den verbreiteten Gewächsen gehörten ferner Tomaten, *tomatl,* verschiedene Bohnensorten, Kartoffeln, Kürbisse, Chili, Ananas und Avocados. Die meisten dieser Pflanzen gelangten erst nach dem 16. Jahrhundert mit den Konquistadoren nach Europa. Von Anfang an galt neben dem Mais die Kakaobohne als verehrungswürdige Pflanze. Hiervon zeugen die Feierlichkeiten, die dem

88 *Nichts ist von den Behausungen der einfachen Leute geblieben. Einige der Häusertypen aus verderblichem Material lassen sich aber anhand der Darstellungen in den Kodizes rekonstruieren. Aus dem* Codex Florentinus *stammen diese Bilder einer Holzhütte, eines strohgedeckten Lehmziegelbaus und eines Steinhauses.*

89 *Archäologische Grabungen ermöglichten die Rekonstruktion von Bauerndörfern der Maya, die über das Land verstreut lagen. Neben den Wohneinheiten gab es stets hygienische Einrichtungen wie die kleine Hütte auf der linken Seite der Illustration. Das Gebäude im Vordergrund diente als Lager und Werkzeugschuppen. Hier befanden sich Gefäße mit Vorräten, Maissäcke und die Webstühle, auf denen die Frauen Stoffe aus Agavenfasern und Baumwolle fertigten. Im Hintergrund rechts steht die Schlafhütte, links sieht man die Küche mit der Feuerstelle, einem niedrigen Tisch und einem Kinderbettchen. Es gab fast keine Möbel; die Erwachsenen schliefen auf Matten oder in Hängematten. Der kleine Rundbau diente als Sauna, denn die Mesoamerikaner unterzogen sich regelmäßig Reinigungsriten. Die kleinen Steinhaufen in der Nähe der Häuser bestehen aus Kieseln, dem Grundmaterial zur Herstellung von Werkzeug wie Äxten, Schabern und Messern. Die Felder wurden nicht gepflügt. Mit Hilfe eines spitzen Stockes bohrten die Bauern Löcher in den Boden und legten die Samenkörner hinein.*

Schutzgott des Kakaos gewidmet waren, und die Privilegien, welche die Kakaoanbauer bei den Maya genossen. Aus Kakaopulver und Wasser stellten die Azteken ein Gebräu her, das sie *xocolatl* nannten und wie die Maya und andere Völker kalt und bitter zu sich nahmen, nachdem sie es mit Vanilleessenz aromatisiert hatten. In den Gräbern von Mayaherrschern der klassischen Periode und von Mixtekenfürsten stießen die Archäologen auf bemalte Gefäße in unterschiedlichsten Formen, die dem Verzehr von Kakao dienen sollten.

Zu den Kulturpflanzen gehörte auch die Baumwolle, die die Indios zusammen mit den Fasern der Agavenblätter zum Weben von Stoffen verwendeten.

Während die Mesoamerikaner über ein reiches Angebot an Obst und Gemüse verfügten, hielten sie nur wenige Zuchttiere. Truthähne und Hunde waren die einzigen Haustiere, letztere dienten durchaus dem Verzehr. Der Hauptanteil an Fleisch stammte aber von dem im Urwald erlegten Wild. In den Seen fing man zusätzlich Fische und Schalentiere. Weit verbreitet war außerdem die Bienenzucht. Der Honig fand in der Küche sowie beim Herstellen von Getränken sehr große Verwendung, denn im präkolumbianischen Amerika kannte man weder Zuckerrübe noch Zuckerrohr.

Bei Ausgrabungen wurden in der Vergangenheit verschiedene Mayastädte der klassischen Periode zutage gefördert. In vielen Fällen stieß man dabei auf eine größere Anzahl von Steinbauten, die sich zumeist um einen weiten Hof gruppierten. Sie dienten vermutlich Würdenträgern und Mitgliedern der Oberschicht als Wohnstatt. Von den Häusern der unteren Klassen, die mit Sicherheit außerhalb des Stadtkerns lagen und aus leicht verderblichem Material bestanden, blieb dagegen keine Spur erhalten. Allerdings existieren einige Darstellungen aus der nachklassischen Periode, die typische Behausungen der Halbinsel Yucatán illustrieren. Am berühmtesten sind die dekorativen Flachreliefs an den Seiten des Bogens von Labná, die ein stilisiertes Haus zeigen. Auf einem Fresko in Chichén Itzá ist eine Rundhütte, vermutlich im ortstypischen Stil, zu sehen.

Deutlich mehr ist über die Wohnverhältnisse von Tenochtitlán bekannt. Im Umkreis der Stadt lebten die Fischer in Hütten aus Schilf und Stroh, während die Bandbreite der Häuser im Stadtinneren von bescheidenen Steinbauten bis zum herrschaftlichen Palast reichte. Angehörige des Mittelstandes lebten in Häusern aus sonnengetrockneten Lehmziegeln, *adobe,* oder Stein und Ziegeln. Da sich die Stadt über einem schlammigen Untergrund erhob, ruhten die Gebäude auf Plattformen aus Stein, die den Wohnraum gegen die Feuchtigkeit des Bodens isolieren sollten.

Die Azteken erbauten ihre Häuser über einem quadratischen Grundriss und strichen die Mauern entweder weiß oder in leuchtenden Farben. Die Anzahl der Zimmer richtete sich nach dem sozialen Stand einer Familie. Die Räume öffneten sich zu einem großen Patio hin. In diesem zentralen Innenhof fingen die Bewohner Regenwasser auf, hielten Hunde und Truthähne oder pflanzten Blumen an. In der Regel bestand ein Haus aus einem oder mehreren Schlafzimmern für die Familie, einem winzigen Heiligtum, einem Bad und der Küche mit der Feuerstelle. Einfa-

chere Behausungen besaßen dagegen nur einen einzigen, multifunktionalen Raum. Die Feuerstelle befand sich in diesen Fällen unter einem Schutzdach im Hof. Der gepflegteste Bereich des Hauses war die Kapelle, in der die Familie den Schutzgöttern der Ahnen huldigte. Das Bad gehörte zu den Besonderheiten der Azteken, wurde aber auch in anderen mesoamerikanischen Kulturen nachgewiesen. Die Körperpflege geschah nicht allein aus hygienischen Gründen, sondern war ganz einfach Teil und Konsequenz der verschiedenen Reinigungsrituale. Am häufigsten begaben sich die Azteken ins Dampfbad *(temazcalli),* über das die Wohnungen des Mittelstandes, die Paläste der Herrscher und die öffentlichen Thermalbäder verfügten. Möbel verwendeten die Azteken dagegen kaum; auch besaßen sie keine Betten, sondern schliefen, in Baumwolldecken gehüllt, auf einfachen Matten *(petatl).* Die Feuerstelle in der Küche diente zum Kochen und Heizen während der kälteren Perioden.
Daneben gab es hier jede Menge Geschirr, Küchengerät, einen Webstuhl und den *metate*, einen Tisch aus Vulkangestein, auf dem die Frauen mit einem Stößel Maiskörner zerstampften.
Die Wohnungen hatten keine Fenster, Licht und Luft kamen nur durch den Eingang. Eine dünne Matte ersetzte die Tür. Das Dach bestand nicht aus Stein, sondern aus einer mit Lehm bedeckten Balkenkonstruktion. Viele Häuser lagen direkt am Ufer eines Kanals, sodass die Bewohner ihre Kanus gleich neben dem Eingang vertäuten. Die Paläste der oberen Klassen unterschieden sich lediglich durch ihre Größe und reichere Ausstattung von einfacheren Behausungen.

KLEIDUNG

Gefäß- und Wandmalereien, Flachreliefs und Tonfigurinen vermitteln uns eine genaue Vorstellung davon, wie sich die Mitglieder der Oberschicht während der klassischen Periode an den Höfen der Maya kleideten. Sowohl die Festtagstracht anlässlich großer Zeremonien als auch die Rüstungen der Krieger lassen sich rekonstruieren. Eine Untersuchung der bildlichen Darstellungen belegt, dass der Kleidung im Vergleich zu anderen schmückenden Elementen keine herausragende Rolle zukam. Priester, Würdenträger und Könige trugen einfache Lendenschurze aus Baumwollstreifen, die sie mehrfach durch die Beine und um die Taille schlangen und mit Perlen oder bunten Federn schmückten. Die Schultern bedeckte

90 oben links *Während der klassischen Periode entwickelten die Maya der Insel Jainá einen erlesenen Kunststil, der besonders in Tonfigurinen mit Menschengestalt zum Ausdruck kam. Die meisten stellen Edelleute oder Schamanen dar, manche aber auch einfache Menschen wie die berühmte „Weberin". Der abgebildete Fund zeigt eine Frau, die in der rechten Hand eine Art Zepter schwingt und sich mit der linken Luft zufächelt. Beide Attribute weisen sie als Angehörige der Oberschicht aus.*

90 unten links *Die beiden abgebildeten Ohrscheiben aus Muschelstücken belegen die hohe Kunstfertigkeit der Maya bei der Schmuckherstellung. Ein männliches Profil ziert die Oberseite.*

ein bestickter oder mit Federn verzierter viereckiger Mantel, der *patí*. Auf einigen Bildern, etwa dem Fresko von Bonampak, ersetzt ein Jaguarfell den Baumwollumhang. Die Jaguarhaut blieb jedoch bestimmten, genau festgelegten Anlässen vorbehalten. In jedem Fall unterschieden sich höherstehende Maya vom einfachen Volk durch ihre Kopfbedeckung, ihre Haartracht und ihren Schmuck. Die erlesenen Terrakottafiguren im Jainá-Stil liefern eine Fülle von Beispielen für prunkvolle Kopfbedeckungen: spitz zulaufende Mützen, Haarbänder, Turbane oder Federbüsche. Häufig ruhte der Kopfputz auf einem starren Unterbau aus Holz oder Weidenruten. Federn waren ebenso wertvoll wie Juwelen.

91 oben *Diese totonakische Tonstatuette aus dem 6. Jahrhundert vermittelt ein Bild von der Frauenmode – Kleidung und Schmuck – im präkolumbianischen Mesoamerika.*

91 rechts *Die würdevolle Haltung der Mayafigur lässt vermuten, dass es sich um ein Mitglied der Priesterkaste handelt. Deutlich erkennbar sind der spitze Hut, der Federmantel und der Lendenschurz. Die gekreuzten Beine und der erhobene Arm laden zur Meditation ein.*

90 unten rechts *Die Details an dieser im Jainá-Stil gefertigten Tonfigur vermitteln einen Eindruck vom Reichtum der Kleidung und des Schmuckes, die hohe Maya der klassischen Periode trugen. Besonders beeindrucken die Ohrscheiben und der hohe, gewundene Kopfschmuck, der noch Farbspuren trägt.*

91 links *Eleganz und Strenge zeichnen diese Tonfigur aus, die in der klassischen Periode auf der Insel Jainá entstand. Die Gestalt sitzt mit gekreuzten Beinen. Kette und übergroßer Mund deuten auf die Zugehörigkeit zur Oberschicht hin.*

Als wichtigstes Symbol seiner Macht trug der König einen Helmbusch aus smaragdgrün schimmernden Federn des Quetzálvogels. Dieser heute fast völlig ausgestorbene tropische Vogel wurde in ganz Mesoamerika als heilig verehrt.
Edelleute beiderlei Geschlechts schmückten sich mit Ringen, Bandagen, Ohrgehängen, Armreifen, Ketten und Bruststücken aus Jade, Serpentin, Knochen oder Muscheln. Gold und Silber waren dagegen weitgehend unbekannt, bis Mixteken und Tarasken die zur Bearbeitung nötigen Techniken während der nachklassischen Periode im mesoamerikanischen Raum bekannt machten. Die wenigen Frauendarstellungen der klassischen Periode zeigen vermutlich Priesterinnen und Königinnen, deren Mäntel und Kopfbedeckungen ebenso prachtvoll gestaltet waren wie jene der Männer.
Eine der seltenen Frauendarstellungen findet sich auf einem Flachrelief, das den 24. Türsturz von Yaxchilán ziert. Mit viel Liebe zum Detail zeigt es eine Königin, Frau Xoc, die in eleganter Kleidung vor der Visionsschlange kauert.
Im Unterschied dazu beschreibt de Landa die weibliche Tracht, welche die Mayafrauen im 16. Jahrhundert in den Küstendörfern der Halbinsel Yucatán trugen, als äußerst einfach. Sie bestand lediglich aus einem langen Baumwollrock, der die Hüften umschloss, und einem verknoteten Mäntelchen, das Schultern und Brüste bedeckte. Im Landesinneren zogen die Mädchen dagegen eine lange, sack-

92 links *Die* Historia de los Indios *von Diego de Durán vermittelt durch eine Fülle von Illustrationen ein präzises Bild von den Sitten und der Kleidung aztekischer Edelleute. Die Darstellung zeigt einen Mann mit Baumwoll-Lendenschurz und buntem Mantel, der einen prächtigen Federfächer hält.*

92-93 *Bei den mesoamerikanischen Völkern galten Kopfputz und Schmuck als Machtsymbole und waren daher sehr begehrt. Diesen Federschmuck machte Moctezuma II. Cortés zum Geschenk, der ihn an Kaiser Karl V. sandte.*

92 unten *Maya und Azteken waren Meister der Federverarbeitung, wie dieser Fächer belegt. Hier wurden bunte Federn geschnitten und auf einem Holzgestell befestigt. In der Mitte bilden sie einen stilisierten Schmetterling.*

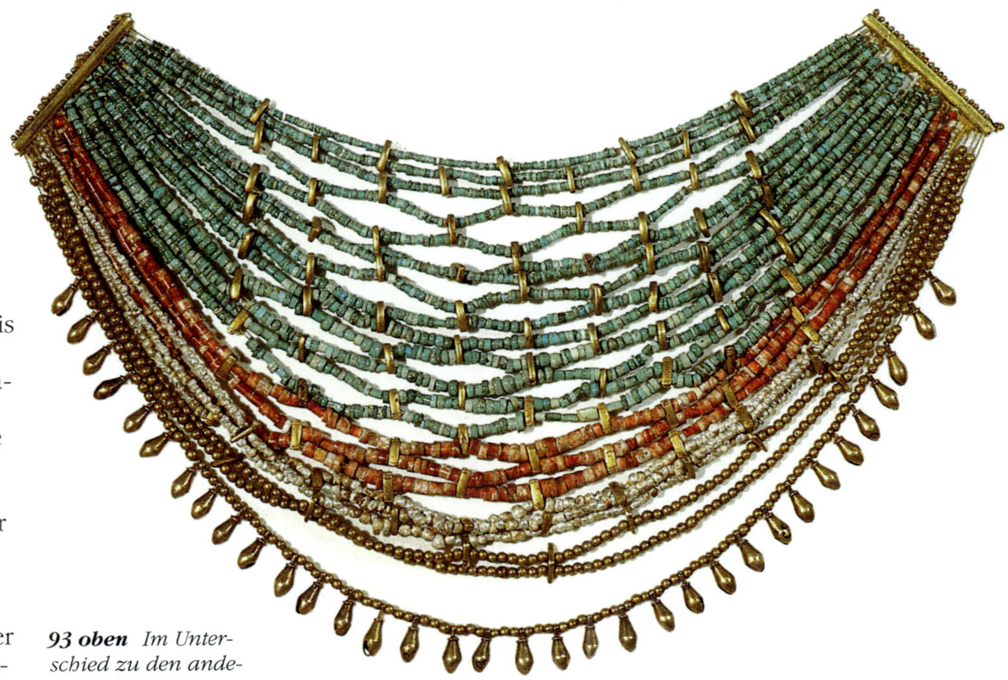

förmige Baumwolltunika über, die an der Taille enger zulief und auf beiden Seiten offen war. Im *huipil,* der traditionellen Tracht der Mayafrauen, lebt dieses Kleidungsstück bis heute fort.
Eine genaue Analyse des Quellenmaterials zeigt, dass die Kleidung der Azteken jener der Maya ähnelte. Die Männer trugen den *maxtlatl,* einen Lendenschurz aus bestickter Baumwolle, und den *tilmatli,* ein über der linken Schulter verknotetes Baumwolltuch. Beim Hinsetzen zog der Mann diesen Umhang über seine Knie, sodass er den gesamten Körper verhüllte. Farbige Borten mit geometrischen Mustern oder Tiermotiven schmückten den meist weißen *tilmatli*. Hohe Würdenträger legten zuweilen auch türkisfarbene oder mit Federn und Kaninchenfell verzierte Mäntel an. Einige Kodizes, insbesondere der *Codex Florentinus,* belegen sehr deutlich, mit welcher Farben-

93 oben *Im Unterschied zu den anderen Völkern Mesoamerikas beherrschten die Mixteken die Goldschmiedekunst und schufen Geschmeide aus Gold und Türkis wie den hier abgebildeten Anhänger.*

93 Mitte *In den nachklassischen Gräbern von Monte Albán fanden die Forscher herrlichen Schmuck aus Gold und Edelsteinen, darunter diese Kette aus Gold und Türkis mixtekischer Herkunft. Mixteken und Tarasken erlernten die Goldschmiedekunst von Völkern aus Ecuador.*

93 unten *Dieser mixtekische Halsschmuck besteht aus Gold, Korallen und Türkis. In der präkolumbianischen Welt trugen Männer wie Frauen Schmuck.*

pracht sich die Angehörigen der Aristokratie und der Priesterschaft in Tenochtitlán kleideten. Die Männer der unteren Schichten trugen dagegen einen gröberen *tilmatli* aus Agavenfasern. Nur die Aztekenfrauen zogen lange, an der Taille mit einem Tuchstreifen festgebundene Röcke *(cueitl)* und ein Baumwollhemd an, das dem *huipil* der Maya entsprach. Letzteres gehörte indes zu den Privilegien der besser gestellten Klassen, während

ärmere Frauen vermutlich mit nacktem Oberkörper gingen. Die wertvollsten Stoffe stammten aus der Gegend von Veracruz: Die huaxtekischen Weber schmückten die weißen Baumwollgewänder mit bunten Tiermotiven.

Das am weitesten verbreitete Schuhwerk war der *cactli,* eine Art Sandale mit einer Sohle aus Pflanzenfasern oder Tierhaut, die man mit Hilfe von Schnüren am Knöchel befestigte. Sowohl bei den Maya wie bei den Azteken verwiesen Edelsteine und Schmuck aus Stein, Muscheln oder Quetzálfedern, aber auch Kopfbedeckung, Haartracht oder Tätowierungen stets auf die soziale Position des Trägers und besaßen daher einen hohen symbolischen Gehalt. Im Unterschied zu älteren Völkern kannten die Azteken auch Gold- und Silberschmuck, den sie von geschickten mixtekischen oder taraskischen Handwerkern bezogen.

94 oben *Grabbeigaben wie dieser elegante Armreif aus Monte Albán belegen die hohe Kunstfertigkeit mixtekischer Goldschmiede. Viele Gräber wurden allerdings im Zuge der Konquista geplündert.*

94 unten *Kette und Armband mixtekischer Herkunft bestehen aus einzelnen Gliedern in Form von Schildkrötenpanzern, an denen zahlreiche Schellen hängen.*

94-95 oben *Diese Kette aus elf Schnüren gehörte zu einem reichen mixtekischen Grabschatz. Edelleute beiderlei Geschlechts behängten sich bei weltlichen und religiösen Zeremonien mit Schmuck. Verstorbenen legte man den Schmuck ins Grab, da er sie auf der Reise ins Jenseits begleiten sollte. Vor den Mixteken war die Goldbearbeitung in Mesoamerika unbekannt.*

95 oben *Dieser Anhänger stammt aus dem reichsten mixtekischen Grab von Monte Albán, Grab 7, in dem der Archäologe Alfonso Caso 1932 eine große Menge goldener Objekte entdeckte.*

95 Mitte *Auch dieser Anhänger fand sich in Grab 7 von Monte Albán. In beiden Fällen wurde der Schmuck mit Gussformen und mit Filigrantechnik hergestellt.*

95 unten *Ihre Kenntnisse in der Goldschmiedekunst bezogen die Mixteken vermutlich von Völkern aus Costa Rica oder Ecuador. Diese Kette aus Goldperlen und Glöckchen ist weniger aufwendig als die übrigen Beispiele, aber dennoch elegant. Auch sie entstand in Gießformverfahren.*

94-95 unten *Über die Mixteken, die sie unterworfen hatten, erfuhren die Azteken von der Goldschmiedekunst. Sie holten daraufhin mixtekische Handwerker an ihren Hof, die Schmuck aller Art fertigen mussten. Besonders begehrt bei den Edelleuten waren fein gearbeitete Ketten, an denen häufig kleine Glöckchen hingen. Sie verwiesen auf die Zugehörigkeit des Trägers zur Oberschicht.*

Musik und Tanz

Wie in allen antiken Kulturen spielten Musik und Tanz auch bei den alten Völkern Mesoamerikas eine herausragende Rolle. Die archäologischen und historischen Quellen belegen für unterschiedliche Regionen eine Vielzahl von Instrumenten und Tänzen. Bei den Azteken und den Maya, wahrscheinlich aber auch bei den übrigen Ethnien, begleiteten Musik, Tanz und Gesang sämtliche religiösen Zeremonien, Hochzeiten, Beerdigungen, Opfer, Krönungen sowie Kalenderfeiern. Auch von anderen Kulturen sind Zeugnisse überliefert, welche die hohe Bedeutung der Musik bezeugen. So stellen viele Tonfiguren aus Westmexiko Musiker, einzelne Tänzer oder Tanzgruppen dar, häufig in Verbindung mit Opferriten. Eine Reihe von Statuetten aus dem Zentrum von Veracruz erheben die Hände wie zum Gebet und wirken zugleich, als würden sie einen religiösen Tanz aufführen. Der Selden-Kodex mixtekischen Ursprungs enthält Bilder, die einen komplizierten Hochzeitstanz veranschaulichen. Jüngere Studien der Inschriftenforschung werfen ein neues Licht auf einige heilige Tänze, die während der klassischen Periode an den Höfen der Maya üblich waren. Zu einem dieser Tänze gehörte ein Auftritt mit Boaschlangen. Besondere Tänze begleiteten auch viele Opfer- und Selbstverstümmelungsriten: Unter dem Einfluss starker Drogen durchbohrten sich Würdenträger und Könige die Geschlechtsorgane mit dünnen, stoffumwickelten Holzstäbchen, den „Tänzerflügeln". Hatten die Teilnehmer den Zustand völliger Ekstase erreicht, begannen sie einen wilden Tanz, bei dem sie große Mengen Blut verloren. Eine ebenfalls weit verbreitete Tanzzeremonie war dem Maisgott gewidmet. Die Würdenträger standen dabei inmitten einer Menge

96 links *Diese Terrakottafigur der Maya zeigt eindrucksvoll die Bewegung beim Tanz. Ein nackter, tanzender Jüngling hält Blumensträuße in den Händen; auf dem Kopf trägt er die Maske eines Koyoten.*

96 oben *Diese Abbildung entstammt einer Handschrift aus der Kolonialzeit. Ein aztekisches Musikertrio, bestehend aus einem Sänger und zwei Trompetern, spielt bei einem Fest zum Tanz auf.*

96 unten *Eine andere Handschrift aus dem 16. Jahrhundert enthält diese Zeichnung einer Gruppe aztekischer Musiker und Tänzer. Erstere spielen Schlaginstrumente, vermutlich hölzerne, mit Hirschfell bespannte Trommeln, letztere tanzen, wobei sie Fächer und Blumen schwenken.*

kleinwüchsiger und krummgewachsener Diener, die ihre Arme und Hände wellenförmig hoben und senkten, um die Bewegungen von Maiskolben im Wind darzustellen. Viele Gefäßmalereien aus der klassischen Periode der Maya zeigen bizarre Totentänze mit Skeletten, Fabelwesen und Tieren, die sich im Jenseits, dem *Xibalbá,* versammeln. Diese Szenen erinnern an die Beschreibung der Unterwelt aus dem heiligen *Popol Vuh*. Die Quellen aus der Kolonialzeit erzählen von rauschenden Festzügen und Tänzen, die zu Ehren alter Gottheiten oder anlässlich von Monatsfeiern in den Straßen der Städte und Dörfer stattfanden. Diese Berichte sind deshalb so interessant, weil sie

97 links *Diese hübsche Tonpfeife geht auf die Maya der klassischen Periode zurück. Sie stellt einen Tänzer dar, der mit anmutigen Bewegungen zu Ehren des Maisgottes tanzt, wie das Symbol des Maiskolbens belegt.*

97 rechts *Pfeifen sowie andere Blas- und Schlaginstrumente waren bei allen mesoamerikanischen Völkern verbreitet, Saiteninstrumente dagegen unbekannt. Diese farbige Keramikpfeife stammt von den Maya und zeigt einen* maracas*-Spieler.*

das Nebeneinander von traditionellen Kulturanteilen und fremden Einflüssen in der Region von Yucatán veranschaulichen. Bernardino de Sahagún sammelte viele Details über die Tänze und Feste der Azteken und ganz besonders über die Monatsfeiern. Einige Tänze blieben Männern vorbehalten, andere Frauen, wieder andere standen beiden Geschlechtern offen. Die Paraden wurden in der Regel am Fuß des Tempels abgehalten, auf dessen Gottheit sich die Feierlichkeiten bezogen. Oftmals trugen die Tänzer Masken, eine Tradition, die ihren Ursprung vermutlich in Teotihuacán hatte. In der nachklassischen Periode erfreuten sich die Menschen häufig an Auftritten von Jongleuren, Akrobaten und Spaßmachern. Letztere waren, wie die kleinwüchsigen oder buckligen Hofdiener, oftmals missgestaltet. Sie führten wilde Tänze oder derbe Komödien vor, die bei Hof, aber auch in den ärmeren Dörfern große Heiterkeit auslösten. Musik und Gesang gehörten ebenfalls zu diesen Spektakeln, die vermutlich auf eine uralte Tradition zurückgingen. Kodizes und archäologische Zeugnisse belegen eine große Fülle von Musikinstrumenten, die in Mesoamerika verbreitet waren. Bis heute entdeckten die Forscher jedoch keinen einzigen Lied- oder Notentext. Das älteste Bild eines Musikanten findet sich im westlichen Mexiko auf einer Wandmalerei des Formativums (präklassische Periode). Zahlreiche Instrumente fanden Verwendung. Zu den Schlaginstrumenten gehörte die mit Tierhaut bespannte, einfache oder doppelte Quertrommel, die in der Mayasprache *pax*, bei den Azteken

98 oben *Die Musikinstrumente, die bei Festen und weltlichen oder religiösen Zeremonien der Maya und Azteken zum Einsatz kamen, waren reich verzierte, feingearbeitete Kunstwerke.*
Das Bild zeigt einen teponatzli *aus dem 16. Jahrhundert. Es handelt sich um eine waagerechte Holztrommel, wie sie die Azteken verwendeten. Zum Schlagen benutzte man kautschukumwickelte Stöcke, die zwei Töne unterschiedlicher Höhe hervorriefen.*

98 unten *Dieser herrliche* teponatzli *trägt die Schnitzerei eines Waldkauzes. Das Instrument wurde aus einem ausgehöhlten Baumstamm gefertigt.*

99 oben *Diese aztekische Okarina stellt einen seltsamen stilisierten Vogel dar.*

99 unten *Dieses Musikinstrument aztekischer Herkunft ist ein echtes Meisterstück. Es handelt sich um eine Art Flöte in Form eines Papageis. Das Mundstück befindet sich am Ende des langen Schwanzes; der Ton wurde mit Hilfe des Loches auf dem Rücken moduliert und trat durch den Schnabel aus.*

huehuetl hieß. Bis heute umstritten ist die Herkunft des *teponatzli,* einer anderen Trommelart. Sie galt bei den Azteken als heilig, war aber auch bei den Maya der nachklassischen Periode sehr beliebt. Sie könnte aus Ecuador stammen und wurde wahrscheinlich von den Tarasken in Mesoamerika eingeführt. Die Blasinstrumente umfassten Pfeife, Okarina, Flöte und Panflöte aus Holz oder Ton. Sehr verbreitet war auch ein Instrument, das die Maya aus dem Panzer der Meeresschildkröte oder aus großen Muscheln fertigten. Daneben gab es Hörner aus Holz oder Tierhaut; erst in der späten nachklassischen Periode begannen die Azteken, Hörner aus Metall zu verwenden. Saiteninstrumente waren dagegen offenbar bis zum Beginn der spanischen Eroberung unbekannt.

Historische und literarische Quellen nennen neben Musik und Tanz eine Reihe von weiteren Beschäftigungen, bei denen die Azteken – Oberschicht wie einfaches Volk – gerne Zerstreuung suchten.
Am weitesten verbreitet war bei den mittleren und unteren Klassen ein dem indischen *parchesi* ähnliches Glücksspiel namens *patolli,* das die Maya und die Völker Zentralmexikos bereits seit der klassischen Periode kannten. Beschreibungen des Spiels finden sich vor allem in Kodizes der Mixteken und Azteken der nachklassischen Periode, zum Beispiel im *Codex Vidobonensis.* Wie die meisten Alltagsbeschäftigungen war auch das *patolli* ursprünglich eine Art Ritus innerhalb einer genau festgelegten religiösen Zeremonie. Man benötigte einen auf Stoff gezeichneten Spielplan und zwölf Spielfiguren, die aus kleinen, zur Hälfte roten, zur Hälfte blauen Steinen bestanden. Der kreuzförmige Spielplan war in 52 Kästchen unterteilt, auf denen die Spieler ihre eigenen Spielsteine bis zur Mitte voranbringen mussten. Eine Art Würfel, bestehend aus einer mit weißen Punkten bemalten schwarzen Bohne, legte die Anzahl der Züge fest. Sieger war derjenige Spieler, welcher mit seinen Spielsteinen als Erster das Zentrum des Kreuzes erreichte. Schenkt man den spanischen Chronisten Glauben, so hatte sich das *patolli* zur Zeit der Konquista zu einer wahren Obsession entwickelt und wurde zu jeder nur denkbaren Stunde auf den Straßen von Tenochtitlán begeistert gespielt. Daneben existierte eine Reihe weniger bedeutender Glücksspiele, zum Beispiel eine Art Damespiel und ein unserem heutigen Billard verwandtes Spiel.
Die Azteken hatten außerdem von unterworfenen Völkern verschiedene Formen der Zerstreuung übernommen. Hierzu gehörte die Tradition der „Flieger", ein antikes Bungeespringen, dessen Bezeichnung in Nahuatl nicht bekannt ist. Bei diesem außergewöhnlichen Beweis von Mut und Geschicklichkeit schwangen sich vier mit Seilen festgebundene Männer von einem hohen Pfahl und ruderten mit kreisenden Bewegungen zur Erde hinab.

100-101 *Die hier dargestellte Szene stammt aus dem* Codex Magliabechianus. *Sie zeigt das* patolli, *ein bei den Untertanen Moctezumas äußerst beliebtes Spiel. Es handelte sich um ein sowohl in Mexiko als auch im Kulturraum der Maya verbreitetes Glücksspiel. Das* patolli *weist auffällige Parallelen zu einem indischen Spiel auf, dem* parchesi. *Neben Musik und Tanz war das* patolli *der Lieblingszeitvertreib des Volkes.*

101 oben *Eine Abbildung im* Codex Magliabechianus *zeigt Azteken bei einer beliebten Zerstreuung, dem Pfahlklettern. Mutige Jünglinge erklommen hierbei einen hohen Pfahl und stürzten sich dann, an einem Seil festgebunden, zur Erde.*

101 unten *Diese Szene aus dem* Codex Borbonicus *beschreibt ein Fest, das am Tag des* Xocotluetzi *zu Ehren des Gottes Huebueteotl stattfand. Die teilnehmenden Jünglinge mussten einen Pfosten erklimmen und ein an der Spitze befestigtes Emblem ergreifen.*

Ausgrabungen brachten Werkstücke der verschiedenen präkolumbianischen Kulturen Mesoamerikas ans Licht, die ab der präklassischen Periode von einem hohen Maß an künstlerischer Ausdruckskraft zeugen. Jede Kultur entwickelte sich in einem bestimmten geographischen und historischen Umfeld und schuf dementsprechend individuelle Kunst- und Handwerksformen.
Die meisten Überreste dieser Art fanden die Archäologen in Gräbern, da man die Toten mit all ihren irdischen Reichtümern zu bestatten pflegte. Am weitesten verbreitet war die Bearbeitung von Ton. Verschiedene Gefäßtypen sowie Menschen- und Tierfiguren gab es überall, doch erreichte die Kunstfertigkeit von Produktion und Darstellung bei den Maya der klassischen Periode ihren Höhepunkt. Bunt bemalte Vasen zeigen Alltagsszenen, mythologische Gestalten oder religiöse Feste, während die Figurinen im Jainá-Stil durch den Detailreichtum der abgebildeten Persönlichkeiten von hohem Rang bestechen. In den Grabkammern von Monte Albán, die

102 oben *Dieses vierfüßige Gefäß der Maya stammt aus Tikal und geht auf die klassische Periode zurück. Es stellt einen Truthahn dar, eine bis zur Konquista in Europa unbekannte Tierart.*

102 Mitte *Während der klassischen Periode entwickelten die Maya die Produktion von Keramiken weiter, zu der unter anderem mit farbigen Szenen bemalte Gefäße gehörten. Die abgebildete Schale zeigt einen Würdenträger neben einer Reihe von Hieroglyphen.*

102 unten *Häufig fertigten die Maya Keramiken in Tierform. Diese Dose ist mit mehreren Papageien bemalt, und auch der Deckel besteht aus einem Papageienkopf. Manche Vögel, darunter Papageien, Truthähne und Kolibris, galten in Mesoamerika als heilig.*

103 oben *In Chapultepec fand man diesen steinernen Bockkäfer aztekischer Herkunft. Tierdarstellungen waren in Mesoamerika sehr häufig, doch galt dies vor allem für heilige Tierarten oder solche, die im Alltag eine wichtige Rolle spielten.*

103 Mitte *Diese einfach gearbeitete Schale stammt aus den letzten Jahrhunderten der Mayazeit. Ein seltsames Wesen, vielleicht ein Affe, schmückt die Außenseite.*

103 unten *Die Maya der klassischen Periode verwendeten Keramiken auch als Schreibuntergrund. Auf diesem Becher erläutert eine Reihe von Schriftzeichen die Bilder.*

auf die zapotekische Ära zurückgehen, stieß man auf eigentümliche Gefäße mit Deckeln, die an Urnen erinnern und daher diese Bezeichnung erhielten. Der Begriff ist jedoch insofern unzutreffend, als bei den Zapoteken die Erdbestattung üblich war und die Behälter daher nicht die Asche der Toten aufnahmen. Sie dienten vielmehr als Votivfiguren und symbolisierten die Gottheiten des Pantheons von Oaxaca.

Die Bewohner von Teotihuacán fertigten verschiedene Gefäße. Besonders auffällig sind die an zwei Seiten spitz zulaufenden Räucherfässer mit Deckel und die dreifüßigen zylindrischen Vasen, die in den gesamten mesoamerikanischen Raum und insbesondere ins Gebiet der Maya exportiert wurden. Die Indios im westlichen Mexiko schufen rohere, zugleich aber besonders realistische Keramiken, die wertvolle Informationen über gewisse Aspekte der im Vergleich zu Zentralmexiko eher marginalisierten Kulturen liefern. In der Regel wurden Gefäße mit Hilfe von Gussformen hergestellt. Die Töpferscheibe war dagegen bis zur Ankunft der Europäer unbekannt.

Zu den ältesten künstlerischen Ausdrucksformen Mesoamerikas gehört auch die Steinschnitzerei. Die Olmeken, Maya und die Einwohner von Teotihuacán schufen Totenmasken, Figurinen und Schmuck aus Jade, Nephrit, Serpentin und Obsidian.

105 *Aus Jade besteht auch diese Furcht einflößende Maske der Maya. Relieftechnik und rote Färbung heben die Gesichtszüge des Gottes hervor. Für Augen und Zunge verwendete der Künstler Muscheln. Bis zur nachklassischen Periode war die Goldschmiedekunst in Mesoamerika unbekannt; Jade galt als kostbarstes Material.*

Spektrometrische Analysen ergaben in jüngerer Zeit, dass viele Gegenstände, von denen man glaubte, sie seien aus reiner Jade, in Wirklichkeit aus ähnlichen Mineralien bestehen. Das durchscheinende Grün verlieh diesen Steinen einen hohen Wert, da die Farbe zugleich für Wasser, Fruchtbarkeit, den Himmel und das Wachstum der Pflanzen stand. Kein anderes in Mesoamerika bekanntes Material kam an Wert der Jade und den ihr verwandten Mineralien gleich. Dies lag zum einen an ihrem hohen symbolischen Gehalt, zum anderen an den mit der Bearbeitung verbundenen Schwierigkeiten. Der größte Teil der Jadesteine stammte von den Hochebenen und musste mühsam in die übrigen Gebiete transportiert werden. Darüber hinaus fand man nur selten Blöcke, die größer als ein Flusskiesel waren. Beim Schnitzen galt es daher, den Abfall auf ein Minimum zu reduzieren. Die fertigen Objekte vererbten sich von Generation zu Generation, sodass man in einigen Mayagräbern Jadeschmuck aus olmekischer Zeit fand. Im Laufe der nachklassischen Periode führten die Tolteken erstmals Türkise aus dem nördlichen Chihuahua, im heutigen Staat Neumexiko ein. Die mixtekischen Handwerker stellten daraus herrliche Mosaiken her, die sie – zusammen mit Obsidian, Muscheln, Knochen und Schwefelkies – vor allem zur Dekoration von Masken, Schilden, Messerhüllen

104 *Alle mesoamerikanischen Völker hielten die Jade für ein kostbares, mit Reinheit, Wasser und Leben verbundenes Gestein. Sie fertigten daraus erlesene Masken und Schmuck, wie dieser Anhänger aus Monte Albán belegt. Er stellt einen Fledermausgott mit drohenden Muschelaugen dar.*

106 *Nachdem die Tolteken begonnen hatten, Türkise aus den nördlichen Regionen Mesoamerikas einzuführen, schufen die Mixteken mit den Steinen herrliche Kunstobjekte. Das Bild zeigt eine Holzmaske mit einem Mosaik aus Türkisen, Obsidian und Schwefelkies.*

107 oben links *Ein anderes Beispiel der Mosaikkunst ist diese Figurine mit menschlichen Zügen, ursprünglich der Knauf eines Opfermessers.*

107 oben rechts *Diese seltsame Holzmaske schmückt ein Mosaik aus Türkis, Schwefelkies und Muscheln. Auch wenn die dargestellte Göttin aus der Zeit der Azteken stammt, waren die Künstler doch stets Mixteken.*

107 unten *Dieses merkwürdige Wesen unterscheidet sich im Aussehen, nicht aber in der Technik von dem oben dargestellten.*

und sogar Totenschädeln verwendeten. Viele der Künstler arbeiteten am Hof von Tenochtitlán und fertigten Meisterstücke, die bei den aztekischen Monarchen große Begeisterung fanden. Letztere trugen Kronen mit türkisbesetzten Zacken als Zeichen ihrer königlichen Würde. Andere Künstler hatten sich auf die Verarbeitung von Federn spezialisiert, die vielleicht eigenwilligste Form künstlerischen Ausdrucks im präkolonialen Amerika. Auch in Peru stießen Forscher auf Stoffe und Handwerksprodukte, die mit bunt schillernden Federn tropischer Vögel aus dem Amazonasgebiet geschmückt wurden. Auf zahlreichen Bildern im mesoamerikanischen Raum sieht man Menschen in federverzierten Gewändern und mit ausgefallenem Kopfputz sowie Gegenstände mit Stein- oder Federmosaiken. Von allen für diese Zwecke verwendeten Vögeln war der Quetzálvogel wegen seiner grün-türkis schimmernden Schwanzfedern am begehrtesten. Er gehört heute zu den vom Aussterben bedrohten Tierarten und lebt nur noch in einigen abgeschiedenen Naturschutzgebieten. Vermutlich verbreiteten Amazonasvölker bereits in grauer Vorzeit die Kunst und Technik der Federverarbeitung in Süd- und Mesoamerika. Bei den Azteken existierte ein eigener Berufszweig, der dieses Handwerk ausübte, die *amantecas*. Die Kodizes veranschaulichen, mit welchen Methoden die *amantecas* Muster bildeten und Kleidungsstücke, Kopfputz oder Schilde verzierten. Sorgfältig befestigten sie jede einzelne Feder mit Hilfe eines Baumwollfadens auf einem Gestell aus Weidenruten oder Stoff und schufen auf diese Weise erlesene farbige Mosa-

iken. Zu religiösen Feierlichkeiten und rituellen Tänzen legten die Würdenträger regelmäßig Gewänder mit grellbunten Federn oder Vogelflügeln an.

Abschließend gilt es einen Blick auf das jüngste in Mesoamerika verbreitete Handwerk zu werfen, die Kunst der Metallverarbeitung. Während die südamerikanischen Völker seit Urzeiten die Techniken des Gold- und Silberschmiedens beherrschten, verbreiteten diese sich in Mittelamerika erst während der nachklassischen Periode durch die Mixteken von Oaxaca. Diese äußerst geschickten Handwerker stellten Geschmeide, Masken, Brustpanzer und Gefäße aus Gold und Silber in großer Zahl her und verwendeten dabei sowohl Feinschmiedetechniken als auch die Techniken des Hochtreibens und des Gusses in der verlorenen Form. In der ursprünglich zapotekischen Nekropole von Monte

108 oben *Grab 7 in Monte Albán barg unter anderem diesen goldenen Anhänger mixtekischer Herkunft. Das Schmuckstück trägt die Züge des in Oaxaca und bei den Azteken verehrten Gottes Xipe Totec. Der Stil erinnert an Stücke aus Ecuador und Kolumbien. Dort hatten die Mixteken die Goldschmiedekunst erlernt.*

108 unten *Die präkolumbianischen Völker Mesoamerikas und Perus waren Meister der Federverarbeitung, die sie vielleicht von Stämmen aus dem Amazonasgebiet übernommen hatten. Dieser Aztekenschild zeigt einen Koyoten. Goldplättchen, Quetzál- und Reiherfedern sind auf einem Ledergerüst befestigt.*

Albán begruben die Mixteken später ihre eigenen Toten. Hier fand man in den Gräbern große Mengen an Edelmetallen in Form von Votivschränkchen. Auch der Grund des heiligen Cenote von Chichén Itzá barg eine Fülle metallener Objekte. Genau wie die Steinschneider unterstanden die mixtekischen Goldschmiede lange Zeit direkt den aztekischen Herrschern, doch besitzen wir heute nur wenige Stücke aus jener Zeit, da die spanischen Eroberer alles Gold an sich rissen, dessen sie habhaft werden konnten. Der aztekische Schutzpatron der Goldschmiede hieß Xipe Totec; das Nahuatl-Wort für Gold, *teocuitlatl,* bedeutete „Exkremente der Sonne".
Während die Inka das Gold mit der Sonne gleichsetzten und daher als kostbarstes Metall verehrten, erreichte es in Mesoamerika niemals den Rang, den Jade oder Quetzálfedern innehatten.

109 unten links
Bei Festen und Zeremonien trugen Fürsten und Edelleute in Mesoamerika Schmuck und prächtige Kronen aus Gold. Diese gehörte einem mixtekischen Würdenträger.

109 oben rechts
Dieser erlesene mixtekische Brustpanzer aus Gold in Filigran- und Treibtechnik zeigt einen Krieger. Kalenderzeichen bedecken den Brustkorb.

109 unten rechts
Außer Ketten, Armbändern und Ringen trugen die Mesoamerikaner auch Nasen- und Lippenringe. Dieser mixtekische Fund ist ein solcher tentetl *und stellt sehr naturgetreu einen Adler dar.*

Krieg

Maya-Inschriften der klassischen Periode berichten von vielen Kriegen und Schlachten und heben die Heldentaten hervor, durch die es einigen Herrschern gelang, die Grenzen ihrer Reiche auszudehnen, sich weitere Stadtstaaten untertan zu machen und so ihre Macht zu vergrößern. Flachreliefs an Gedächtnisstelen zeigen häufig Szenen, auf denen sich gefangene Feinde den Siegern unterwerfen, ehe man sie versklavte oder den Göttern opferte. Grundsätzlich brachen die präkolumbianischen Völker erst dann zu einem Feldzug auf, wenn die Priester eine günstige Sternenkonstellation vorausgesehen hatten. Dank zahlreicher Darstellungen von Mayakriegern, vor allem auf Flachreliefs, Bildern und in Form von Tonfiguren, war es möglich, die Kriegsausrüstung der Soldaten annähernd genau zu rekonstruieren. Häufig legten sie vor Beginn eines Kampfes ein Jaguarfell und eine Jaguarmaske an, damit die Stärke und die magischen Kräfte der Raubkatze auf sie übergehen sollten. Der Schild aus Holz oder Leder war rund, selten auch eckig, und leicht gebogen. Er war mit einem Mosaik aus Schmucksteinen oder mit Federn verziert. Während der klassischen Periode kämpften die meisten Krieger mit der Lanze. Sie bestand aus besonders hartem Holz und einer Spitze aus Obsidian oder Kiesel. Bis zur Ankunft der Europäer kannten die Völker Mesoamerikas kein Eisen. Nachdem es gelungen war, die Mayaschrift zu entziffern, erhielt man auch Aufschluss über eine eigentümliche Sitte, die im Zusammenhang mit der Kriegskleidung stand: Die Maya pflegten nämlich ihre Opfer und Gefangenen zu frisieren und zu schmücken und brachten sie erst dann zum König, vor dem sie sich niederwerfen mussten. Nach den Chichimekeneinfällen der nachklassischen Periode führten die Bewohner Mexikos neue Waffen ein, die später auch die Mixteken und Azteken übernahmen. Hierzu gehörten Pfeil und Bogen, gegen die sich die Krieger mit wattierter Kleidung schützten, sowie eine Art Schleuder, der *atlatl*. Der Speer mit Obsidianspitze blieb gleichwohl die am weitesten verbreitete Waffe. Während die Schilde der Maya sich lediglich anhand von bildlichen Darstellungen rekonstruieren lassen, fand man eine Reihe eleganter Schilde von Azteken und Mixteken, letztere wiesen sogar noch sichtbare Spuren von Türkismosaiken auf. Nachdem die letzten Aztekenherrscher ihre Expansionsgelüste befriedigt und ihr Reich an allen Seiten bis an die Grenzen des Möglichen ausgedehnt hatten, brachen sie erneut zu Feldzügen auf. Diesmal ging es allerdings allein darum, eine möglichst große Zahl von Gefangenen mit nach Hause zu brin-

111 *Drohend blickt dieser Maya-Krieger, der die typische Soldatenkleidung der klassischen Periode trägt. Die mit Baumwolle gefütterte Rüstung war vermutlich mit Federn geschmückt, während auf dem Rücken zwei Flügel, vielleicht als Totemzeichen des Kriegers, hervorragen. Er trägt einen rechteckigen Schild, obgleich die Maya in der Regel Rundschilde bevorzugten. Auch Ohrscheiben und eine Kette gehören zur Ausstattung.*

110 oben links
Dieser Keramiktorso eines aztekischen Kriegers trägt einen zu jener Zeit weit verbreiteten, mit Baumwolle gefütterten und mit Federn besetzten Brustpanzer.

110 oben rechts
Die aztekischen und toltekischen Krieger schützten sich mit wattierten Rüstungen gegen feindliche Schläge. Dieser muschel- und perlmuttbesetzte Harnisch aus Tula diente allerdings lediglich rituellen Zwecken.

110 unten *Die Maya-Figurine aus farbigem Stuck zeigt ein vielleicht göttliches Wesen, das eine Keule in der einen und einen Schild in der anderen Hand trägt. Wie viele Maya-Krieger trägt es hohe Schuhe und eine Art Schutzpanzer.*

112 *Diese Maya-Tonfigur aus der spätklassischen Periode stammt von der Insel Jainá. Auch sie zeigt einen Krieger, diesmal mit ausgeprägt angriffslustigem und wildem Blick. Auf der Stirn sind Narben von einem Opferritus oder einer Tätowierung zu erkennen; der aufwendige Kopfschmuck erinnert an ein Hirschgeweih. Die Maya verehrten Hirsche als heilige Tiere.*

gen, um sie dem Gott Huitzilopochtli zu opfern. Diese, „Blumenkriege“ genannten Schlachten endeten somit unausweichlich mit Massenhinrichtungen. Das Blut der Opfer sollte den unermesslichen Durst des Kriegsgottes stillen und dadurch sicherstellen, dass die Sonne ihren Lauf nicht anhielt. Die Gefangenen wurden zur steinernen Opferplattform des Tempels, dem *temalacatl,* geführt, der dem *chac-mool* von Tula und Chichén Itzá entsprach. Vier Priester banden die Opfer fest, während ein Fünfter ihnen die Brust aufschnitt und das zuckende Herz den Göttern darbot. Der *Codex Mendoza* enthält einige Bilder von Kriegsszenen, auf denen die Soldaten die Gefangenen an den Haaren hinter sich her schleppen, um sie lebend nach Tenochtitlán zu bringen. Das Kriegshandwerk spielte in der Erziehung der Untertanen eine wichtige Rolle. Ab dem Alter von 15 Jahren wurden die Knaben daher einer eisernen Disziplin unterworfen und kein Erwachsener konnte sich dem Dienst an der Waffe entziehen. Es gab verschiedene militärische Orden, darunter die „Adlerkrieger“ und die „Jaguarkrieger“. Darüber hinaus bildete man Truppen aus Berufssoldaten, die so genannten *quachictin* (Glatzköpfe), die während der Schlachten besonders gefährliche Punkte besetzten und dafür große Privilegien genossen.

112-113 *Aus der Kultur der Maya sind viele Bilder von Kriegsgefangenen überliefert. Stele 12 von Piedras Negras zeigt eine solche Szene in Flachrelieftechnik (hier ein Ausschnitt), die auf das Ende der klassischen Periode zurückgeht. Die Hände der besiegten Feinde sind gefesselt, die Haare zum Zeichen der Unterwerfung auf dem Kopf zusammengebunden.*

113 unten links
Diese Szene stammt aus einer spanischen Handschrift der Kolonialzeit. Die grausamen Bilder illustrieren eine Schlacht in den „Blumenkriegen", ein Ritual, das die Europäer tief beeindruckte.

113 oben rechts
Die Figur aus Jainá zeigt einen Krieger in eleganter und erhabener Haltung. Er trägt einen Lendenschurz und einen Zeremonialkopfschmuck sowie eine Art Gesichtsschutz. In der rechten Hand hält er den typischen federbesetzten Rundschild.

Tod und Bestattung

114 Dieses Furcht einflößende Objekt war ursprünglich eine Maske des aztekischen Totengottes. Auf einem Menschenschädel brachte der Künstler ein Mosaik aus Türkisen und Lignit an. In der Tradition der mexikanischen Völker repräsentierte Tezcatlipoca das Böse, den Gegenpol seines Bruders Quetzalcoatl, der das gute und positive Element verkörperte. Viele Opfer galten Tezcatlipoca; ihre Schädel wurden auf Gestelle gesteckt oder, wie hier, in Kultobjekte verwandelt.

In der Vergangenheit stießen Archäologen im mesoamerikanischen Raum immer wieder auf Grabbeigaben. Sie haben wesentlich dazu beigetragen, unsere Kenntnisse über die Geschichte und Entwicklung der vorkolumbianischen Kulturen zu erweitern. Seit der präklassischen Periode wurden Angehörige der herrschenden Klasse in unterirdischen Grabkammern beigesetzt, die zumeist unter dem Tempelboden lagen. Der Tote wurde mit allen erdenklichen Gütern ausgestattet, die seinen Weg ins Jenseits so angenehm wie möglich gestalten sollten. Diese Objekte geben uns heute Aufschluss über die Sitten und den Gebrauch von Gegenständen bei verschiedenen Völkern. Die Erdbestattung blieb bei den Kulturen von Oaxaca und Veracruz, aber auch entlang der Küste des Golfs von Mexiko und in den Gebieten der Maya die gebräuchlichste Form der Beisetzung. Häufig wickelte man die Verstorbenen in lange Totenbinden und legte ihnen eine Maske aufs Gesicht. Die berühmtesten Beispiele für Totenmasken fanden sich in der Nekropole von Teotihuacán. Grabungen belegten aber auch, dass sich die Bestattungsformen in einigen Regionen Mesoamerikas während der nachklassischen Periode grundlegend wandelten. Im Unterschied zu den anderen Völkern verbrannten die Tolteken und die Azteken ihre Toten. Auch sie umwickelten den Leichnam zunächst mit Stoffbändern, salbten den Körper und begruben die Asche schließlich. Im Zeremonialzentrum von Monte Albán ruhten die verstorbenen zapotekischen Würdenträger in unterirdischen Gräbern, die sich um einen Innenhof gruppierten und über lange Treppen erreichbar waren. Farbige Fresken zierten die Wände der Grabkammern und in zahlreichen Nischen standen die Votivgaben, welche die Toten auf ihrer Reise ins Jenseits begleiten sollten. Im Gebiet von Oaxaca stieß man in der Totenstadt von Mitla unter dem Boden öffentlicher Gebäude auf eine Reihe kreuzförmiger Gräber. Es gilt heute als sicher, dass die Mixteken, die sich während der nachklassischen Periode in der Stadt niedergelassen hatten, die Gräber der Zapoteken entweihten und fortan ihre eigenen Herrscher in ihnen beisetzten. Die Mixteken waren die einzigen, die den Toten Goldschmuck und goldene Votivgefäße in großer Menge mit ins Grab gaben. Darüber hinaus entdeckte man die sterblichen Überreste von Hunden und Menschen, vermutlich Sklaven, die geopfert wurden, um den Verstorbenen auf seinem letzten Weg zu begleiten. Die Bestattungsbräuche im westlichen Teil Mexikos unterschieden sich deutlich von denen im übrigen Mesoamerika. Im Lauf des ersten Jahrtausends v. Chr. hatten die Yalisco, Colima und Nayarit ihre Gräber nach einer Tradition aus Ecuador in Felsen gehauen. Zusammen mit anderen Elementen lässt diese Praxis darauf schließen, dass bereits sehr früh Verbindungen zwischen mesoamerikanischen Kulturen und Völkern aus

115 Nichts illustriert die Angst vor dem Tod besser als dieser aztekische Totenschädel aus Kristall. Auch auf den Vasenmalereien der Maya erscheint häufig der Gott des Todes, der einem Totentanz im Jenseits voranschreitet. Die Bilderwelt der Maya war indes weniger makaber als die der Azteken.

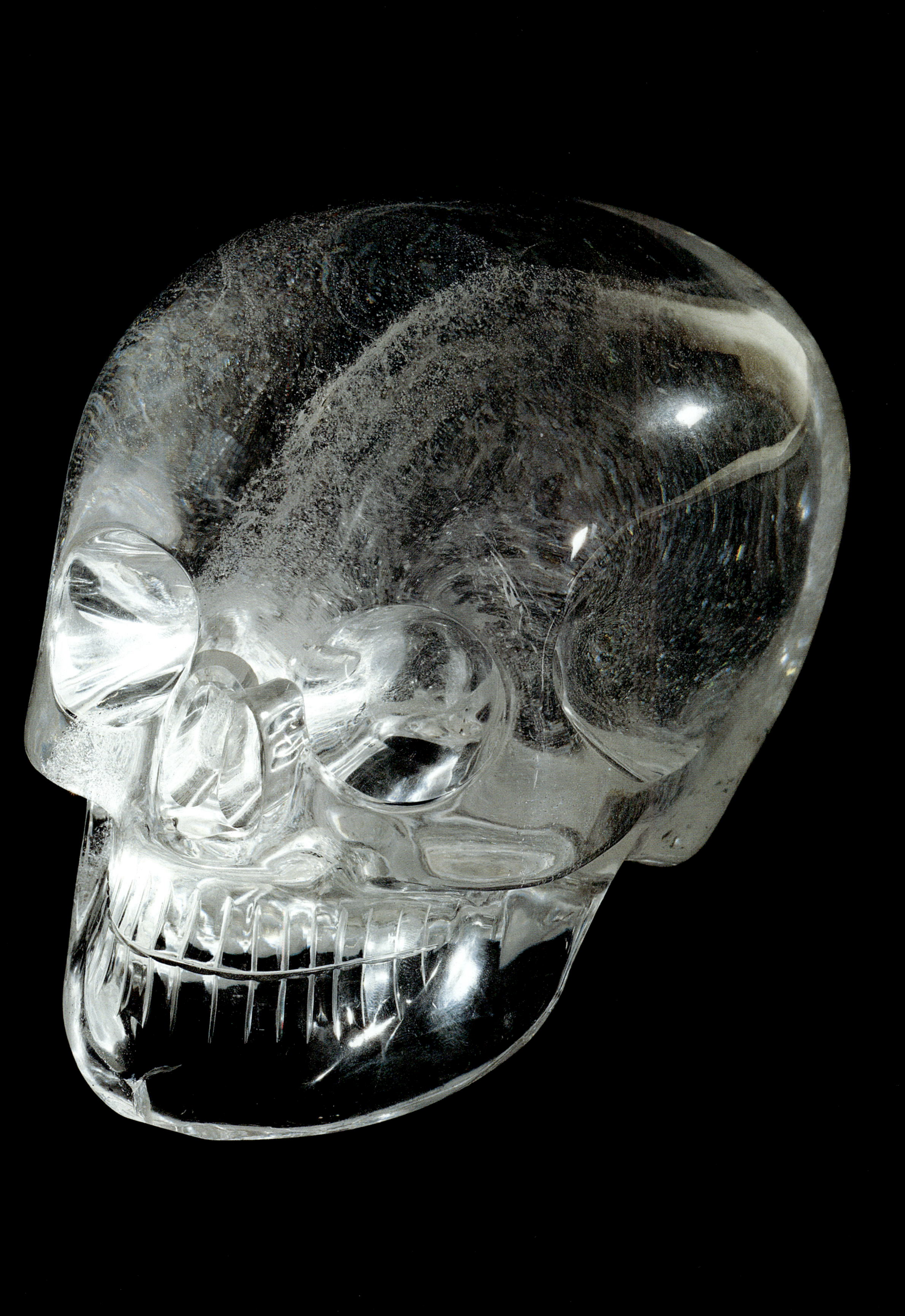

Südamerika existierten. Die für den mexikanischen Westen typischen Gräber bestehen in der Regel aus mehreren Kammern, die vermutlich der gesamten Familie als letzte Ruhestatt dienten. Im Inneren fand man zahlreiche tönerne Figurinen in Tier- oder Menschengestalt, die im ausdrucksstarken Stil der Region gearbeitet sind. Oftmals begrenzten Reihen von Felsblöcken die Gräberstätten, vermutlich, um eine Trennungslinie zwischen der Welt der Lebenden und jener der Toten zu schaffen.
Ausgrabungen lieferten in der Vergangenheit auch eine Fülle von Informationen über die Bestattungsbräuche der Maya. Diese nahmen die Tradition der Olmeken auf und setzten hoch stehende Persönlichkeiten in großen Steinsarkophagen bei, nicht ohne den Leichnam mit kostbarem Schmuck, Federn, Stoffen, Geschirr und Masken aus Serpentin zu bedecken. Priestern und Schreibern gab man ihr Arbeitsgerät mit auf den Weg, damit sie ihre Aktivitäten im jenseitigen Leben fortsetzen konnten. In vielen Mayastädten der klassischen Periode erfüllten die pyramidenförmi-

116 links *Diese Kolossalstatue in strenger Haltung stellt die aztekische Göttin Coatlicue, die „Herrin im Schlangenrock", dar. Sie galt als Mutter des aztekischen Stammesgottes Huitzilopochtli und Herrscherin der Erde, der Finsternis und des Todes. Hierauf spielt der Kopf in Form eines Totenschädels an.*

116 rechts *Die Mesoamerikaner glaubten an ein Leben nach dem Tod. Da es den Verstorbenen auf ihrer letzten Reise an nichts fehlen sollte, erhielten sie reiche Grabbeigaben, zu denen auch Totenmasken wie die hier abgebildete aus Teotihuacán gehörten.*

gen Tempel eine doppelte Funktion: Sie dienten zugleich als Kultstätte und Begräbnisort, der allerdings den Würdenträgern und Herrschern vorbehalten blieb. Der Tempel der Inschriften in Palenque ist hierfür das berühmteste Beispiel. In seinem Fundament verbirgt sich die große Grabkammer von König Pacal, dem „Sonnenschild".
Das in die obere Platte des Sarkophags eingemeißelte Flachrelief zeigt eine Szene von hohem Symbolgehalt. Der Verstorbene stürzt hier aus der irdischen Welt ins Jenseits, wobei er am Weltenbaum entlanggleitet, einem Grundsymbol des Schöpfungsmythos der Maya. Farbige Fresken schmücken die Wände der Gräber von Rio Azúl. Sie zeigen weitere religiöse und mythische Symbole wie die Flüsse aus Wasser und Blut, die im Jenseits fließen, dem Xibalbá der Maya, von dem der heilige *Popol Vuh* zu berichten weiß. Über die Bestattungsformen der unteren Klassen ist indessen weit weniger bekannt. Im 16. Jahrhundert schrieb Diego de Landa, dass die ärmsten Familien ihre Toten in eine Art Leichentuch hüllten und ihnen Maiskörner oder ein Jadescheibchen als Wegzehrung oder Reisegeld in den Mund legten. Dann begruben sie den Verstorbenen unter dem Fußboden oder in der Nähe der Wohnung, die sie anschließend nicht mehr betraten. Statt kostbarer Beigaben nahmen die Armen Standbilder aus Ton und ihr Arbeitsgerät mit ins Grab. De Landa berichtet auch noch von einer anderen Sitte, die im Zusammenhang mit dem Totenkult in einem kleinen Teil der Halbinsel Yucatán gebräuchlich war. Nach einem alten Brauch der Tolteken verbrannte man hier die Edelleute und füllte ihre Asche in kleine Statuen aus Holz oder Ton, die am Hals eine Höhlung besaßen. Die Urnen in Menschengestalt wurden nicht vergraben wie anderenorts, sondern im Haus der Hinterbliebenen aufbewahrt und wie die Standbilder der Ahnen verehrt. Betrachtet man die verschiedenen Bestattungsbräuche im mesoamerikanischen Raum, so stellt sich die Frage, welche Bedeutung Tod und Sterben bei den einzelnen Völkern zukam. In der Vorstellung der Azteken gehörten Leben und Tod untrennbar zusammen. Sie gestalteten die Leichenfeiern daher als wirkliches Fest. Der Chronist Diego de Durán erzählt, dass im 16. Jahrhundert während der aufeinander folgenden Monate Tlaxochimaco und Xocotluetzi ausgedehnte Feste zu Ehren der im vorangegangenen Jahr verstorbenen Kinder und Erwachsenen stattfanden. Ungeachtet aller Christianisierungsversuche lebt die Idee des Totenfestes bis heute im mexikanischen Raum fort. Die dazugehörigen Riten haben sich im Laufe der Jahrhunderte mit dem katholischen Brauchtum vermischt. Zu Allerheiligen halten die Einwohner von Mexiko-Stadt und kleinen Städten oder Dörfern Bankette mit Musik und Tanz auf den Friedhöfen ab. Auf diese Weise sollen die Toten einmal im Jahr die Freuden des irdischen Daseins mit den Hinterbliebenen teilen dürfen.

117 links *Die Terrakottafigur in Form eines sitzenden Skelettes stammt aus Veracruz. Durch die angewinkelten Beine und gekreuzten Arme sowie den spitz zulaufenden Kopf wirkt die Gestalt überaus lebendig. In der Bildwelt der klassischen Periode tauchen häufig Skelette auf, die tanzen oder bestimmte Riten ausführen.*

117 oben rechts *Dieses Gefäß stammt aus einem Grabschatz der Maya der klassischen Periode. Die Terrakottaurne diente als Votivobjekt; den Deckel zieren drei kleine, blau bemalte Quetzálvögel.*

117 unten rechts *Die Szene aus dem* Codex Magliabechianus *illustriert eine aztekische Totenfeier. Auf einem Thron sitzt eine Mumie, um die einige Gestalten bestimmte Riten ausführen, während andere um einen Totenschädel hocken.*

Schrift, Zeitrechnung und Astronomie

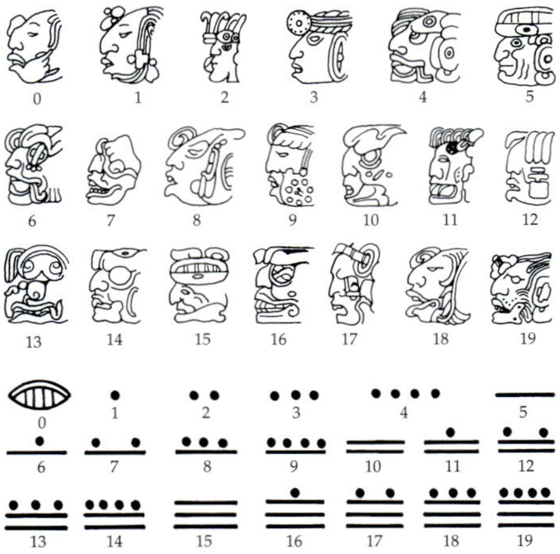

Die ältesten Schriftzeichen im mesoamerikanischen Raum stammen von den Zapoteken aus Oaxaca und gehen auf das 7. Jahrhundert v. Chr. zurück. Auf einigen Steinmonumenten entzifferten die Archäologen Hieroglyphen, die sich auf die Kalenderzählung beziehen, sowie weitere, bis heute noch nicht entschlüsselte Zeichen. Man nimmt an, dass die alte zapotekische Schrift sich von den Olmeken herleitete, doch existieren für diese Hypothese noch keine gesicherten Beweise. Auch die Mixteken, die in der nachklassischen Periode die Kultur der Zapoteken fortsetzten, hinterließen eine Bilderschrift, die sich in einigen handschriftlich auf Hirschleder verfassten Kodizes findet. Die Symbole beziehen sich in der Regel auf Daten und Namen, die in Verbindung zu bildlich dargestellten historischen oder mythologischen Gestalten stehen. Die Zeichnungen hatten somit im Wesentlichen erzählende Funktion.

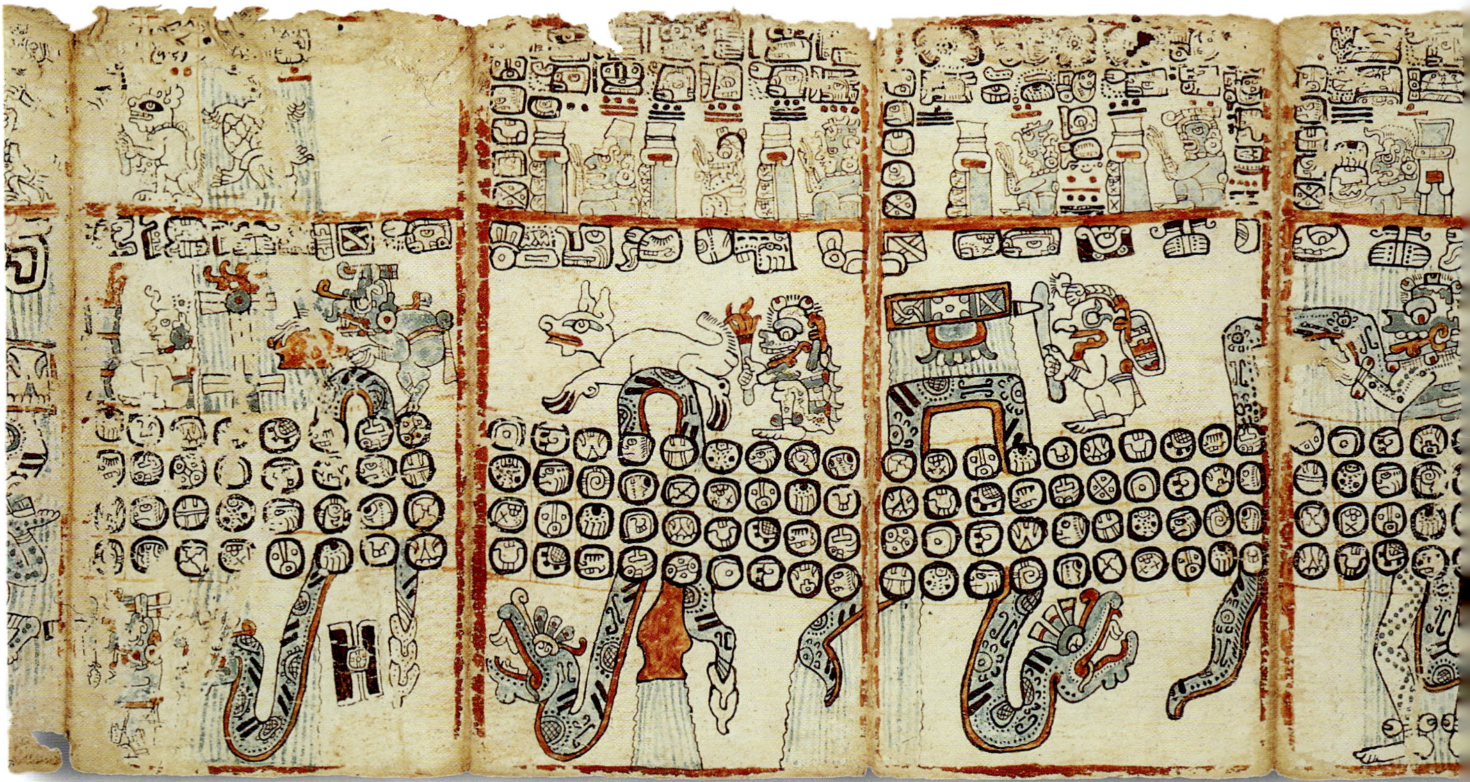

118 oben links *Schema des Systems, mit dem die Maya die Ziffern Eins bis Neunzehn darstellten: Der Punkt entspricht der Einheit Eins, der Strich der Einheit Fünf. Der Zahl Zwanzig entsprach das Zeichen des Mondes, der Zahl Null die Muschel. Jede Zahl ließ sich auch mit einer Figur darstellen.*

118 oben rechts *Dieser Terrakottabecher aus Uaxactún ist mit Hieroglyphen verziert, die sich auf das komplexe Schriftsystem der Maya beziehen.*

118-119 *Das Fragment einer auf Pflanzenfasern verfassten Handschrift gehört zum Madrider Kodex.*

Im Gebiet von Veracruz stießen Forscher auf zwei Belege für einen anderen, komplexeren Schrifttyp. Es handelt sich um die Stele von La Mojarra und die Statuette von Tuxtla aus dem 2. Jahrhundert. Auf beiden befinden sich Texte, die sich aus einer Mischung von Silbenzeichen und phonetischen Zeichen zusammensetzen. Die inzwischen entzifferte Schrift gehört offenbar zum Stamm der *mixe-zoque*-Sprachen, zu denen auch die olmekische Sprache gerechnet wird. Da die Anzahl der Quellen begrenzt ist, lässt sich die Schrift allerdings schwer in einen präzisen kulturellen Zusammenhang einordnen. Die Maya das Tieflandes verwendeten ebenfalls ein Schriftsystem, das auf ideographischen und phonetischen Zeichen basierte. Es gilt jedoch als relativ sicher, dass sie die Schrift nicht entwickelten, sondern vielmehr selbst übernommen hatten. Die zahlreichen Texte, die Flachreliefs ergänzen, aber auch viele Gefäß- und Wandmalereien stammen aus der klassischen Periode. Diese histo-

rischen Berichte rühmen die Taten bestimmter Herrscher und sind daher immer von genauen Kalenderdaten begleitet. Ab den Sechzigerjahren gelang es russischen, amerikanischen und europäischen Schriftforschern in mühsamer Kleinarbeit erstmals, Teile des schriftlichen Kulturerbes zu entschlüsseln. Die vier Kodizes, die das Zerstörungswerk des spanischen Bischofs Diego de Landa überlebten, sind dagegen der nachklassischen Periode zuzurechnen. Die Bücher enthalten zahlreiche Seiten aus ziehharmonikaförmig gefalteten Agaven- oder Kautschukfeigenfasern. Weissagungen sowie Zeichnungen und Texte religiösen und astronomischen Inhalts füllen die Seiten. Zwar wurden die Werke wenige Jahrhunderte vor Ankunft der Europäer verfasst, doch griffen die Autoren vermutlich auf ältere Quellen zurück.
Auch die Kodizes der Azteken, vor allem der berühmte *Codex Mendoza*, zeichnen sich durch ihren Reichtum an bildlichen Erzählungen mit historischem oder mythologischem Hintergrund aus. Ein mexikanischer Archäologe entdeckte jüngst den Schlüssel zur Entzifferung dieser Texte. Die archäologischen und schriftlichen Zeugnisse, die uns von den präkolumbianischen Kulturen überliefert sind, belegen ein tiefes Interesse für den Lauf der Zeit und breite Kenntnisse auf dem Gebiet der Astronomie, die bei den Maya ein wirklich erstaunliches Niveau erreichten.
Um die Bewegungen der Himmelskörper und die Kalenderdaten richtig berechnen zu können, mussten die Maya mit der Mathematik gut vertraut sein. Bis heute zerbrechen sich Wissenschaftler den Kopf darüber, woher die Maya vor so langer Zeit ihre Kenntnisse bezogen und mit welchen Instrumenten sie gearbeitet haben könnten. Viele Forscher meinen, dass die mesoamerikanischen Völker gezwungen waren, die Himmelsphänomene zu untersuchen oder sogar zu überwachen, weil ihre gesamte Wirtschaft und ihr Reichtum auf den Erträgen der Landwirtschaft beruhten. Es war daher für sie von äußerster Wichtigkeit, Katastrophen wie Dürre oder Überschwemmungen anhand bestimmter Konstellationen voraussehen zu können. Neben dieser weit verbreiteten und allgemein akzeptierten Begründung existieren weitere, für die bis heute kein wirklicher Beweis erbracht wurde.

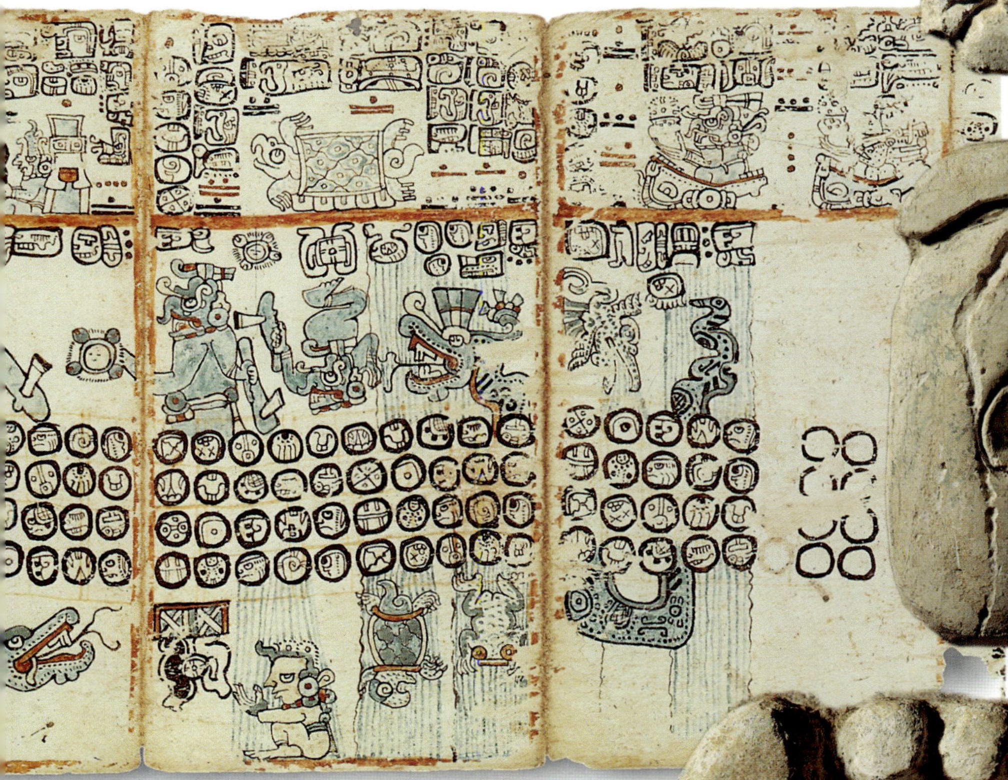

119 oben *Schriftforscher bezeichnen die Schrift der Maya als komplexes Mischsystem, das zum Teil aus ideografischen, zum Teil aus phonetischen Zeichen besteht. Die Maya schrieben Texte auf unterschiedliche Materialien wie Stein, Pflanzenfasern, Knochen, Keramiken oder Jade. Nach dem griechischen Wort „glifein" („schreiben") nennt man Schriftzeichen (Hiero)glyphen. Die Abbildung zeigt ein Schriftzeichen aus Stuck aus Palenque.*

119 Mitte *Die Schriftzeichen der Maya wirken wie in Schriftrollen eingeschlossene Miniaturen verschiedener Symbole, deren Bedeutung sich nach dem Kontext richtet.*

119 unten *Auch diese Stuck-Hieroglyphe stammt aus Palenque. Die stilisierten Symbole, aus denen sich die Zeichen zusammensetzen, konnten einen Ton oder einen ganzen Gedanken ausdrücken.*

120 *Der hier von beiden Seiten gezeigte Jadeanhänger heißt nach seinem holländischen Aufbewahrungsort „Leidener Platte". Auf einer Seite ist das kunstvolle Bild eines Herrschers eingeritzt, der als Vogel Null Mond, König von Tikal, identifiziert wurde. Auf der anderen Seite erkennt man eine lange Inschrift in Form von Kalenderzeichen. Das Datum der Langen Zählung entspricht in unserer Zeitrechnung dem Jahr 320.*

121 *Das Bild zeigt einen Ausschnitt der Stele 31 von Tikal, deren Inschrift von den Taten eines berühmten Herrschers der Stadt berichtet. Ende der Fünfzigerjahre hatte man die Maya-Inschriften noch nicht entschlüsselt. Erst die russische Schriftforscherin Tatiana Proskouriakoff entschlüsselte die Zeichen von den Kalenderhieroglyphen ausgehend. Sie wies nach, dass die Maya außer Weissagungstexten eine Fülle historischer Dokumente verfasst hatten.*

Die Maya waren zweifellos die größten Astronomen und Mathematiker in ganz Mesoamerika. Dies belegen sowohl die Inschriften auf Monumenten als auch die Kodizes, die die Konquista überlebten. Die Maya besaßen genaue Kenntnisse über die Sonne, die Mondphasen und die Bewegung einiger Planeten des Sonnensystems, vor allem Venus, Jupiter, Mars, Merkur und Saturn. Im Grolier Kodex und im Dresdner Kodex, der vollständigsten und ältesten Handschrift, finden sich zahlreiche Tafeln, die den Lauf der Venus veranschaulichen. Diese galt nicht als Planet, sondern als vielleicht wichtigster Stern am Firmament, versah sie doch die doppelte Funktion des Abend- und Morgensterns. Außerdem war sie dem Krieg zugeordnet und wurde daher oft als strahlender Krieger dargestellt. Als Phänomen von herausragender Bedeutung behandelt der Dresdner Kodex auch die Sonnenfinsternis in aller Ausführlichkeit. Die Maya kannten den Verlauf der Sterne entlang der Himmelseklipse und wussten um die Bedeutung des Polarsterns, der Reisende und Händler auf ihrem Weg leitete. Die Milchstraße, in der Sprache von Yucatán *zac beh*, „weiße Straße" genannt, verehrten die Maya mit bestimmten Ritualen. Sie glaubten, dass die Seelen der Verstorbenen auf ihr entlang nach *Xibalbá,* ins Reich der Toten, fuhren. Viele Gottheiten standen in Verbindung mit der Milchstraße, die berühmteste war Mixcoatl, die toltekische „Wolkenschlange". Eine unvollständige Seite des Pariser Kodex zeigt einige Figuren, die ursprünglich einen Tierkreis bildeten. Die mesoamerikanischen Völker hielten Sonne, Mond, Planeten und Sterne wie alle Teile des Kosmos für den Göttern ebenbürtige Wesen. Die Inschriften der klassischen Periode belegen, dass Zeremonien, Kriege und Opfer nur stattfanden, wenn die Sternenkonstellation dafür geeignet schien.

Die antiken Astronomen stellten ihre Beobachtungen und Berechnungen in eigens für diesen Zweck errichteten Observatorien an, wie zum Beispiel dem „Caracol" in Chichén Itzá. Gläser und Linsen waren unbekannt, sodass in Europa übliche Instrumente keine Verwendung finden konnten. Anscheinend benutzten die Maya Kreuzstäbe und beobachteten die Position und die Veränderung von Sternen anhand von Kerben im Holz. Die Berechnungen, welche die Maya regelmäßig für Sterndeutungen und Kalender anstellten, beruhten auf einem vigesimalen System, das sie mit hoher Wahrscheinlichkeit von den Zapoteken übernommen hatten. Die Ziffern zwischen eins und zwanzig drückten sie grafisch durch Punkte und Striche oder durch Köpfe von mythologischen Gestalten aus. Das Symbol des Mondes entsprach der Zahl Zwanzig. Im Übrigen erkannten die Maya die Bedeutung der Zahl Null viele Jahrhunderte vor den indischen Mathematikern der Alten Welt.

Götter und Kulte

Die Götterwelt der präkolumbianischen Kulturen Mesoamerikas ist äußerst umfangreich und komplex. Darstellungen von Gottheiten finden sich auf Flachreliefs, Gefäßen und Wänden, aber auch in den Kodizes, die Maya, Azteken und Mixteken während der nachklassischen Periode anfertigten. Viele Götter waren zunächst mit bestimmten Städten verbunden; ihr Kult überdauerte die Jahrhunderte, verbreitete sich und erfuhr in verschiedenen Regionen spezielle Ausprägungen. Spricht man über Götter und Religion in der mesoamerikanischen Welt, muss man sich jedoch immer vor Augen halten, dass die dahinter stehenden Vorstellungen sich grundlegend von jenen der Alten Welt unterschieden. Für die präkolumbianischen Völker war jedes Ding und jedes Element im Kosmos beseelt und Ausdruck des Übernatürlichen, die Erde genau wie Sonne, Mond, Sterne und alle Teile der Natur, Tiere, Pflanzen, Wasser und Berge. Mit Beginn der präklassischen Periode formten sich in fast allen mesoamerikanischen Kulturen Riten aus, die sich auf bestimmte natürliche Elemente bezogen. Spuren davon blieben in den künstlerischen Darstellungen erhalten. An oberster Stelle stand der in ganz Mesoamerika verbreitete Jaguarkult, der in dem vorliegenden Band ausführlich in Verbindung mit der olmekischen Stätte Villahermosa behandelt wird. Daneben kam dem Jadekult eine herausragende Bedeutung zu. Der durchscheinend grüne Stein galt zusammen mit dem Wasser als Symbol des Lebens und der Fruchtbarkeit. Interessanterweise wurde die Jade in China mit genau demselben Symbolgehalt verehrt. Ein anderer alter Kult bezog sich auf Berge und Höhlen. An den Eingängen vieler Tempel der Olmeken und Maya prangten große Masken aus Stein oder Stuck mit weitaufgerissenem Rachen und Furcht erregender Miene. Sie sollten an die Berghöhlen erinnern, die nach Auffassung der präkolumbianischen Völker zu den Eingeweiden der Mutter Erde oder ins Jenseits, das Reich der Toten, führten, das im *Popol Vuh Xibalbá* heißt.

Aus der Vielzahl der Götter wollen wir an dieser Stelle nur die wichtigsten herausgreifen, die bei den verschiedenen Hochkulturen Mesoamerikas besondere Verehrung erfuhren. Es ist wichtig, sich zuvor zu vergegenwärtigen, dass die Götterwelt ungeachtet aller durch Zeit und Raum bedingten Varianten aus einem uralten kulturellen Substrat entstanden war, das alle mesoamerikanischen Völker miteinander teilten. Sowohl die Maya als auch die Azteken gingen von der Existenz eines übergeordneten Schöpfergottes aus, der sich in der Gestalt von *Itzamná* und

122 *Die mesoamerikanische Kunst ist reich an Bildern der verschiedensten Götter. Manche wurden – wie die Mondgöttin und der Regengott – von allen Völkern verehrt, andere waren nur in bestimmten Regionen bekannt. Die nebenstehende Terrakottafigur zeigt den Gott Huehueteotl, den die Azteken als Alten Gott bezeichneten, weil Kult und Darstellungen weit zurückreichten.*

123 *Auch diese Skulptur zeigt den Alten Gott Huehueteotl, dem unter anderem die Maya der klassischen Periode huldigten. Wie bei diesem Gefäß aus Veracruz erscheint der Gott in Gestalt eines alten, gebeugten Mannes, der die Hände auf seine gekreuzten Beine stützt. Die halbgeschlossenen Augen deuten beginnende Blindheit an.*

124 oben *Die Maya brachten den Göttern Votivgaben, Blut und Weihrauch dar. Letzterer hatte vor allem reinigende Funktion. Weihrauch wird aus der Wurzel des Kopalbaumes gewonnen. Die Maya verbrannten ihn in speziellen, farbigen Tongefäßen wie diesem Behälter der klassischen Periode aus Tikal.*

124 unten *Der Maisgott gehörte im präkolumbianischen Mesoamerika zu den wichtigsten Göttern. Er erscheint meist als schöner Jüngling mit einem Maiskolben auf dem Kopf. Die abgebildete Graburne zeigt Cinteotl, den Maisgott der Zapoteken.*

Omeotl manifestierte. In beiden Göttern kam auch das dualistische Weltbild der Völker zum Ausdruck, denn sie verkörperten in einer Person das positive wie das negative, das männliche wie das weibliche Element. Wie bei vielen antiken Kulturen fiel der Sonne als Spenderin von Licht und Leben eine besondere Bedeutung zu. Bei den Maya hieß sie *Kinich Ahau,* „Herr der Sonnenaugen“. Ihr Gegenpol, der Jaguargott, stand für die zur Nachtzeit vor den Augen der Menschen verborgene Sonne. Der Sonnengott der Azteken und vermutlich auch der Tolteken trug den Namen *Tonatiuh*. Auf Darstellungen erheben sich über seinem Kopf häufig ein Adler als Symbol der Macht und eine Sonnenscheibe, die Strahlen aussendet. An der Seite der männlichen Sonnengottheit stand die weibliche Mondgöttin. Bei den Maya der klassischen Periode erschien sie in Gestalt einer jungen Frau, dem Symbol des zunehmenden Mondes. In der Regel trifft man sie rittlings auf einer Mondsichel sitzend mit einem Kaninchen im Arm an, da die mesoamerikanischen Völker dieses Tier auf der Oberfläche des Mondes zu erkennen glaubten. Während der nachklassischen Periode verschwand das Bild der jungen Göttin. Nach Auffassung einiger Forscher wurde die Verehrung des Mondes von dem Kult für die alte Göttin *Ixchél* absorbiert, der Schutzherrin der Medizin und weiblichen Fruchtbarkeit. Ihr könnte die aztekische Göttin *Coyalxahuqui* entsprochen haben, doch gibt es hierfür bis heute keine exakten Belege.

Da die Völker Mesoamerikas ihren Reichtum hauptsächlich aus der Landwirtschaft bezogen, war der Gott des Regens und der Fruchtbarkeit des Wassers der am höchsten angesehene

mittel der Völker Mesoamerikas, besaß eine eigene Gottheit. *Yum Xac,* der Maisgott der Maya, ist sehr alten Ursprungs. Er zeigt sich zumeist als gut aussehender junger Mann mit einer Maispflanze auf dem Kopf. In Zentralmexiko existierte bis zur späten nachklassischen Periode keine analoge Gottheit. Erst zu dieser Zeit begann man, verschiedene männliche Gottheiten dem Mais und der Landwirtschaft zuzuordnen, darunter vor allem *Cinteotl,* den wichtigsten dieser Götter.
Außer den bereits genannten Gottheiten, die in der präkolumbianischen Kultur eine exponierte Stellung innehatten, gab es unzählige weitere, die sich aufgrund fehlender oder wider-

125 Mitte *Dieses seltsame Steinobjekt ist ein* tecalli, *ein „Sonnenpfeil". Sahagún berichtet, dass die Priester diese Kultobjekte benutzten, um „in die Seele der Menschen zu blicken", was immer dies bedeutet haben mag.*

125 unten rechts *Die gedrungene, farbige Terrakottafigur mit strengen Zügen stellt den Aztekengott Nappatechutli dar. Sein Name, ein Nahuatl-Wort, bedeutet in etwa „viermal Herr". Seine Gestalt erinnert an die des Regengottes Tlaloc. Die Azteken übernahmen seinen Kult aus dem äußersten Süden von Mexiko, wo er als Patron der Händler verehrt wurde.*

Gott überhaupt. Dürre bedeutete Hunger und Tod; Leben und Wohlstand lagen völlig in den Händen des Regengottes. Überall im mesoamerikanischen Raum finden sich seine Darstellungen, doch tritt er oft unter verschiedenen Bezeichnungen in Erscheinung. Bei den Zapoteken von Oaxaca hieß er *Cocjio,* in Zentralmexiko war er bis zur klassischen Periode unter dem Namen *Tlaloc* bekannt. Die Stadt Teotihuacán war vermutlich eine Kultstätte für den Regengott, der später auch von den Tolteken und Azteken verehrt wurde. Letztere weihten *Tlaloc* eines von zwei Heiligtümern auf dem Gipfel des Templo Mayor von Tenochtitlán. Die Maya huldigten *Chac,* dem Gott des Regens und der Blitze. Typische Darstellungen aus der präklassischen Periode zeigen ihn mit einer langen, rüsselähnlichen Nase. Ab dem 11. Jahrhundert setzte sich nach der Invasion der Tolteken in Chichén Itzá und anderen Zentren der Halbinsel Yucatán der *Cenote*-Kult durch. Es handelte sich dabei um eine Doline, einen Trichter über einer natürlichen Karstquelle, in die man regelmäßig dem Regengott *Chac* geweihte Opfer warf. Wer unversehrt wieder aus den trüben Fluten des *Cenote* auftauchte, konnte von *Chac* Weissagungen und Antworten auf alle Fragen erhalten. Auch der Mais, landwirtschaftliches Hauptprodukt und Grundnahrungs-

125 oben links *Diese steinerne Frauenfigur aztekischer Herkunft stellt eine kniende, reich geschmückte Göttin oder Priesterin dar. Im Gesicht trägt sie Narben ritueller Opferhandlungen, wie sie bei vielen Völkern Mesoamerikas üblich waren.*

126 oben links *Der Kult der Gefiederten Schlange Quetzalcoatl war von allen mesoamerikanischen Ritualen das komplexeste und rätselhafteste. Erste bildliche Darstellungen – hier eine aztekische Skulptur – datieren schon aus vorklassischer Zeit. Verbreitung fand der Kult vor allem unter der Herrschaft der Tolteken.*

126 unten links *Das Flachrelief aus dem Adlertempel von Chichén Itzá zeigt einen Jaguar, der gerade ein Menschenherz verschlingt. Jaguardarstellungen sind fester Bestandteil der mesoamerikanischen Bilderwelt. Die Tolteken verehrten das Tier als Herrscher über Opfer und Tod.*

sprüchlicher Quellen oft kaum identifizieren lassen. Einen hohen Rang nahmen aber in jedem Fall der Gott des Todes und der Gott des Krieges ein, bei den Azteken *Tezcatlipoca* und *Huitzilopochtli* genannt. Eine wichtige Rolle spielte, besonders bei den Maya, auch der Gott der Händler und des Kakaos. Ab dem 11. Jahrhundert eroberten die Tolteken die Halbinsel Yucatán und stülpten den dortigen Mayastädten ihre eigene Kultur über. Sie brachten auch einen fremden Kult mit, über dessen Ursprünge die Forscher noch immer rätseln.

Quetzalcoatl, so die Nahuatl-Bezeichnung für die „Schlange Quetzál" erhielt bei den Maya der Halbinsel Yucatán den gleichbedeutenden Namen *Kukulkán*. Dieser seltsame Gott zeigte sich als Schlange, die von den smaragdgrünen, als heilig angesehenen Federn des Quetzálvogels bedeckt war. Zwar hatten die Tolteken den Kult während der nachklassischen Periode auf ihren Eroberungszügen im nördlichen Mexiko verbreitet, doch gilt es als sicher, dass das Bild des Schlangenvogels bereits auf die olmekische Kultur zurückgeht. Auf Monument 19 von La Venta findet sich in der Tat eine Schlange mit Vogelschnabel und Vogelkamm.

In der Folge tauchten Darstellungen der Gefiederten Schlange auf dekorativen Elementen auch in Veracruz und Copán auf. Die Bewohner von Teotihuacán errichteten im 3. Jahrhundert sogar einen bedeutenden Tempel für *Quetzalcoatl*. In den letzten Jahrhunderten vor Ankunft der Europäer wuchs die Bedeutung des Kultes in ganz Mexiko, das zunächst die Kultur der Tolteken, später die der Azteken hatte übernehmen müssen. In den Kodizes, welche die Azteken und die Maya der nachklassischen Periode verfassten, erscheint *Quetzalcoatl-Kukulkán* als Gestalt aus Fleisch und Blut, als Herr der Winde, der Medizin und der Künste. Nach einer weit verbreiteten Überlieferung wurde der bärtige, hellhäutige Gott von seinem neidischen Bruder

126 rechts *Der Kult des Xipe Totec, den die Tolteken wie andere Riten übernahmen, wurzelt im Kulturraum der Mixteken. Sie huldigten Xipe Totec als Gott der Fruchtbarkeit und der Goldschmiede. Der aztekische Name, „der Geschundene", spiegelt sich in dieser Darstellung wider. Beim* tlacaxipeualitzli, *einer Zeremonie zu seinen Ehren, häutete man ein Opfer und führte mit der Haut einen Tanz auf, der das Aufbrechen der Maiskolben symbolisierte.*

127 oben und unten *Die Kodizes der Azteken, hier Ausschnitte aus dem* Codex Florentinus, *zeichnen ein genaues Bild der wichtigsten Götter und der mit ihnen verbundenen Attribute.*

Tezcatlipoca, dem aztekischen Kriegsgott, entthront. Er floh an den Golf von Mexiko, wo er zu brennen begann, sich gen Himmel erhob und sich in Venus als Morgenstern verwandelte. Einer anderen Tradition zufolge segelte er auf einem Schlangenfloß über das Meer davon, nicht ohne dem Volk seine Rückkehr angekündigt zu haben. Der letzte Aztekenkönig, Moctezuma II., wusste vermutlich um diese Legende und glaubte daher in dem spanischen Eroberer Hernán Cortés den zurückgekehrten Gott zu erkennen.

127 Mitte *Auch dieses Bild von* Quetzalcoatl *stammt aus dem Florentiner Kodex. Bei den Azteken und anderen Völkern der nachklassischen Periode absorbierte die Gefiederte Schlange andere Götter und galt schließlich als Herr der Künste und Wissenschaften, des Windes und somit als oberster Schöpfer.*

Opfer und Selbstverstümmelung

128 oben links *In dieser aztekischen Steinschatulle wurden Votivgaben aufbewahrt. Der Inhalt richtete sich nach der Zugehörigkeit und den Möglichkeiten des Opfernden. Im Deckel erkennt man das „Zentrum des Universums" mit den vier Himmelsrichtungen.*

In der religiösen Vorstellungswelt der präkolumbianischen Kulturen waren Opferriten von hoher Bedeutung. Ziel des Opferns war es, die Götter durch eine Gabe wohlwollend zu stimmen. Dies gelang am besten mit Blut, dem kräftigenden Lebenssaft. Archäologische und historische Quellen belegen, dass die Völker den Göttern bereits in archaischer Zeit Tiere und Menschen darbrachten, um ihnen zu danken oder ihren Zorn zu besänftigen, der sich in Form von Dürre und Trockenheit äußerte. Die Maya bevorzugten Jaguare, da diese die göttliche Kraft verkörperten, opferten aber auch Hunde und Truthähne. Opfer waren Bestandteil einer jeden Zeremonie, ganz gleich, ob es sich um Kalenderfeiern, Krönungen oder die Einweihung wichtiger Bauwerke handelte. Bei den Olmeken und den Maya existierte darüber hinaus noch ein Ritus, der über das einfache Opfer hinausging: Beim „Selbstopfer" vergossen die Beteiligten freiwillig große Mengen ihres eigenen Blutes, indem sie sich Wunden beibrachten. Flachreliefs und Inschriften der klassischen Periode illustrieren dieses Ritual. Die Könige und ihre Frauen oder aber Priester und Schamanen stachen sich mit Obsidianmessern oder Agavenstacheln, bis das Blut reichlich floss. Gleichzeitig nahmen sie Drogen und tanzten, bis sie in einen Trancezustand fielen, der ihnen über halluzinatorische Träume den Weg ins Übernatürliche eröffnen sollte. Selbstopfer wurden auch vollzogen, um die Erde mit dem Lebenssaft zu nähren und dadurch eine gute Maisernte zu gewährleisten. In der nachklassischen Periode gewannen die Opferriten unter dem Einfluss der toltekischen Invasoren weiter an Bedeutung und entwickelten sich zu immer drastischeren Selbstverstümmelungen. In Städten wie Tula und Chichén Itzá errichteten die Einwohner Opferaltäre in Form ausgestreckter Menschen. Auf diesem so genannten *Chac mool* rissen vier Priester den Auserwählten das noch zuckende Herz aus dem Leib. Die Chroniken berichten, dass in der letzten Phase des Aztekenreiches an einem einzigen Tag mehrere tausend Gefangene hingerichtet werden konnten. Der Gestank des Blutes, das die Wände und Treppen des Tempels hinabströmte, war so bestialisch, dass die Edelleute sich die Nasen mit parfümierten Taschentüchern zuhalten mussten. Das Ausmaß der Tötungen schürte den Hass der unterworfenen Völker, sodass der Opferkult letztlich zum inneren Zerfall des Aztekenreiches beitrug.

128 links unten *Dieses Flachrelief mit einer Selbstverstümmelungsszene stammt von Architrav 11 aus Yaxchilán. Der Herrscher und die Königin, Frau Xoc, durchbohren sich die Zunge, um Blut zu verlieren und sich in Trance zu versetzen.*

128 rechts *Die Opfer der mesoamerikanischen Völker sollten den Blutdurst der Götter stillen. Die Azteken verwendeten häufig ein mit dem Xipe-Totec-Kult verbundenes Opfermesser, den* tecpatl.

Diese beiden faustkeilförmigen Exemplare bestehen aus gespaltenen und abgeschlagenen Kieseln und sind mit Muscheln und Obsidian verziert.

129 oben *Die Tolteken führten den* Chac mool, *einen Opferaltar aus Basalt, ein. Der Stein hatte die Form eines mit angewinkelten Beinen auf dem Rücken liegenden Menschen. Auf der Oberseite opferte man Menschen.*

129 unten *Mit Grausen berichtet Diego de Durán von den Menschenopfern der Azteken. Diese Illustration aus der* Historia de los Indios *zeigt einige Priester, die Blut aus dem zerquetschten Brustkorb eines Opfers auffangen.*

Gräber und Tempelarchitektur

Tempel und Grabstätten gehören zu den wichtigsten architektonischen Funden in Mesoamerika. Da Religion und Kult in den präkolumbianischen Kulturen eine bedeutende Rolle spielten, entstanden viele Sakralbauten. Auch die Vertreter der weltlichen Macht wurden als gottgleich angesehen. Die Tempel hießen in der Mayasprache *ch'ul na,* in Nahuatl, der Sprache der Azteken, *teocalli.* Sie bildeten das Herz der Zeremonialzentren. Die ältesten Tempel entstanden in der Mitte der präklassischen Periode bei den Olmeken. Mehrere übereinander geschichtete Plattformen bildeten dort eine stufenförmige Pyramide. Solche Tempel überragten alle großen mesoamerikanischen Zentren, von Monte Albán über Teotihuacán, Palenque und Tikal bis hin zu El Tajín und Chichén Itzá. Einige von ihnen erreichten gewaltige Ausmaße, da sie das Gebirge verkörpern sollten, auf dessen Gipfel die Sterblichen den Göttern nahe kamen. Die Berge selbst, bei den Maya *uitz,* in Zentralmexiko *tepetl* genannt, wurden in uralten Kulthandlungen verehrt, die nicht nur aus Mesoamerika, sondern auch aus dem präinkaischen Peru bekannt sind. Große Masken mit weitaufgerissenen Mäulern bildeten den Eingang verschiedener Tempel der Olmeken und der Maya. Auf diese Weise sollte der Eindruck entstehen, der Gläubige betrete eine Höhle und damit einen seit alters als magisch bekannten Ort. Andere Tempel, wie die spitz zulaufende Pyramide von La Venta, symbolisierten aller Wahrscheinlichkeit nach einen Vulkan.

Die eigentliche Kultstätte befand sich auf dem Gipfel der Pyramide und war über eine steile Treppe erreichbar. Hier vollzogen die Priester und Angehörigen der Oberschicht ihre Opferrituale, während das einfache Volk die Zeremonien vom Fuße der Pyramide aus verfolgte. In einigen Fällen sind die Spuren einstmals bedeutender Tempel verschwunden, weil sie aus verderblichem Material bestanden hatten. Viele Herrscher, darunter der berühmte Pacal von Palenque, wählten den Tempel als Grabstätte, um ihren sterblichen Überresten einen friedvollen Schlaf in heiliger Umgebung zu sichern. In den großen Arealen der Zeremonialzentren und der Städte nahmen die Tempel keineswegs eine isolierte Position ein. Sie fügten sich vielmehr in einen architektonischen Gesamtkomplex ein, der aus Plätzen, Ballstadien und einer Reihe von Prachtbauten bestand. Deren Bauweise und Funktion stand zweifellos im Zusammenhang mit den Aufgaben des Tempels. Auch hatten die Baumeister der Zeremonialzentren die Standorte der einzelnen Gebäude nicht zufällig gewählt, sondern richteten sie stets nach den Himmelsrich-

130 oben links *Die Skizze zeigt ein Stilelement aus Teotihuacán, das* talud- *und* tablero*-System, das in ganz Mesoamerika Verbreitung fand. Es besteht aus einer waagerechten Tafel, dem* tablero, *über einer schrägen Mauer, dem* talud.

130 oben rechts *Zwar stehen von den Tempeln in Tenochtitlán nur die Grundmauern, doch blieben einige Tonmodelle wie das abgebildete erhalten.*

130 unten *Dieses 1927 entdeckte Denkmal aus Basaltstein ist vermutlich ein Miniaturmodell des großen* teocalli. *Er wurde 1507 in Tenochtitlán anlässlich der Zeremonie des Neuen Feuers errichtet und sollte die Hegemonie der Azteken über das Tal von Mexiko demonstrieren.*

130-131 *Die Kodizes der Azteken und Mixteken enthalten Illustrationen von Sakralbauten. Diese Seite aus einem kolonialzeitlichen Kodex der Mixteken von Oaxaca zeigt einige stilisierte Tempel.*

131 unten *Das Prinzip des Bogens war in Mesoamerika unbekannt. Die Maya kannten allerdings die Technik des falschen Gewölbes. Wie die Skizze zeigt, besteht es aus zwei spitz zulaufenden Mauern und wird oben durch quer liegende Steine geschlossen.*

tungen aus. Einige Pyramiden, zum Beispiel die Nischenpyramide in El Tajín, dienten nicht religiösen Zwecken, sondern waren der Zeit- und Kalenderrechnung vorbehalten. Wieder andere folgten präzisen, mit dem Weltentstehungsmythos verknüpften Vorgaben. So ziehen sich der Tempel I von Tikal und der Tempel der Inschriften in Palenque über neun Ebenen empor, die den neun Bereichen des Jenseits entsprachen. In einigen besonders wichtigen Zeremonialzentren stießen die Archäologen auf eigentümliche Gebäude, die vermutlich als Observatorien genutzt wurden.

132-133 *Die mesoamerikanischen Tempel bildeten Gebirge nach. Sie galten als heilig, weil sich beim Besteigen die Distanz zwischen Menschen und Göttern verringerte. Die ältesten stammen aus olmekischer Zeit. Im Laufe der Zeit formte sich die Tempelarchitektur immer weiter aus. Die Zeichnung illustriert die typischen Bauformen der klassischen Periode. Die Akropolis bestand aus einer Reihe übereinandergesetzter Plattformen, durchbrochen von Freitreppen. Auf dem Gipfel befanden sich meist rechteckige Höfe oder Plätze, Wohngebäude und die eigentlichen, pyramidenförmigen Tempel. Die höchste Stelle nahm das Heiligtum ein, hinter dem sich häufig ein Dachkamm erhob. Alle Gebäude waren leuchtend bunt bemalt oder mit farbigem Stuck verziert.*

Zu den bekanntesten gehören der Tempel J in Monte Albán, das „Caracol" in Chichén Itzá, der „Turm" des Palastes von Palenque und das „Haus des Gouverneurs" in Uxmál.
Wie bereits erwähnt, spielten Sternbeobachtung und -deutung innerhalb der mesoamerikanischen Kulturen eine wichtige Rolle und waren stets auf das Engste mit Religion und Mythos verbunden.
In diesem Sinne galten auch die Observatorien als Sakralbauten und so finden sich in einigen Kodizes Bilder und Texte zu heute verschwundenen Observatorien der Azteken und Mixteken. In der Aztekenhauptstadt Tenochtitlán lagen neben den Tempeln zumeist die Wohnhäuser des Klerus sowie Schulgebäude für die Erziehung zum Priester. Im Unterschied zu den öffentlichen Schulen fanden hier nur Angehörige der Oberschicht Aufnahme. Priester und Priesterinnen unterwarfen die Knaben und Mädchen einer jahrelangen rigiden Erziehung, danach konnten sie auf eigenen Wunsch auf die Ehe verzichten und in die Priesterkaste eintreten.
Im Kontext der präkolumbianischen Sakralarchitektur darf der Ballspielplatz nicht fehlen, auf dem das rituelle Ballspiel, von den Spaniern *pelota* genannt, stattfand.
Abschließend gilt es noch zu erwähnen, dass nach heutigem Forschungsstand kein einziges mesoamerikanisches Volk Rundbögen verwendete und alle heute noch vorhandenen Gewölbe mit der Technik des falschen Gewölbes erbaut wurden.

Das Ballspiel

134 links *Alle mesoamerikanischen Kulturen stellten das Ballspiel dar. Diese Terrakottafigur aus der westmexikanischen Colima-Kultur zeigt einen Ballspieler mit Helm und Schutzgürtel.*

Das Ballspiel war die älteste rituelle Sportart Mesoamerikas. Noch heute wird sie von einigen Stämmen im Nordwesten Mexikos betrieben. Ursprünglich stammte das Spiel wohl von der Golfküste. Um das 1. Jahrtausend v. Chr. entdeckten die Olmeken erstmals die Elastizität und Springfähigkeit von Kugeln, die sie aus dem Milchsaft des Kautschukbaumes herstellten. Der älteste Ballplatz befindet sich in La Venta, doch existierten zahlreiche weitere in allen wichtigen Zeremonialzentren Mesoamerikas, was auf die hohe religiöse Bedeutung des Spiels hinweist. In der Regel bestand der Ballplatz aus einem von Mauern umgebenen Spielfeld in Form eines großen „I", das in zwei genau abgegrenzte, parallele Zonen unterteilt war. An den Längsseiten lagen die Ränge der Zuschauer, die Wetten auf den Ausgang des Spiels abschlossen. In der Mitte beider Querseiten waren mit einigem Abstand zum Boden große steinerne Ringe *(mete)* angebracht. Zwei Mannschaften aus je zwei bis drei Spielern bestritten die Partie. Sie alle waren Männer von edler Herkunft; lediglich in Yaxchilán stießen Archäologen auf ein Bild, das Frauen beim Ballspiel zeigen

könnte. Ziel des Spiels war es, einen schweren Kautschukball im gegnerischen Feld aufkommen zu lassen, ohne dass er den Boden des eigenen Feldes berührte. Die Spieler durften den Ball nicht mit Händen oder Füßen berühren, sondern nur den Kopf, die Hüften oder die Knie einsetzen. Gefütterte Hirschledergurte schützten diese Körperpartien vor dem Aufprall des bis zu sieben Kilo schweren Balls. Die Spielregeln variierten von einer Kultur zu anderen, doch erzielte eine Mannschaft in der Regel besonders viele Punkte, wenn sie den Ball genau in der Mitte des gegnerischen Feldes platzieren konnte. Von Bedeutung ist der Sport in erster Linie, weil er sich in einem bestimmten religiösen Kontext situierte. Die Bewegungen des Balles wurde

134 rechts *Diese elegante Maya-Figur stammt aus Guatemala und zeigt einen athletischen Mann mit Schutzgürtel in majestätischer Haltung, der sich anschickt, einen Ball zu werfen.*

135 unten *Diese Abbildung aus dem* Codex Borbonicus *zeigt einen Ballspielplatz mit den beiden Zielringen in der Mitte. Am Feldrand stehen die Spieler.*

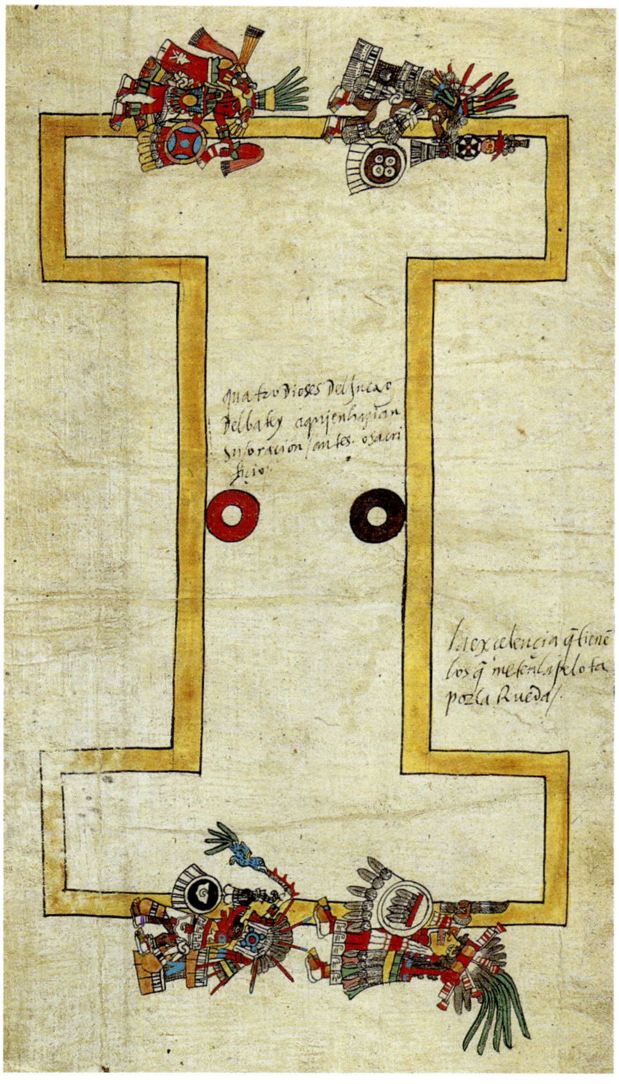

135 oben links *Dieses eigentümlich geformte Steinobjekt stammt aus Teotihuacán. Es diente auf dem Ballplatz als Spielfeldmarkierung.*

135 oben rechts *Der abgebildete Fund wird „Stein von Chinkultic" genannt. In der Mitte des kreisförmigen Gedenksteins der Maya ist ein Ballspieler dargestellt. Die Inschrift, die sich um das Flachrelief zieht, verweist auf das Jahr 590.*

mit denen der Sonne verglichen. Die Spieler stützten somit symbolisch die Sonnenscheibe auf ihrem Lauf und durften den Ball daher niemals fallen lassen. Das Spiel konnte sich über mehrere Tage hinziehen. Die Verlierer wurden meistens enthauptet, hatten sie doch gezeigt, dass sie nicht in der Lage waren, der Sonne den nötigen Halt zu bieten. Bei den Maya stand das Ballspiel in engem Zusammenhang mit den Menschenopfern. Während der klassischen Periode ersetzten zuweilen Kriegsgefangene oder Sklaven die eigentlichen Spieler. Am Ende der Partie wurden sie gefesselt und zusammengeschnürt, ehe man sie als lebende Bälle die Treppen hinunterwarf. Nicht weniger makaber waren die Sitten bei den Maya der nachklassischen Periode. Die Sieger des Ballspiels köpften eigenhändig die Verlierer und steckten deren Schädel auf speziell dafür angefertigte Gestelle, die *tzompantli.* Archäologen fanden in Mesoamerika unzählige Ballplätze, die sich in Struktur und Größe stark voneinander unterscheiden. Außerdem stießen sie auf steinerne Kopien von Ballspielattributen wie Joche, Äxte und Schlägel. Insbesondere in der Gegend von Veracruz war das Ballspiel über Jahrhunderte von fundamentaler Bedeutung. Die Zahl der Stadien lässt darauf schließen, dass zu den dortigen Wettkämpfen Menschen aus sämtlichen Nachbargebieten strömten.

Archäologischer Rundgang durch Mittelamerika

***136-137** Dieser* Chac mool *steht am oberen Ende der Treppe, die zum Kriegertempel von Chichén Itzá hinaufführt. Der Opferaltar ist das typische Merkmal der maya-toltekischen Kultur, die während der nachklassischen Periode auf der Halbinsel Yucatán blühte.*

Auf den Spuren versunkener Kulturen

Über Jahrtausende folgten in Mesoamerika zahlreiche Hochkulturen aufeinander, die erst mit dem Eintreffen der Spanier endgültig verloschen. Zahlreiche Überreste zeugen noch heute von der einstigen Pracht und der Kunstfertigkeit dieser versunkenen Kulturen und versetzen Besucher immer wieder in Staunen. Um wie viel überraschter müssen die Reisenden und die Forscher gewesen sein, als sie im 18. und 19. Jahrhundert inmitten des tropischen Urwaldes unter

einem Teppich üppiger Vegetation auf die längst verlassenen Ruinen eigentümlicher und zugleich majestätischer Bauten der Maya stießen! Bekannt sind vor allem die Expeditionen des nordamerikanischen Anwalts John Stephens und des Malers Frederick Catherwood, die zwischen 1836 und 1850 mehrere Reisen in das Gebiet der Maya unternahmen. Dabei entdeckten sie zahlreiche Stätten und hielten ihre Eindrücke in Zeichnungen und Aquarellen fest. Bis zu jenem Zeitpunkt hatten Besucher aus dem Abendland in Mittel- und Südamerika vor allem die Überbleibsel einer einstmals glanzvollen spanischen Kultur gesucht. Nun sahen sie das Land mit neuen Augen und entdeckten, dass hier Jahrhunderte vor Ankunft der Europäer bereits rätselhafte Hochkulturen geblüht hatten. Dank oft jahrzehntelanger mühseliger Grabungen wissen wir heute, dass Naturkatastrophen wie Überschwemmungen und Vulkanausbrüche viele antike Kultstätten und Städte zerstörten. Andere wurden nach kriegerischen Invasionen, Hungersnöten oder aus verschiedenen anderen Gründen aufgegeben und nur einige wenige waren bis zur Ankunft der Europäer besiedelt. Zu ihnen gehörte Tenochtitlán, die märchenhafte Hauptstadt der Azteken, die der hemmungslosen Zerstörungswut des Spa-

138 *Das Zeremonialzentrum von Teotihuacán entwickelte sich während der vorklassischen Periode und wandelte sich im Laufe einiger Jahrhunderte zu einer echten Metropole. Die hier abgebildete Sonnenpyramide ist der größte Tempel Mexikos nach dem von Cholula. Sie wurde vermutlich über einem älteren, dem Quellenkult geweihten Heiligtum errichtet.*

138-139 *Das Castillo von Chichén Itzá ist eine massive Pyramide mit quadratischem Grundriss. Eine Treppe auf jeder Seite gewährte Zugang zum Heiligtum auf der Spitze. Der heutige Tempel wurde über einem älteren, kleineren aus dem 10. oder 11. Jahrhundert errichtet. Die Ursprungspyramide blieb unter dem jüngeren Bauwerk erhalten.*

139 unten links
Das Gebäude J in Monte Albán, das die Zapoteken in der vorklassischen Periode erbauten, diente als Observatorium und war nach einem Stern, der Capella, ausgerichtet.

139 unten rechts
Auf den Pfeilern und Atlanten des Tempels von Tula sind noch Farbspuren sichtbar. Diese Statuen stützten das Tempeldach auf der Pyramidenspitze.

140 *Der Tempel von Tikal ist 45 Meter hoch. Eine steile Treppe führt zum Heiligtum auf dem Gipfel. Darüber erhebt sich ein imposanter Dachkamm, der sich bei vielen Sakralbauten der Maya findet.*

140-141 *Die Gesamtansicht des Zeremonialzentrums der Maya in Palenque zeigt links die Pyramide der Inschriften, unter der das Grab von König Pacal versteckt war. In der Mitte liegen die Überreste des Palastes, eines großen Gebäudekomplexes, der vielleicht Priestern als Wohnstatt diente. Der vierstöckige Turm diente als Observatorium.*

niers Hernán Cortés zum Opfer fiel.
In den vorangegangenen Kapiteln haben wir einen Blick auf die wichtigsten Aspekte der mesoamerikanischen Kulturen, ihre historische Entwicklung und typischen Merkmale geworfen
Auf den folgenden Seiten wollen wir einen archäologischen Streifzug durch die steinernen Hinterlassenschaften dieser Kulturen unternehmen und dabei Tempel, Paläste so-

wie weitere Stellvertreter der religiösen und weltlichen Macht besuchen, die im Laufe der Jahrhunderte entstanden und wieder zerfielen. Unser Rundgang beginnt im tropischen Gebiet von Veracruz-Tabasco. Dort, an der Küste des Golfs von Mexiko, errichteten die Olmeken im 2. Jahrtausend v. Chr. inmitten kleiner Dörfer die ersten großen Steinpyramiden. In der Folge entstanden die ältesten Zeremonialzentren Mesoamerikas, darunter vor allem La Venta, das heute im archäologischen Park von Villahermosa Besuchern offen steht.
Viele Aspekte der olmekischen Kultur liegen noch immer im Dunkeln. Die Spuren, die das Volk hinterließ, deuten aber darauf hin, dass die Kultur nicht zu einem bestimmten Zeitpunkt erlosch, sondern vielmehr in allen nachfolgenden weiterlebte.
Im Park von Villahermosa steht eine Reihe von tonnenschweren Kolossalköpfen aus Basaltstein. Trotz ihrer für die Region völlig untypischen Gesichtszüge gehören sie zu den Wahrzeichen des antiken Mexiko.
Der Weg führt weiter zu den Hauptzentren des Gebietes von Oaxaca. In erster Linie sind hier Monte Albán, der Sitz der Zapoteken, und Mitla zu nennen, das während der nachklassischen Periode von den Mixteken beherrscht wurde. In El Tajín, im Gebiet von Veracruz, siedelten dagegen vermutlich zunächst die Totonaken, später die Huaxteken. An keiner anderen Stätte Mesoamerikas fand man so viele Ballplätze wie hier, wo die Verbindungen zwischen Objekt und Ritus besonders greifbar werden.
Einen breiten Raum nimmt die Betrachtung von Teotihuacán ein. Die „Stadt der Götter" war mit ihren imposanten Pyramiden und weiten Straßen das bedeutendste Zentrum der klassischen Periode und diente vermutlich den Anhängern des Gottes Tlaloc als Kult- und Wallfahrtszentrum. Im Laufe der Zeit dehnte Teotihuacán seinen politischen und kulturellen Einfluss auf die anderen mesoamerikanischen Kulturen aus. Dennoch ist bis heute ungeklärt, wer die Stadt ursprünglich erbaut hatte. Vermutlich übernahmen die Bewohner von Xochicalco und Tula das kulturelle Erbe von Teotihuacán, nachdem die Stadt aufgegeben worden war. Ab dem 10. Jahrhundert bauten die Tolteken in Tula den antiken Kult der Gefiederten Schlange aus und ersetzten ihren Stammesgott Ce Acatl Topilzin durch Ce Acatl Quetzalcoatl. Während Überlieferungen die Hauptstadt der Tolteken als märchenhafte Metropole beschreiben, lassen die archäologischen Funde vermuten, dass es sich um einen Ort von eher bescheidenen Ausmaßen handelte. Die Atlanten, die *Chac mool* und die *tzompantli* sind typische Architekturmerkmale der nachklassischen Periode. Offenkundig herrschte hier eine Kriegerelite im Rahmen eines durch religiöse Riten fest gefügten Systems über das Volk. Identische Elemente finden sich im eindrucksvollen Zentrum von Chichén Itzá. Wie an keinem anderen Ort manifestiert sich hier die Verbindung der Mayakultur mit den neuen Einflüssen der Tolteken mexikanischer Herkunft. Etwa zeitgleich mit dem Fall von Chichén Itzá stieg um das 12. Jahrhundert das Reich der Azteken als letzte große Macht im präkolumbianischen Mexiko empor.
Unser Weg führt demnach auf den Spuren von Tenochtitlán und Tlatelolco an die Ufer des Texcocosees.

141 unten links
Zwei massive Säulenschäfte mit parallelflacher Deckplatte beherrschen den Haupteingang des Palastes von Chacmultún, einer Mayastadt auf Yucatán. Das Gebäude ist ein Beispiel für den Puuc-Stil.

141 unten rechts
Die Maske des Gottes Chac mit Rüsselnase überragt den Eingang des Palastes von Xlapac auf Yucatán.

142 oben links *Der große Palast der Masken in Kabah erhielt seinen Namen wegen des Fassadenschmucks, der aus Hunderten von Figuren des Gottes Chac besteht.*

142 oben rechts *Das berühmteste Gebäude von Chicanna, einer Stätte im Puuc-Stil auf Yucatán, ist der so genannte Komplex 2, dessen Haupteingang das weit aufgerissene Maul eines Ungeheuers aus der Unterwelt bildet.*

142-143 *Die Architektur von Edzná vereint verschiedene Stilrichtungen, die ihr ein besonderes Aussehen verleihen. Das bekannteste Gebäude, der Fünfstöckige Tempel, weist eine komplexe und für den Kulturraum der Maya ungewöhnliche Struktur auf.*

143 *Stele H in Copán ist eines von zahlreichen Denkmälern, welche die Mayastädte im heutigen Honduras auszeichnen. Die Herrscher werden immer in Frontalansicht und feierlicher Haltung dargestellt. Unzählige mythologische Symbole machen die Statue zu einem fast barocken Kunstwerk.*

144-145 *Die Abbildung zeigt einen Ausschnitt des Nonnenvierecks in Uxmál. Die große Maske stellt den Gott Chac mit weit geöffnetem Mund und Rüsselnase dar.*

Einige wenige Ruinen zeugen heute noch vom Prunk der 1345 gegründeten Hauptstadt Moctezumas II. Die große und zum Teil noch unbekannte Welt der Maya erfordert einen eigenen Exkurs: Viele Stätten, die der unaufhaltsam vordringenden tropischen Vegetation entrissen werden konnten, vermitteln noch heute einen Eindruck vom Reichtum und der Pracht der klassischen Mayastädte. Es gilt als gesichert, dass die Maya, im Unterschied zu den Azteken, niemals ein Imperium im eigentlichen Wortsinn begründeten. Ihre Macht beruhte vielmehr auf dem Verbund verschiedener Stadtstaaten, die zwar eine Reihe von Gemeinsamkeiten teilten, zugleich aber eine eigene Architektur und besondere Merkmale aufwiesen. Der Rundgang durch die antiken Zentren der Mayakultur beginnt in Palenque. Unter der Herrschaft von Pacal und seinem Sohn, Chan Balúm, entwickelte sich die Stadt zu einer der prächtigsten Metropolen im Kulturraum der Maya. Weiter verläuft unser Weg durch das Gebiet von Chiapas zur mexikanisch-guatemaltekischen Grenze bis nach Bonampak. Die dortigen Überreste bergen einen Zyklus bemerkenswerter farbiger Wandmalereien. Drei berühmte Städte in der fruchtbaren Region von Petén, Yaxchilán, Uaxactún und Tikal, schließen sich an. Nach Teotihuacán ist Tikal die größte Metropole der präkolumbianischen Welt Mesoamerikas. Mit Copán erreichen wir die südlichste der Mayastädte. Ihre Überreste liegen bereits in Honduras und beeindrucken noch immer durch die imposanten Gebäude. Zwischen dem 9. und dem 11. Jahrhundert verlagerte sich das Zentrum der Mayakultur während der klassischen Periode auf die Halbinsel Yucatán. Unter dem Einfluss der Putún und der Chontál blühten hier Städte wie Uxmál, Kabah oder Labná. Die aus Mexiko stammenden Völker führten unter anderem den eleganten Puuc-Stil ein, der sich durch die Verwendung neuer Techniken und durch erlesene dekorative Elemente auszeichnete. Nach dem Fall der Maya-Toltekenstädte Chichén Itzá und Mayapán entwickelten sich im Gebiet von Yucatán einige befestigte Zentren, darunter Tulum an der Atlantikküste. Die Stadt gehörte zu den Mayahochburgen der nachklassischen Periode. „Schöner als Sevilla" schien dem Kapitän der spanischen Eroberer, Juan de Grijalva, die Stadt, als er mit seinen Soldaten an der Küste von Yucatán landete. Gleichwohl blieb ihr das Schicksal nicht erspart, das die übrigen Mayastädte bereits ereilt hatte.

146-147 *In herrlicher Lage direkt an der Karibischen See präsentiert sich die Mayastadt Tulum mit ihrer charakteristischen Festungsanlage, die sich durch einen Mauerring und die herbe Architektur auszeichnet.*

VILLAHERMOSA, PARK DER OLMEKISCHEN KOLOSSE

148 rechts *Dieser Kolossalkopf unterscheidet sich von den anderen durch sein nur angedeutetes Gesicht mit zahlreichen Opfernarben.*

149 *Die olmekischen Kolossalköpfe von La Venta wiegen mehrere Tonnen und geben noch immer manche Rätsel auf. Der Vulkanstein, aus dem sie gefertigt sind, stammt vermutlich aus dem Gebiet von Tuxtla.*

148 oben links *In Villahermosa stehen große Kulturdenkmäler der Olmeken. Das Bild zeigt einen Altar mit einer Gestalt, die ein Kind in den Armen hält.*

148 unten links *Die bemerkenswertesten Schöpfungen der Olmeken sind Kolossalköpfe aus Vulkangestein wie der hier abgebildete. Sie stellen vielleicht Krieger, Könige oder enthauptete Gefangene dar.*

Während der präklassischen Periode entstanden im tropischen Tiefland entlang der Golfküste mit San Lorenzo, La Venta und Laguna de Los Cerros drei Zentren, die sich der olmekischen Kultur zuordnen lassen. Ab 900 v. Chr. begann nach der plötzlichen und geheimnisvollen Zerstörung von San Lorenzo die kulturelle Blütezeit von La Venta.

Das Zentrum erhob sich auf einer Insel inmitten eines Sumpfes an der östlichen Grenze des olmekischen Kulturraums. An den Ufern unweit der Insel lagen vermutlich Dörfer, in denen Bauern, Handwerker und Fischer lebten. Der Ort erstreckte sich über eine Fläche von fünf Quadratkilometern und war zwischen 900 und 400 v. Chr. wahrscheinlich ein bedeutendes politisches und religiöses Zentrum. Die Gebäude der Stadt reihten sich entlang der Nord-Süd-Achse aneinander und wiesen gegenüber San Lorenzo bereits verschiedene stilistische und architektonische Neuerungen auf. Hierzu gehörten zum Beispiel elegante Mosaikböden aus Serpentin, die Jaguarköpfe darstellten.

Am meisten beeindruckt ein 34 Meter hohes, spitz zulaufendes Gebäude aus gebrannter Erde im äußersten Süden der Stadt. Seine untypische Form und eine Reihe regelmäßiger Vertiefungen und Vorsprünge lassen an einen Vulkan denken. Möglicherweise handelt es sich um die symbolische Darstellung eines der zahlreichen Vulkane aus dem Gebiet von Tuxtla, dem Stammland der Olmeken.

Der Museumspark von Villahermosa im heutigen Staate Tabasco beherbergt einige Dutzend charakteristische Steindenkmäler der Olmeken, darunter behauene Stelen, so genannte Altäre und die berühmten Kolossalköpfe mit seltsam anmutenden negroiden Gesichtszügen, bei denen es sich vielleicht um Herrscher oder aber um geköpfte Gefangene handelte. Der Vulkanstein, aus dem die Olmeken ihre Gebilde schufen, stammte wohl aus dem weit entfernten Gebiet von Tuxtla und gelangte über

den Flussweg nach La Venta. Die olmekische Kultur und ihre typischen Merkmale waren auf das Engste mit dem Jaguarkult verbunden, der sich von hier aus auf die späteren Kulturen Mesoamerikas vererbte. Die olmekische Architektur lässt sich ohne eine eingehende Berücksichtigung dieses für das gesamte präkolumbianische Amerika grundlegenden Zusammenhangs kaum verstehen. Die künstlerischen Ausdrucksformen der ältesten bis heute für Mesoamerika und Südamerika bezeugten Kulturen zeichnen sich durch eine Bilderwelt aus, über deren Ursprung und Bedeutung die Wissenschaftler heute noch rätseln.

Immer wieder stellten die Olmeken, aber auch die frühen Hochkulturen Südamerikas, vor allem in Peru, ein tierähnliches Wesen dar, dessen Züge einer Raubkatze ähneln. Die damit verbundenen Riten bezeichneten die Forscher in Mesoamerika als „Jaguarkult". Die feuchtheißen Tropenwälder von Mexiko, Guatemala, Belize und im Amazonasgebiet boten dem Jaguar *(Panthera onca)* von jeher einen

150 oben links *Die Steinaltäre von La Venta tragen Flachreliefs oder sind als Rundplastik gestaltet und stellen meistens Menschen oder Jaguare dar. In diesem Fall wirkt die kauernde Figur wie ein Zwitterwesen.*

150 oben rechts *Diese große olmekische Figur aus Vulkangestein ist eine Person in majestätischer Haltung mit Kopfschmuck, gekreuzten Beinen und auf die Knie gestützten Armen, die vermutlich meditiert.*

idealen Lebensraum, während er in der Andenregion und in Feuerland unbekannt ist. Hier lebt dagegen der Puma *(Felis concolor)*, der sich im Laufe der Zeit dem kalten und rauen Klima anzupassen vermochte. Sein Name leitet sich von einem Quechua-Wort ab, der Sprache der peruanischen Inka. Die ältesten Jaguardarstellungen stammen aus der olmekischen Kultur, die heute als Mutterkultur aller mesoamerikanischen Hochkulturen gilt. Die archäologischen Überreste belegen, dass die Olmeken eine Mischung aus Mensch und Raubkatze mit jaguarähnlichen Zügen als Gottheit verehrten. Ihr Bild findet sich – häufig in Verbindung mit anderen „Tiergöttern", die an Vögel, Kaimane oder Schlangen erinnern – auf Flachreliefs am Fuße von Steinbauten.

Der Jaguarkult geht zweifellos auf ein noch älteres kulturelles Substrat zurück, aus dem die Olmeken schöpften und das sie ihrerseits an die späteren mesoamerikanischen Hochkulturen weitergaben. Diese übernahmen den Kult, fügten ihm jedoch noch eigene Elemente hinzu. Der Jaguargott hatte im Pantheon der Maya, aber auch in der Region von Veracruz, in Teotihuacán, Monte Albán und bei Völkern der Randgebiete eine bedeutende Position inne. In der nachklassischen Periode machten sich Tolteken und Azteken den Kult zu Eigen.

Fragt man nach den Hintergründen für die Bedeutung und Verbreitung des Jaguarkultes, so führt die Antwort zurück zum Schamanentum und dem Nahualismo der ältesten Völker. *Nahual* ist ein der Aztekensprache entnommenes Wort und bedeutet „Verwandlung". Diesem Begriff entspricht in der Mayasprache das Wort *uay*, „befreundetes Tier". Nach Auffassung der Olmeken, Zapoteken und Maya glichen hochrangige Persönlichkeiten und Schamanen selbst Göttern und besaßen ein zweites Ich in der Tierwelt. Wenn sie dessen Gestalt annahmen, konnten sie mit dem Jenseits in Kontakt treten.

Der Schamane, der noch heute im mesoamerikanischen Raum existiert, war ein Priesterzauberer. Er begnügte sich nicht mit einfachen Opfern oder Gebeten, sondern versetzte sich in einen Rauschzustand, um mit den Göttern zu kommunizieren. Frenetische Tänze, Blutverlust oder Drogen ließen ihn in Trance fallen und in seine Zweitidentität schlüpfen. Nun konnte er mit einem bestimmten Gott sprechen oder Visionen empfangen. Die Olmeken und die Maya hielten den Jaguar für das geeignetste *uay* überhaupt, wie zahlreiche Darstellungen von verwandelten Königen oder Schamanen belegen. Darüber hinaus wurde der Jaguar selbst als Gott angesehen, und zwar als nächtliche Verkörperung des Sonnengottes. Er wachte über das Innere der Erde und die Höhlen, die als Eingang zum unterirdischen Jenseits galten.

150-151 *Dieser riesige Steinaltar aus La Venta besitzt eine Art Nische, in der eine Gestalt mit gekreuzten Beinen, vielleicht ein Schamane oder ein König, sitzt. In den oberen Teil des Altars wurde der Rachen eines Jaguars geritzt.*

151 *Im Zeremonialzentrum von La Venta, das auf die vorklassische Periode zurückgeht, fand man Schlangenmosaiken wie das abgebildete, das eine stilisierte Jaguarschnauze darstellt.*

Monte Albán, die Stadt der rätselhaften Schriftzeichen

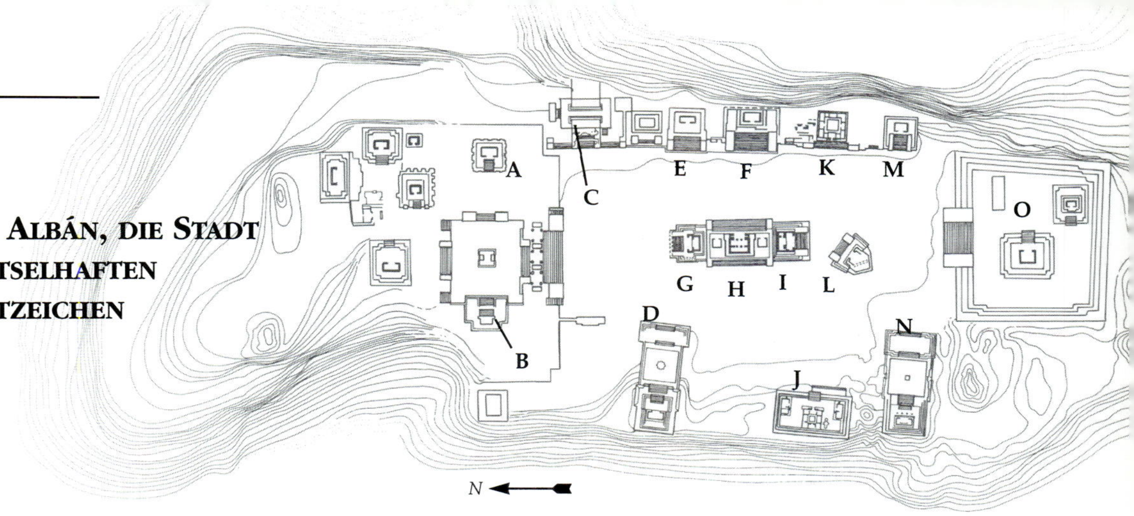

Das bedeutendste Zentrum von Oaxaca trägt heute den Namen Monte Albán. Die Blütezeit der Stadt begann sehr früh: Die ältesten, bei Ausgrabungen gefundenen Schichten gehen bereits auf das 7. Jahrhundert v. Chr. zurück. Höchstwahrscheinlich gründeten die Zapoteken den Ort zu einem Zeitpunkt, da sie noch stark unter dem Einfluss der olmekischen Kultur standen. Nach heutigem Kenntnisstand gilt es als gesichert, dass die Zapoteken von Oaxaca schon um die Mitte der präklassischen Periode Schriftzeichen und Kalenderrechnung beherrschten und sie unter anderen Völkern weiter verbreiteten.
In Monte Albán stießen die Forscher auf Spuren des 260 Tage umfassen-

A Nordplattform
B Gebäude B
C Ballspielplatz
D Komplex IV
E Gebäude U
F Gebäude P
G Gebäude G
H Gebäude H
I Gebäude I
J Danzantes-Komplex
K Gebäude S oder Palast
L Gebäude J oder Observatorium
M Gebäude Q
N Komplex M
O Südplattform

152 oben links *Das* talud- *und* tablero-*Prinzip an dieser Stufenpyramide, Gebäude M genannt, verweist auf den Einfluss von Teotihuacán.*

152 oben rechts *Diese Aufnahme von Monte Albán zeigt den 600 Meter langen und 250 Meter breiten Großen Platz mit dem Danzantes-Komplex und Gebäude M.*

152-153 *Das Zentrum Monte Albán in der Region Oaxaca war von der vorklassischen bis zum Ende der klassischen Periode über Jahrhunderte die Hauptstadt der Zapoteken. Dieses Bild des Großen Platzes wurde vom Gipfel der Plattform N aus aufgenommen.*

153 oben *Die nördliche Plattform, von der hier ein Detail einer der Gebäude zu sehen ist, ist das wohl beeindruckendste Areal in Monte Albán. Der Komplex grenzt nördlich an den Großen Platz und trennt das Tempel Areal von der dem Wohngebiet der Stadt.*

153 unten *Der Jaguarkult und die mit ihm verbundene Bilderwelt spielten auch in Monte Albán eine Rolle, wie diese Terrakottafigur belegt. Der kauernde Jaguar trägt um den Hals eine Art Schal oder Band.*

den Ritualkalenders. Sie fanden Symbole aus dem 6. Jahrhundert v. Chr. sowie eine Inschrift auf Stein, deren Inhalt noch nicht entschlüsselt wurde. Obgleich nur sehr wenige Beweise dafür vorliegen, vertreten Wissenschaftler die These, dass die Zapoteken ihr Wissen selbst aus noch älteren Quellen, zum Beispiel der Kultur der Olmeken, geschöpft haben könnten.
Auch die astronomischen Beobachtungen waren auf das Engste mit der Zeitrechnung verbunden. Um 200 v. Chr. errichteten die Zapoteken mitten auf dem Großen Platz von Monte Albán ein eindrucksvolles Gebäude, das die Archäologen „Tempel J" nannten. Sein Grundriss ähnelt einer Pfeilspitze und ist genau so ausgerichtet, dass die Zapoteken den Lauf der Capella von ihrem Erscheinungspunkt bis zu ihrem Verschwinden beobachten konnten.
Das Zeremonialzentrum von Monte Albán liegt auf dem Gipfel einer Hügelkette, die das Tal von Oaxaca um 500 Meter überragt. Die archäologischen Schichten, die der von Wissenschaftlern als Monte Albán I bezeichneten Epoche entsprechen, datieren auf den Zeitraum zwischen 600 und 200 v. Chr. In dieser Phase gab es offenbar bereits erste Steinbauten und somit eine Art urbaner Struktur. Von hier aus entwickelte sich die eigentliche Stadt innerhalb weniger Jahrhunderte zum wichtigsten religiösen und politischen Zentrum der Region von Oaxaca.
Zwischen 100 v. Chr. und 250 n. Chr. (Monte Albán II) wandelte sich der ursprüngliche Kern von Monte Albán zu einem komplexen urbanen Zentrum mit Wohnvierteln, die sich in kleinen Gruppen über die künstlich angelegten Terrassen der Berghänge erstreckten. Das Herz der Stadt bildete ein großer rechteckiger Platz. Rings um ihn entstanden im Laufe der Zeit zahlreiche repräsentative Bauwerke sowie große Tempelplattformen, zu denen man über breite Rampen emporstieg. Wie in jedem anderen bedeutenden Zentrum Mesoamerikas existierte auch in Monte Albán ein Ballspielplatz. Er entsprach der klassischen I-förmigen Anlage und zeichnete sich durch eine Reihe von Nischen aus, in denen vermutlich Götterstatuen standen. Während der als Monte Albán II bezeichneten Epoche erbauten die Zapoteken das bereits erwähnte Observatorium „J". Rätsel gibt im Zusammenhang mit der zapotekischen Kultur noch immer der „Danzantes-Komplex" auf. Die zwischen 400 und 200 v. Chr. angelegte Plattform erhebt sich an der Westseite des Platzes zwischen zwei architektonisch ähnlichen Gebäuden. Steinplatten verschiedenster Größe und Form bedecken die äußere Basis der Plattform und die Treppenstufen. Rund 140 in Stein gehauene Männer, die sich in verschiedenen Positionen

154-155 *Das Zeremonialzentrum von Monte Albán wurde in mehreren Abschnitten errichtet. Die erste Phase geht auf das 7. Jahrhundert v. Chr. zurück, als die Stadt noch unter dem Einfluss der Olmeken stand. Bis zum Ende der klassischen Periode blieb Monte Albán der Hauptsitz der Zapoteken.*

154 unten links *Dieser eigentümliche, pfeilförmige Komplex in Monte Albán heißt Gebäude J. Höchstwahrscheinlich diente er als Observatorium. Die Maya und andere mesoamerikanische Völker übernahmen von den Zapoteken wichtige wissenschaftliche Erkenntnisse.*

154 unten rechts *Von Gebäude J in Monte Albán aus konnte man die Bewegungen der Capella beobachten, eines großen Sterns im Bild des Auriga. Viele mesoamerikanische Gebäude wie der Caracol in Chichén Itzá und der Turm von Palenque hatten eine ähnliche Funktion.*

155 *An diesem Ausschnitt von Gebäude J befinden sich einige in die Wand geritzte Hieroglyphen sowie Farbspuren. Die zapotekische Schrift gilt heute als die älteste in Mesoamerika. Von ihr sollen sich die Schriftzeichen der Maya abgeleitet haben.*

156 oben links *Die Tempel von Monte Albán, etwa das hier abgebildete Gebäude IV und das Gebäude M, wurden nach dem aus Teotihuacán übernommenen* talud- *und* tablero-*Prinzip als Stufenpyramiden erbaut.*

156 oben rechts *Die Fotografie zeigt einen Teil von Gebäude IV in Monte Albán, das aus der klassischen Periode stammt. Am hinteren Treppenende ist das* talud- *und* tablero-*System deutlich zu erkennen.*

wie Tänzer drehen und krümmen, bilden ein langes und eindrucksvolles Flachrelief. Sie gaben der Plattform den Namen Danzantes-Komplex. Einige weisen physische Anomalien wie zum Beispiel Buckel auf, andere tragen kleine Bärte. Ihre Gesichtszüge erinnern deutlich an die der Olmeken. Besonders eigentümlich muten die zahlreichen Verstümmelungen der Geschlechtsorgane an, die an den Gestalten zu erkennen sind. Viele Hypothesen versuchten in der Vergangenheit, das seltsame Flachrelief zu interpretieren und die Identität der darauf dargestellten Personen zu klären. Offenbar steht das Bild in Verbindung mit einem blutrünstigen Ritual, in dessen Verlauf die Zapoteken ihre Feinde verstümmelten, um die Erde mit deren Blut zu tränken. Dennoch bleiben Fragen offen. Viele Schriftzeichen, die sich auf anderen Steinbauten wieder finden, begleiten die Darstellung. Es handelt sich dabei um die älteste mesoamerikanische Schrift, die sich wie die der Maya aus Bildzeichen und phonetischen Elementen zusammensetzt. Bis heute gelang es lediglich, die Hieroglyphen zu entziffern, die sich auf den zapotekischen Kalender beziehen. Für die etwa 80 übrigen Zeichen existiert noch immer kein Schlüssel. Sollte es eines Tages gelingen, den gesamten Text zu verstehen, würde sich vermutlich auch das Geheimnis lüften, das den Danzantes-Komplex bis heute umgibt.

Während der klassischen Periode dehnte sich Monte Albán beträchtlich aus. Die Zahl der Einwohner wuchs ebenso wie die der Prachtbauten und der einfachen Wohnhäuser.

Die zapotekische Kultur stand lange Zeit stark unter dem Einfluss von Teotihuacán, was zum Beispiel in einigen architektonischen Elementen

156-157 *Über die Einwohner von Monte Albán, die Zapoteken, ist fast nichts bekannt, da ihre Schrift noch nicht entschlüsselt wurde. Ihre wissenschaftlichen Kenntnisse und die komplexe Struktur des Zeremonialzentrums lassen vermuten, dass es sich um eine sehr ausdifferenzierte Hochkultur handelte.*

157 *Dieses Fragment einer Stele erhebt sich an der Nordseite von Komplex IV. Er besteht aus einer Pyramide hinter einer großen Plattform und einem Zwischenhof, einer typischen Bauweise im Gebiet von Oaxaca. Ohne Zweifel war der Komplex einer der Hauptgottheiten von Monte Albán geweiht.*

158-159 *Auf dem Höhepunkt seiner Macht dürfte Monte Albán wie auf der Skizze ausgesehen haben. Große Terrassen und Siedlungen umgaben das Zeremonialzentrum. Die meisten Behausungen waren einfache Hütten, nur Wohlhabende verfügten über mehrere, um einen Innenhof gruppierte Räume.*

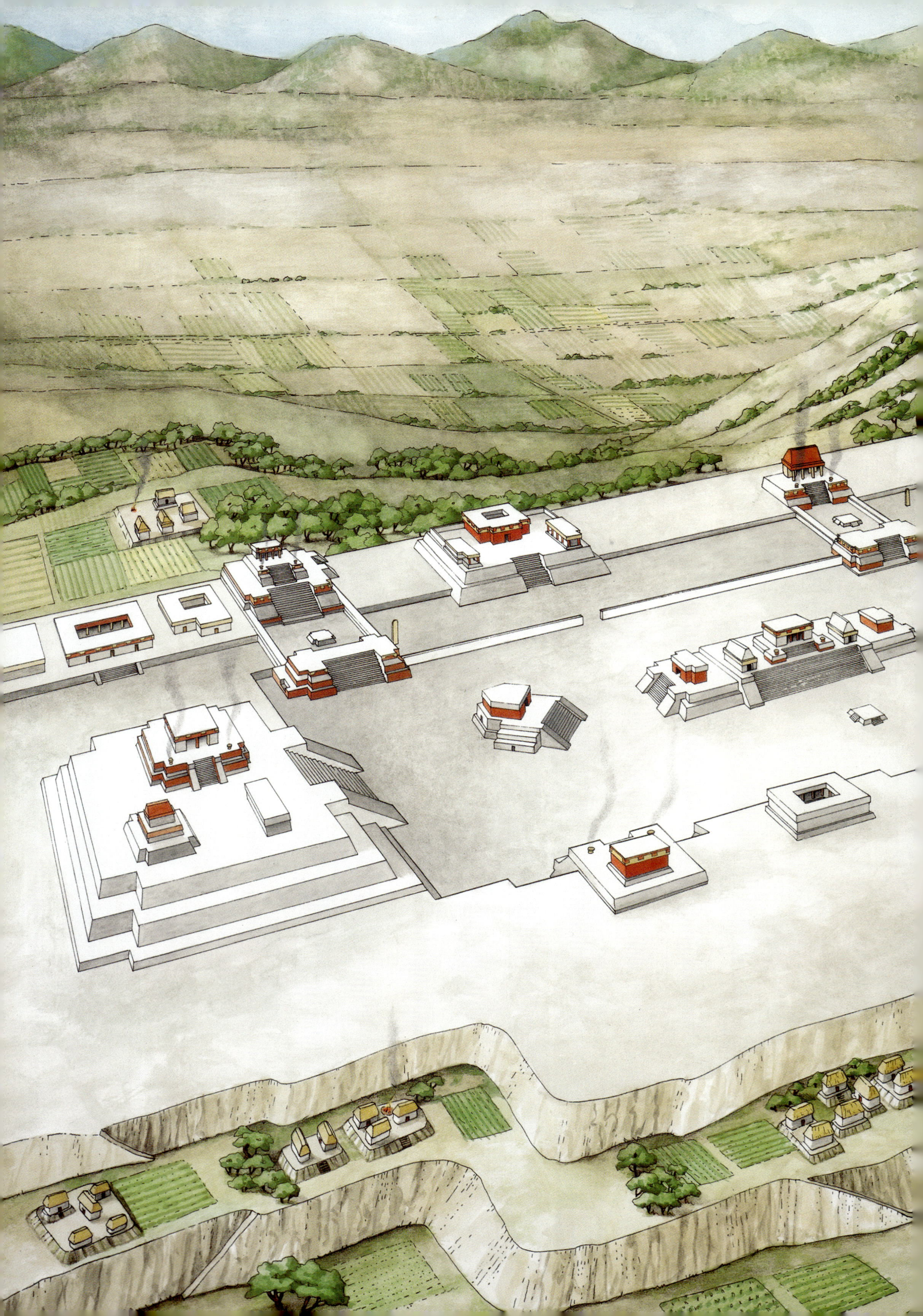

160-161 *Die Aufnahme zeigt Monte Albán aus dem Blickwinkel eines Hofes der Nordplattform, dem Patio Hundido (versenkter Hof), den ursprünglich ein Säulengang umgab. Links sieht man eine Gebäudegruppe des Nordpalastes.*

160 unten *Mitten auf dem rechteckigen Hauptplatz von Monte Albán erhebt sich die Zentrale Pyramide. Den südlichen Abschluss des Platzes bildet die imposante Südplattform, die hinter Gebäude J emporragt.*

wie dem *talud-* und *tablero-*System beim Pyramidenbau, aber auch im Stil der Wandmalereien deutlich zum Ausdruck kommt.
Auf diese Zeit geht auch die besondere Bedeutung des Totenkultes zurück. Die Stadtbewohner begannen große, reich dekorierte Grabkammern unter den Fundamenten von Tempeln und Palästen anzulegen. Zu Beginn der klassischen Periode bestanden die Gräber aus einer einfachen, durch Steinplatten an der Decke abgestützten Gruft. Später differenzierten sie sich aus: Ein falsches Gewölbe überspannte nun mehrere Räume; Nischen in den Wänden nahmen Götterstandbilder auf. Die farbigen Wandgemälde glichen jenen von Teotihuacán sowohl stilistisch wie inhaltlich, zumeist griffen sie mythologische oder religiöse Themen auf.
Die Bilderwelt der Fresken findet sich auf den so genannten Urnen wieder, die zu den Besonderheiten der zapotekischen Kultur gehören. Die eleganten, bunt bemalten Gefäße enthielten allerdings nicht die Asche der Verstorbenen, da die Zapoteken keine Feuerbestattungen vornahmen. Die Urnen dienten vielmehr kultischen Zwecken und geben zusammen mit den Wänden einen guten Überblick über die weit verzweigte Götterwelt der Zapoteken. Der antike Jaguargott gehörte ihr ebenso an wie die Gefiederte Schlange in ihrer Erscheinungsform als Windgott, der Regengott Cocjio, der Chac und Tlaloc entsprach, oder der Schutzherr der Fruchtbarkeit, Xipe.
Zu Beginn des 10. Jahrhunderts begann der Niedergang der reichen und mächtigen Metropole Monte Albán, ohne dass die Stadt wie andere mesoamerikanische Zentren der Zerstörung anheim gefallen wäre. Die zapotekischen Herrscher verlegten ihren Hauptsitz nach Zaachila und behielten ihn dort bis zur aztekischen Invasion bei.

161 oben *Wie alle mesoamerikanischen Zentren besaß auch Monte Albán einen Ballspielplatz. Er liegt an der Nordostecke des Hauptplatzes unweit der Nordplattform und hat die typische I-Form.*

161 Mitte *Der Danzantes- oder Tänzer-Komplex ist wohl das berühmteste Bauwerk in Monte Albán. Er stammt aus der 1. Bauphase (600–200 v. Chr.) und besaß einen langen Fries mit seltsamen Figuren, den „Tänzern".*

161 unten *Die merkwürdigen Gestalten auf den Flachreliefs, die die Außenmauer des Danzantes-Komplexes zierten, sind missgestaltete männliche Wesen, die eine Art rituellen Tanz aufzuführen scheinen.*

162 oben *Die Aufnahme zeigt eine Pyramide der Nordplattform. Letztere wurde später als der Danzantes-Komplex erbaut. Sie stammt aus der frühen klassischen Periode und zeigt Einflüsse der Architektur von Teotihuacán.*

162 Mitte *Diese Überreste von zylindrischen Säulenschäften gehörten früher zu einem Säulengang, der den Patio Hundido der großen Nordplattform in Monte Albán umgab. In der mesoamerikanischen Architektur der nachklassischen Periode waren zylindrische Formen eher unüblich.*

162 unten *Neben der Nordplattform steht Gebäude A, eine massive Stufenpyramide über quadratischem Grundriss. Von Tempeln und Wohngebäuden abgesehen, fand man in Monte Albán eine Vielzahl reich ausgestatteter Gräber.*

162-163 *Dieses Bild zeigt den Zugang zur Nordplattform am äußeren Ende des Zeremonialzentrums von Monte Albán. Eine breite Treppe führt zum Gipfel der Plattform, auf der Überreste von zylindrischen Säulen und Heiligtümern erkennbar sind.*

Das kulturelle Erbe von Monte Albán trat dagegen die nahe gelegene Stadt Mitla an, in der die Mixteken sich während der nachklassischen Periode behaupteten.

Vom 10. Jahrhundert bis zum Ende der nachklassischen Periode benutzten die Mixteken Monte Albán als Totenstadt, wobei sie die Grabkammern der Zapoteken für ihre eigenen Herrscher wiederverwendeten.

Im Unterschied zu jenen in Mitla lieferten die Gräber von Monte Albán eine Fülle von Informationen über die Bestattungsbräuche der Mixteken. So war es zum Beispiel üblich, Hunde und Sklaven zu opfern, die den Verstorbenen auf seiner langen Reise ins Jenseits begleiten sollten. Auch an Nahrung und Gerätschaften durfte es nicht fehlen.

Über einen wirklich sensationellen Fund konnte sich der Archäologe Alfonso Caso im Jahre 1932 freuen: In einem Mixtekengrab in Monte Albán stieß er auf einen der wenigen mesoamerikanischen Grabschätze, der Objekte aus Gold enthielt. Die Mixteken hatten die Bearbeitung des Edelmetalls während der nachklassischen Periode erstmals in Mesoamerika bekannt gemacht. Die mixtekischen Grabbeigaben von Monte Albán überraschen durch ihre Eleganz und perfekte Verarbeitung. Unter anderem verwendeten die Mixteken den Guss in der verlorenen Form, den sie von Völkern aus Kolumbien und Ecuador übernommen hatten, und schufen mit dieser Technik kugelförmige Figurinen.

163 oben links *In Monte Albán stieß man auf zahlreiche Stelen, die mit Flachreliefs und Inschriften reich verziert waren. Die hier abgebildete Stele an der Nordplattform trägt das Bild eines menschenähnlichen Wesens.*

163 oben rechts *Forscher halten die auf dieser Stele dargestellten Wesen für Herrscher, Krieger oder Ballspieler, doch erst die vollständige Entschlüsselung der Inschriften gibt Aufschluss über die wahre Bedeutung.*

A Südgruppe
B Bachgruppe
C Gruppe mit den Säulen
D Lehmziegelgruppe
E Kirchengruppe

1 Südhof der Gruppe mit den Säulen
2 Nordhof der Gruppe mit den Säulen
3 Nordhof der Kirchengruppe

Mitla, die Paläste der Steinmosaiken

164-165 *Während der nachklassischen Periode übernahm Mitla anstelle von Monte Albán die Hegemonialmacht über Oaxaca und stieg zum bedeutendsten Zentrum der mixtekischen Kultur auf. Wie in den anderen mesoamerikanischen Städten jener Zeit war die Anlage repräsentativer weltlicher Paläste wichtiger als die Konstruktion von Sakralbauten. Dies lässt auf eine veränderte Gesellschaft schließen, über die nun statt einer Priesterkaste eine Kriegerelite herrschte. Die Aufnahme zeigt ein berühmtes Gebäude in Mitla, den Palast mit den Säulen. Die Fassade mit den Mosaikfriesen weist noch Farbspuren auf.*

In Mitla, dem berühmten Zentrum von Oaxaca, gelangte die mixtekische Kultur zu ihrer höchsten Blüte. An keinem anderen Ort gingen aber auch mixtekische und zapotekische Kultur eine so enge Verbindung ein. Wie in allen Städten der nachklassischen Periode überwiegen in Mitla repräsentative Bauten gegenüber solchen, die für religiöse Zwecke bestimmt waren. In dieser Verteilung zeichnen sich die veränderten Sitten einer Gesellschaft ab, die nicht mehr von einer theokratischen Elite, sondern von einer Kriegerkaste regiert wurde.

Fünf Gebäudegruppen ragen zwischen den Ruinen der übrigen Häuser von Mitla heraus. Diese Paläste wurden auf ebener Erde oder aber auf Plattformen errichtet. Lange schmale Räume mit Flachdächern gruppierten sich um einen Innenhof. Später führten die Mixteken Mosaiken als dekoratives Element ein. Sie bestanden aus kleinen, mörtellos zusammengefügten Steinchen und zogen sich zumeist als geometrische Motive oder Schlangenlinien über die Außenmauern.

Die so genannte „Gruppe mit den Säulen", die sich ihrerseits in den „Nordhof" und den „Südhof" untergliedert, bildet den umfassendsten und imposantesten architektonischen Komplex von Mitla.

Lange Säle mit je drei Eingängen, deren äußere Kanten sich nicht berühren, umgeben den Nordhof. Die Säulenhalle leitet ihren Namen von den massiven Säulen ab, die das Dach tragen. Von hier aus gelangt man in einen kleinen und völlig geschlossenen Hof, von dem vier Zimmer, die Wohnräume des höchsten Priesters von Mitla, abgehen. Die Säulenhalle gilt zu Recht als faszinierendstes Bauwerk von Mitla. Ihr Stil erinnert an den des Gouverneurspalastes von Uxmál, der in etwa aus der gleichen Zeit stammt.

Auch in Mitla fanden die Archäologen Gräber, wenngleich in geringerer Zahl als in Monte Albán. Sie wurden bis zum Beginn der spanischen Er-

164 unten links *Die Archäologen fanden reiche Gräber mit komplexer Architektur wie das abgebildete Grab 1. Die Konquistadoren hatten allerdings alle Gräber geplündert.*

164 unten rechts *Der Palast der Säulen erhielt seinen Namen aufgrund der Stützpfeiler, die früher das Flachdach trugen.*

165 oben rechts *Der Architekturstil von Mitla überrascht durch eigentümliche, feingearbeitete Ornamentbänder. Die Fotografie zeigt einen Teil des Säulenpalastes. Wegen der Mosaikfriese an den Mauern heißt er Patio de las Grecas, „Hof der Mäander".*

165 unten rechts *Hervorstechendes Merkmal der Bauten von Mitla sind die herrlichen, aus kleinen Steinen gebauenen Mosaiken, die – wie hier im Palast der Säulen – an den Wänden schlangenförmige oder geometrische Motive bilden. Einige Friese erinnern an den Puuc-Stil der zeitgleich blühenden Städte auf Yucatán.*

166 oben links *Auf einer Fassade des Palastes der Säulen bilden die guterhaltenen Steinmosaiken lange Friese mit geometrischen Motiven.*

oberung verwendet und zeichnen sich durch ihren komplexen, häufig kreuzförmigen Grundriss aus. Oftmals wirken sie wie unterirdische Wohnungen und sind auch ähnlich wie diese reich mit Mosaiken und Wandgemälden verziert. Die Grabbeigaben lassen allerdings leider keine Aussage zu, denn da die Gräber im Laufe der Zeit verschiedenen Toten als letzte Ruhestatt dienten, blieb von den ursprünglichen Schätzen nichts erhalten. Gleichwohl ist eine deutliche Ähnlichkeit mit zeitgleichen Beigaben aus Monte Albán durchaus feststellbar.
Auch die Mixteken, das geheimnisumwitterte „Volk des Wolkenlandes", hinterließen eine Reihe historischer Dokumente. Ihre bilderreichen Kodi-

166 unten links *Wie viele andere Wohngebäude in Mitla erhebt sich der Palast der Säulen über einem lang gezogenen rechteckigen Grundriss und steht auf einer niedrigen Plattform.*

zes schrieben und malten sie nicht – wie die Maya – auf Blättern aus Pflanzenfasern, sondern auf Hirschleder. Einer dieser überlieferten Texte ist religiös-mythologischen Inhalts, die anderen behandeln eher historische Themen und geben einen Überblick über die dynastische Folge der mixtekischen Herrscher. Da es sich um eine rein piktographische Schrift handelt, fällt die Interpretation häufig schwer, doch konnten jene Zeichen entschlüsselt werden, die sich auf Personennamen und Kalenderdaten beziehen. Letztere beruhen auf dem 260 Tage umfassenden Rituellen Kalender und geben in der Regel Aufschluss über die Geburt eines Königs. Die Kodizes enthalten deutlich mehr farbige Bilder als Hieroglyphen. Letztere setzen sich wie bei der Schrift der Zapoteken und Maya aus zum Teil ideographischen, zum Teil phonetischen Zeichen oder einer Mischung aus beiden zusammen. Vermutlich gaben die Mixteken die Tradition der Bilderhandschriften an die Azteken weiter. Die beiden Sprachen und Schriftarten weisen allerdings keinerlei Übereinstimmungen auf.

166-167 und 167 unten *Die Sakralarchitektur spielte in Mitla gegenüber privaten Gebäuden eine untergeordnete Rolle, wie der abgebildete Palast der Säulen belegt. Forscher gehen davon aus, dass es sich bei den eleganten Bauten mit ornamentverzierten Fassaden um Wohnhäuser oder Verwaltungszentren einer mächtigen militärischen Herrscherkaste, ähnlich den Tolteken, handelte. Der Götterkult nahm noch eine wichtige Position ein, doch hatte er sich mehr in den privaten Bereich verlagert. Der Bau großer Tempel war daher im Unterschied zur klassischen Periode nicht mehr gerechtfertigt.*

168-169 *Das Wahrzeichen von El Tajín in Veracruz ist die große Nischenpyramide, die während der klassischen Periode vermutlich von den Tolteken errichtet wurde.*

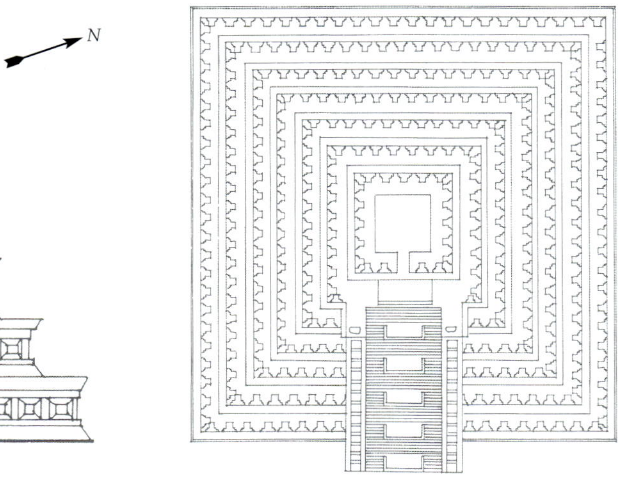

El Tajín, Architektur aus Licht und Schatten

A Plaza del Arroyo
B Gebäude 5
C Gebäude 2
D Nischenpyramide
E Gebäude 3
F Gebäude 4
G Gruppe von El Tajín Chico
H Haus der Säulen
I Pyramide der Akropolis

1-8 Ballspielplätze

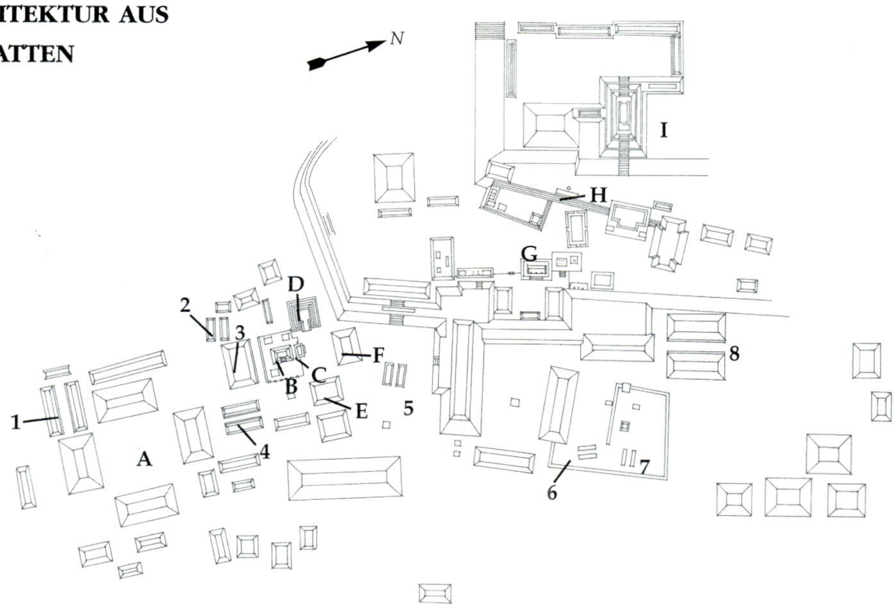

168 unten *Beide Skizzen geben Grundriss und Aufriss der Nischenpyramide wieder. Die quadratische Anlage besteht aus sechs übereinander liegenden Ebenen, sie zeigt deutliche Stileinflüsse von Teotihuacán wie das Gestaltungsprinzip von* talud *und* tablero. *Herausragendes Merkmal sind die 365 Nischen, die einen einzigartigen Hell-Dunkel-Effekt erzeugen.*

169 *Das Zeremonialzentrum von El Tajín besteht aus mehreren kleinen Pyramiden, bei denen das Modell von Teotihuacán dem regionalen Stil der Golfküste angepasst wurde. Rechts ist das massive Gebäude 26 zu sehen, links die Nischenpyramide.*

Mitte des 3. Jahrhunderts blühte in der Küstenregion von Veracruz eine eigentümliche Kultur. Die Archäologen nehmen an, dass die Totonaken die Stadt gründeten, doch gibt es bis heute dafür keine letztgültigen Beweise. Deshalb wurde die Kultur nach ihrem bedeutendsten Zentrum Veracruz- oder Tajínkultur genannt. Tajín war der Schutzpatron der Fruchtbarkeit und des Regens, das Äquivalent des zentralmexikanischen Gottes Tlaloc.
Auch in diesem großen Zeremonialzentrum kommt die Bedeutung des Kalenderwesens in der Architektur zum Ausdruck: Das beherrschende Bauwerk von El Tajín ist die Nischenpyramide. Sie besteht aus sechs übereinander liegenden Plattformen, in deren Außenmauern insgesamt 365 Nischen eingelassen sind, zweifellos in Entsprechung zu den 365 Tagen des Sonnenjahres. Der Fassadenschmuck legt den Schluss nahe, dass die Pyramide nicht nur kultischen, sondern auch astronomischen Zwecken diente, wie dies auch bei einigen Gebäuden in Uaxactún, Uxmál und anderen mesoamerikanischen Zentren der Fall war. Ursprünglich waren die Nischen innen dunkelrot, die Rahmen türkisblau gestrichen, was ihnen einen Hell-

170 oben links *Auf diesem Flachrelief, das die Wand eines Ballspielplatzes ziert, hockt rechts von zwei Gestalten eine Gottheit mit kaninchenähnlichen Zügen.*

170 oben rechts *Der große Zeremonialkomplex von El Tajín umfasst mehrere Gebäude und Ballspielplätze. Die Fotografie zeigt Gebäude C, das aus drei übereinander liegenden Ebenen besteht. Ornamentbänder schmücken die Außenmauern.*

Dunkel-Kontrast verlieh. Bei Ausgrabungen gefundene Überreste belegen, dass farbiger Stuck auch alle anderen Gebäude der Stadt zierte.

Wie Monte Albán erstreckt sich auch El Tajín über eine große Fläche, doch liegen die sakralen und zivilen Gebäude hier im Unterschied zu der Metropole von Oaxaca relativ verstreut auf künstlich aufgeschütteten Plattformen um eine Vielzahl von Plätzen. Die aus Teotihuacán übernommenen Stilelemente des stufenförmigen Gestaltungsprinzips von *talud* und *tablero* fügten sich mit der lokalen Ornamentik zu einer Einheit zusammen und verliehen den Gebäuden zuweilen ein geradezu barockes Äußeres.

Während der gesamten klassischen Periode legten zunächst die Totonaken, später die Huaxteken viele Ballspielplätze an, die das Ansehen und den Bekanntheitsgrad der Stadt innerhalb der mesoamerikanischen Welt beträchtlich steigerten. Wie bereits erwähnt, dürfte das Ballspiel bereits in olmekischer Zeit in den fruchtbaren Gebieten der Golfküste entstanden sein, wo es Kautschuk im Überfluss gab.

Die Zahl der Ballspielplätze lässt vermuten, dass in El Tajín jedes Jahr regelrechte Ballmeisterschaften ausgetragen wurden, die in etwa so bedeutend waren wie die Olympischen Spiele in der antiken griechischen Welt. An den Wettkämpfen, zu denen stets auch religiöse Kulthandlungen gehörten, nahmen außer den direkten Nachbarn vermutlich auch Vertreter aus entfernter gelegenen Regionen teil.

Handwerk und Kunst von El Tajín orientierten sich ebenfalls am Ballspiel und die Erzeugnisse wurden in viele Gebiete Mesoamerikas exportiert. Es handelte sich zumeist um steinerne Nachbildungen der von den Spielern verwendeten Joche, Äxte und Schlägel. Die hufeisenförmigen Joche aus wattiertem Leder dienten als Schutzgürtel, die Schlägel vielleicht als Brustpanzer und die Äxte als Abzeichen.

Diese Steingegenstände, die mit Sicherheit für kultische Zwecke angefertigt wurden, tauchten häufig als Grabbeigaben auf. Alle sind reich mit geflochtenen Spiralen, Tier- oder Pflanzenmotiven in Flachrelieftechnik verziert.

Ein weiteres typisches Produkt aus El Tajín waren die „lächelnden Köpfchen“, grazile Tonstatuetten, deren sorgfältig gearbeitete Gesichtszüge in Mesoamerika einzigartig sind.

170-171 *Die Gebäude von El Tajín sind deutlich kleiner als die von Teotihuacán oder anderer Mayastädte der klassischen Periode. Im Vordergrund links steht Gebäude 16, dahinter erhebt sich die Nischenpyramide. Konstruktionen mit Nischen und dem Gestaltungsprinzip* talud *und* tablero, *die einen Hell-Dunkel-Effekt bewirken, kennzeichnen die Architektur von Veracruz im Unterschied zur Bauweise anderer mesoamerikanischer Kulturen.*

171 *Auch Gebäude 16 besitzt die für El Tajín typischen Nischen. Das Verhältnis von Höhe und Breite der Konstruktion wirkt dadurch verschoben.*

__172 oben__ Im Hintergrund dieser Ansicht von Teotihuacán erhebt sich am Ende der Straße der Toten die gewaltige Mondpyramide. Daneben erheben sich auf dem Platz der Mondpyramide weitere, kleinere Gebäude.

__172-173__ Vom Gipfel der Mondpyramide aus präsentiert sich Teotihuacán mit der riesigen Sonnenpyramide zur linken der Straße der Toten. Sie ist nach der Pyramide von Cholula die zweitgrößte in ganz Mesoamerika, wurde allerdings noch nicht restauriert.

TEOTIHUACÁN, DIE STADT DER GÖTTER

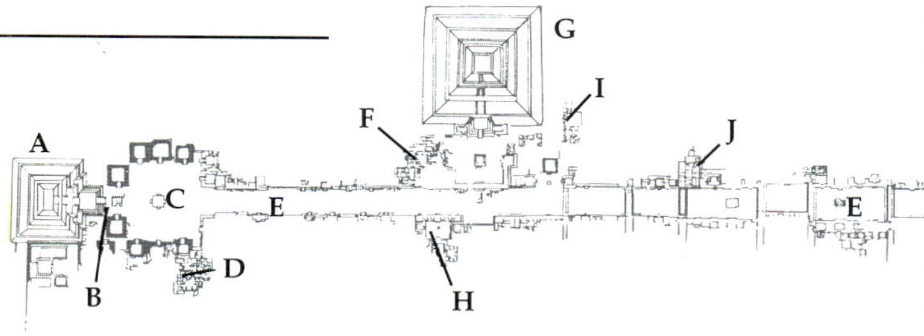

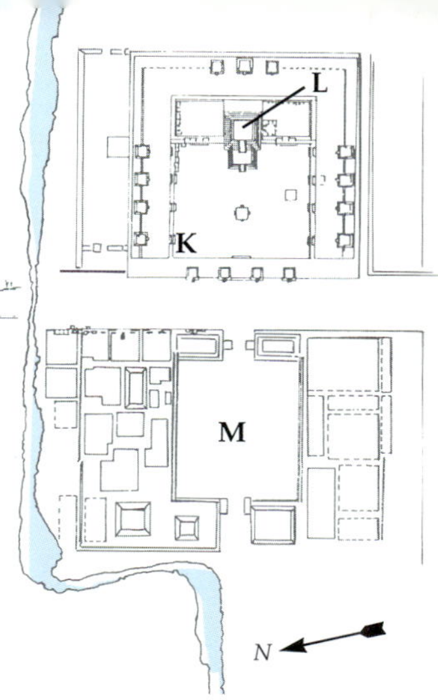

A Mondpyramide
B Gebäude der Altäre
C Platz der Mondpyramide
D Palast des Quetzalpapalotl
E Straße der Toten
F Sonnenpalast
G Sonnenpyramide
H Patio der vier kleinen Tempel
I Palast des Priesters
J Viking-Gruppe
K Zitadelle
L Pyramide des Quetzalcoatl
M Gran Conjunto

Unweit von Mexiko-Stadt liegen die Überreste von Teotihuacán, der antiken „Stadt der Götter". Viele präkolumbianische Mythen schildern Teotihuacán als einen besonderen und mythischen Ort. Nach einer dieser Erzählungen stieg hier die Sonne des fünften Zeitalters empor, in dem die Völker Mexikos vor der Ankunft der Spanier zu leben glaubten.
Im Unterschied zu vielen Städten, die in Lavaströmen und Vulkanasche versanken oder durch Kriege zerstört wurden und in Vergessenheit gerieten, lebte Teotihuacán auch nach seinem Fall in der Erinnerung der Menschen fort. Noch immer rätseln Historiker und Archäologen über die Gründe hierfür und fragen nach

der Bedeutung der gewaltigen Pyramiden und breiten Straßen, ohne jedoch bis heute eine wirklich befriedigende Antwort erhalten zu haben. Dennoch lohnt es sich, anhand der zahlreichen Funde die lange geschichtliche Entwicklung der Metropole zurückzuverfolgen und die verschiedenen Hypothesen der Wissenschaftler Revue passieren zu lassen, die sich mit der „Stadt der Götter" auseinander gesetzt haben. Zunächst gilt es festzuhalten, dass während der präklassischen Periode neben Teotihuacán noch einige andere Zentren blühten, darunter Cuicuilco, Tlatilco und Tlapacoya.
Um 200 v. Chr. brach der Xitle aus und vernichtete Cuicuilco. Unter den Sedimenten von Asche und Lava fanden die Forscher Gebäudereste, unter anderem die Ruinen eines großflächigen Rundbaus aus mehreren übereinander liegenden Plattformen, der die Wichtigkeit des Zentrums belegt. Die Überlebenden der Naturkatastrophe flüchteten vermutlich nach Teotihuacán und führten dort den Kult des Feuergottes ein. Unter ihrem Einfluss begann sich die primitive Siedlung zu entwickeln, deren älteste Spuren auf das 5. Jahrhundert v. Chr. zurückgehen. Um 100 v. Chr. traf eine neue Welle von Einwanderern aus

173 oben *Diese Steinmaske ist ein erlesenes Beispiel der Kunst von Teotihuacán. Die über das Gesicht verlaufenden Streifen könnten Opfernarben andeuten. Die Bewohner von Teotihuacán waren Meister in der Verarbeitung von Stein, Jade und Ton. Die hier gefundenen Totenmasken gelten als schönste von ganz Mesoamerika.*

173 unten *Diese Terrakottafigur aus Teotihuacán stellt eine mixtekische Gottheit dar, Xipe Totec, den „Geschundenen". Sein Kult verbreitete sich gegen Ende der klassischen Periode in Zentralmexiko und wurde bei Ankunft der Spanier noch von den Azteken gepflegt.*

174-175 *Diese Aufnahme vermittelt einen Eindruck von den Ausmaßen der Sonnenpyramide in Teotihuacán. Eine Treppe, die sich nach oben verjüngt, führt 65 Meter hoch zur Spitze des Baus. Die Pyramide war aufgrund des heute vollständig zerstörten Heiligtums ursprünglich noch höher.*

174 unten *Diese Luftansicht der Sonnenpyramide von Teotihuacán zeigt deutlich die verschiedenen Ebenen des stilistisch einfachen, durch seine Ausmaße jedoch majestätischen Baus.*

175 oben *An diesem Teil eines Gebäudes in Teotihuacán wird das Gestaltungsprinzip* talud *und* tablero *besonders deutlich, das im Laufe der Zeit viele mesoamerikanische Völker übernahmen.*

175 Mitte *Diese, an die Sonnenpyramide angebaute Plattform war nach Meinung einiger Forscher früher ein Wohngebäude und wird heute Sonnenpalast genannt.*

175 unten *Die Sonnenpyramide steht auf dem gleichnamigen Platz. Sie überragt andere Tempelkomplexe von Teotihuacán, die die Straße der Toten säumen.*

Cuicuilco in Teotihuacán ein. Zu dieser Zeit begann sich das eigentliche Zeremonialzentrum abzuzeichnen; und jetzt entstanden wahrscheinlich auch die ersten Sakralbauten.
Während des 1. Jahrhunderts n. Chr. wurden die Straße der Toten und die beiden Zwillingstempel, die Sonnen- und die Mondpyramide, angelegt.
Die Sonnenpyramide erhebt sich an der Stelle einer ehemaligen Grotte, in der wohl eine unterirdische, mit einem bestimmten Fruchtbarkeitsritus verbundene Quelle sprudelte.
Die Sonnenpyramide ist der größte architektonische Komplex von Teotihuacán und der zweitgrößte in ganz Mesoamerika nach der Pyramide von Cholula. Heute erreicht sie eine Höhe von 65 Metern, doch muss sie ursprünglich noch deutlich höher gewesen sein, da auf ihrem Gipfel ein aus vergänglichem Material errichtetes Heiligtum stand. Die Grundmauern der Pyramide bestehen aus Steinblöcken, die mit Stuck versehen sind. Unter dem Fundament verläuft ein künstlicher, in kleine Räume unterteilter Tunnel. Er wurde wahrscheinlich während der vorklassischen Periode gegraben und diente als Kultstätte. Manche Forscher sehen eine Verbindung zwischen diesen antiken Höhlen und dem mythischen Ursprungsort der Azteken namens Chicomotzoc, dem „Ort der Sieben Höhlen“. Dennoch existieren keine konkreten Belege für eine gemeinsame Herkunft der beiden Kulturen.
Die Sonnenpyramide ist so ausgerichtet, dass sich von ihr aus die Bewegung der Sonne vom Aufgang bis zu ihrem Untergang, die Tagundnachtgleichen sowie der Punkt am Himmel verfolgen lassen, an dem die Plejaden erscheinen. Der Name Sonnenpyramide, den die Spanier von den Azteken übernahmen, ist daher in Wirklichkeit wahrscheinlich viel älter und direkt mit der Funktion der Pyramide verknüpft.

176 oben *Die Straße der Toten bildet die Hauptachse der Stadt. Sie ist 45 Meter breit und vier Kilometer lang und durchquert Teotihuacán von Norden nach Süden. An ihrem Ende ist die Mondpyramide zu erkennen.*

176-177 *Die 45 Meter hohe Mondpyramide beherrscht den nach ihr benannten Platz. Wie die Sonnenpyramide besteht sie aus vier übereinander liegenden Ebenen, die sich über einer alten Kultstätte erheben.*

Die Mondpyramide am nördlichen Ende der Straße der Toten ist weniger imposant. Sie besteht aus vier übereinander liegenden Ebenen und besitzt wie die Sonnenpyramide einige unterirdische Gänge und Räume, die als Kultstätte dienten. An der Westseite des Platzes der Mondpyramide erheben sich mehrere wichtige Gebäude, darunter der Palast des Quetzalpapalotl. Die erlesene Architektur und Ausführung dieses Baus lassen darauf schließen, dass es sich um die Residenz hoch stehender Persönlichkeiten handelte. Vermutlich gehörten die Bewohner der herrschenden Klasse an und waren gleichzeitig Mitglieder des Klerus und führende Vertreter der Kaufmannschaft. Hier finden sich die eindrucksvollsten, überwiegend in roten Tönen gehaltenen Wandmalereien von Teotihuacán. Im Innern des Palastes stößt der Besucher auf mehrere Innenhöfe. Vier kleine Räume gruppieren sich um den größten Hof, in dreien davon stützen Säulen das Dach. Ihre eleganten Flachreliefs zeigen eine mythologische Gestalt, den Schmetterlings-Quetzál, umgeben von anderen symbolischen Darstellungen, die sich mit dem Wasserkult verknüpfen. Der Schmetterlingsvogel, Quetzalpapalotl, gab dem Gebäude seinen Namen. Die Azteken verehrten eine weibliche Gottheit, die diese Nahuatl-Bezeichnung trug. Ihr Bild findet sich in mehreren wichtigen Gebäuden von Teotihuacán und belegt damit, dass der Kult der nachklassischen Periode auf einen weit früheren Zeitpunkt zurückgeht. An der Wende zum 2. Jahrhundert begann das Zentrum sich auszudehnen. Zahlreiche neue Gebäude entstanden entlang der Nord-Süd-Achse der Straße der Toten und einer zusätzlich angelegten, von Westen nach Osten verlaufenden Verkehrsstraße. Der Kreuzpunkt der beiden Achsen teilte die Stadt in vier Viertel, in denen sich nun immer mehr einfache Wohnhäuser neben die Paläste der Reichen und Herrschenden drängten. Zu Beginn des 3. Jahrhunderts errichteten die Bewohner von Teotihuacán im Inneren der Zitadelle die Pyramide des Quetzalcoatl, einen der rätselhaftesten Bauten der gesamten Metropole. Teotihuacán erreichte seinen kulturellen Höhepunkt zwischen 250 und 650, mitten in der klassischen Periode. Die Stadt erstreckte sich nun über 22 Quadratkilometer und zählte zwischen 75 000 und 200 000 Einwohner.
Neben den eindrucksvollen Zeremonialzentren und Herrschaftshäusern

177 rechts *Die beiden Fotos zeigen einige der elf kleineren Tempel, die rings um den Platz der Mondpyramide liegen. Hier fanden einst bedeutende Zeremonien statt.*

entstanden zusätzliche Wohnviertel mit komplexen Bauten, Höfen, Zisternen, Abwassersystemen und an Kanälen gelegenen Straßen. Der Grundriss der Stadt blieb dennoch dank genauer Planungsarbeiten und einem systematisch angewendeten Raster von rund 57 Metern Breite relativ regelmäßig. Selbst der Fluss, der die Stadt durchquerte, wurde umgeleitet, weil er dem vorgesehenen Schachbrettmuster zuwiderlief. Die Ausrichtung an der Achse, Symmetrie und einfache Formen prägten die städtische Bauweise. Wer aber waren die Menschen, die eine derart große und „moderne" Metropole schufen und ihren wirtschaftlichen, religiösen und kulturellen Einfluss bis in die entlegensten Gebiete Mesoamerikas ausdehnten? Die Hieroglyphen auf den Wänden helfen uns nicht weiter, gehören sie doch zu einer bis heute noch nicht entschlüsselten Schrift. Die Identität des Volkes von Teotihuacán ist noch immer ungeklärt. Man nimmt an, dass es aus Handwerkern, Bauern und Kaufleuten bestand, über die eine mächtige Priesterkaste herrschte. Eine herausragende Rolle spielte der Wasser- und Fruchtbarkeitskult, dem bei den Azteken und Tolteken die Verehrung von Tlaloc entsprach.
Die Fresken, die zahlreiche Paläste schmücken, sprechen in dieser Beziehung eine deutliche Sprache. Viele zeigen Szenen, die in Verbindung mit Fruchtbarkeit oder Landwirtschaft stehen. Am berühmtesten ist vielleicht das Bild von Tlalocan, dem Regenparadies der mexikanischen Mythologie. Die Skulpturen der großen Pyramide des Quetzalcoatl belegen darüber hinaus, dass die Bewohner von Teotihuacán der Gefiederten Schlange huldigten, ein Kult, den die Tolteken später übernahmen.
Die erlesenen handwerklichen Erzeugnisse der Stadt, vor allem Gefäße, Stein- und Tonmasken, Stoffe und beschnitzte Schmucksteine, wurden nach ganz Mesoamerika exportiert. Zusammen mit diesen Produkten verbreiteten sich auch die kulturellen Errungenschaften des Volkes, zum Beispiel das Gestaltungsprinzip *talud-tablero* in der Tempelarchitektur. Dieser architektonischen Lösung bedienten sich auch die Maya und die Maya-Tolteken, vor allem in den großen Zentren, die während der nachklassischen Periode auf der Halbinsel Yucatán blühten. Mitte des 7. Jahrhunderts zerstörte ein Brand Teotihuacán. Die genauen Umstände sind nicht bekannt, doch könnte das Unglück nach der Invasion eines fremden Volkes geschehen sein. Viele Einwohner flüchteten in das nahe gelegene Zentrum von Azapozalco, das bereits seit längerer Zeit im Einzugsbereich von Teotihuacán lag.

178 oben links *Dieses Detail gehört zu einem Flachrelief, am Tempel von Quetzalcoatl. Die Muschel und die beiden Meeresschnecken befinden sich auf dem federbedeckten Körper des Gottes. Dies lässt auf Beziehungen zwischen dem Kult der Gefiederten Schlange und des Wassers schließen.*

178 unten links *Hier sieht man, wie steil die Treppe ist, die ohne Absatz zum Gipfel der Pyramide des Quetzalcoatl hinaufführt. Zu beiden Seiten laufen Platten empor, die mit Schlangenköpfen verziert sind. Das rundplastische Symbol der Gottheit wurde auf der Höhe eines jeden* tablero *angebracht.*

178-179 *Diese Skulptur des Hauptes von Quetzalcoatl schmückt eine der Fassaden des gleichnamigen Palastes. Der Kopf wurde als Rundplastik gestaltet und ähnelt einer Raubkatze mit aufgerissenem Maul und zwei seitlichen Zahnreihen. Die Gestalt scheint aus einer Blume hervorzuwachsen und ist zugleich mit dem in Flachrelieftechnik gearbeiteten Körper auf der Wand verbunden. Da das Bild auf einem Gebäude der klassischen Periode auftaucht, gehen Forscher davon aus, dass der Kult der Gefiederten Schlange in Teotihuacán bereits sehr früh existierte.*

180-181 *Die Pyramide des Quetzalcoatl, die sich inmitten der Zitadelle erhebt, war ursprünglich leuchtend bunt bemalt. Auf den schrägen Mauern* (talud) *der einzelnen Ebenen wand sich der Körper der Gefiederten Schlange, während auf den geraden Abschnitten* (tablero) *Köpfe von Quetzalcoatl mit einer weiteren geheimnisvollen Gottheit abwechselten, vielleicht dem Gott Tlaloc.*

Nach Meinung der Experten rückten mehrere toltekische Stämme hintereinander von Norden her vor. Sie bemächtigten sich der Stadt und brachten neue religiöse und kulturelle Vorstellungen mit, die sich mit den vor Ort gültigen zu einer neuen Synthese verbanden. Fest steht, dass Teotihuacán zu Beginn des 10. Jahrhunderts definitiv aufgegeben worden war. Als die Azteken das Gebiet 500 Jahre später erreichten, standen sie fassungslos vor den gewaltigen Ruinen. Sie konnten nicht glauben, dass hier Menschen am Werk gewesen waren, und nannten die einstmalige Metropole daher „Stadt der Götter".

Die archäologischen Quellen reichen nicht aus, um endgültig zu klären, warum die Menschen die mächtige Stadt aufgaben, die jahrhundertelang die mexikanische Hochebene beherrscht hatte. Datenübereinstimmungen legen allerdings nahe, dass ein aus den Urbewohnern von Teotihuacán und den toltekischen Eroberern hervorgegangenes Volk Tula, die berühmte Stadt im Staat Hidalgo, gründeten.

182 unten rechts *Der Hof der Säulen im Palast des Quetzalpapalotl gehört zu den außergewöhnlichsten und elegantesten Gebäuden von Teotihuacán. Quetzalpapalotl ist ein Nahuatl-Wort und bedeutet „Schmetterlings-Quetzál". Die massiven Säulen, die das Dach des an den Hof angrenzenden Saales stützen, weisen noch Spuren der ursprünglichen Farbe auf.*

183 oben rechts *Herrliche Wandfresken zieren die Räume des Gebäudes der „mythologischen Tiere". Hier abgebildet ist eine Raubkatze mit Federschmuck.*

183 unten *Diese almena (Zinne) aus Terrakotta gehörte zum Schmuck eines Gebäudes in Teotihuacán. Sie stellt einen wasserspeienden Vogel dar, doch lässt sich der genaue kulturelle Zusammenhang nur schwer nachvollziehen.*

182-183 *Hier der Flachreliefschmuck an den massiven Stützpfeilern im Hof der Säulen des Palastes des Quetzalpapalotl. Im Inneren eines Rahmens aus geometrischen Motiven fällt das stilisierte Bild eines Vogels ins Auge. Vermutlich handelt es sich um den „Schmetterlings-Quetzál", jene Gottheit, der das Gebäude geweiht ist.*

182 unten links *Der Palast des Quetzalpapalotl (hier ein Ausschnitt) befindet sich am südwestlichen Eck des Platzes der Mondpyramide. Man geht daher davon aus, dass es sich um die prunkvolle Residenz eines mächtigen Priesters handelte.*

Tula, die legendäre Stadt der Tolteken

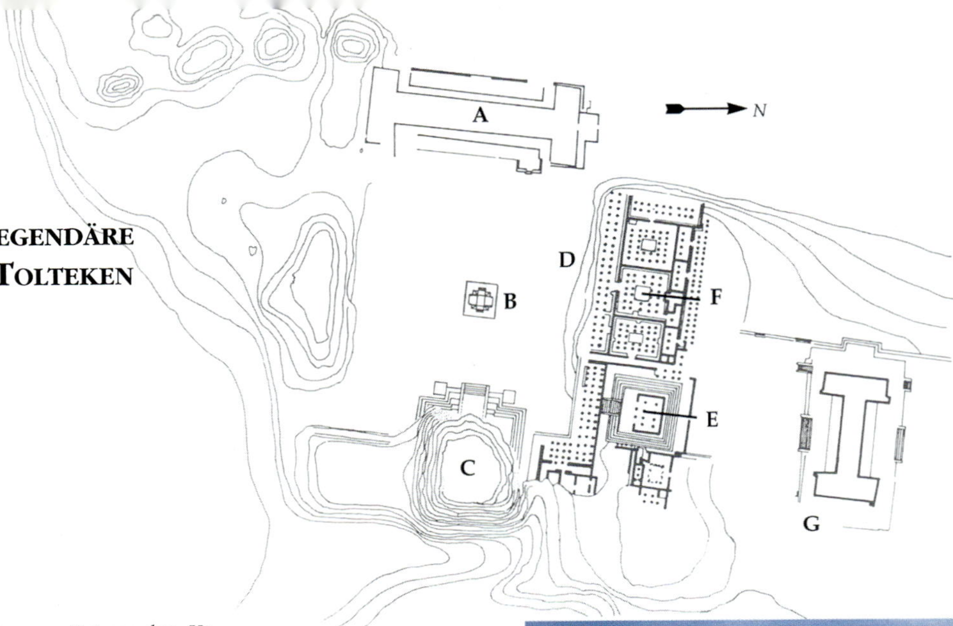

A Ballspielplatz
B Hauptaltar
C Sonnentempel
D Großer Säulengang
E Tempel des Tlahuizcalpantecuhtli
F Abgebrannter Palast
G Ballspielplatz

184 links *Atlanten wie der hier gezeigte gehörten zu den typischen Ausdrucksformen der toltekischen Kultur. Diese Statue stellt ein männliches Wesen mit Attributen der Krieger dar. Ursprünglich stützte er eine Steindecke. Der Fund stammt aus Tula, der Hauptstadt der Tolteken. Er ist 73 Zentimeter hoch und besteht aus farbigem Basalt.*

Die Überreste der alten Stadt Tula im heutigen Staat Hidalgo nehmen im Vergleich zu der mächtigen Toltekenmetropole, von der die Überlieferungen berichten, einen eher bescheidenen Raum ein. Die historischen Quellen datieren die Stadtgründung auf das Jahr 968. Zu diesem Zeitpunkt beschloss der Herrscher Ce Acatl Topilzin, der spätere Quetzalcoatl, einen neuen Hauptsitz zu errichten, der das alte Colhuacán ersetzen sollte.

Tula weist erstaunliche stilistische und architektonische Parallelen zu Chichén Itzá auf. Dies ist vermutlich darauf zurückzuführen, dass die Tolteken unter Quetzalcoatl darangingen, das benachbarte Zentrum zu kolonisieren. Ihr Vorhaben gelang und schließlich überholte die eroberte Stadt Chichén Itzá das Ausgangszentrum sogar deutlich an Größe und Pracht.

In Tula mischen sich aus Teotihuacán übernommene Bauformen wie das *talud-* und *tablero-*Schema mit von den Tolteken neu eingebrachten, zumeist militärischen Elementen.

Auch die Lage der Stadt auf einem Vorgebirge hatten die strategisch denkenden Tolteken bewusst gewählt: Sie sollte im Falle eines Angriffs die Verteidigung erleichtern. Zu den rituellen Neuerungen gehörten der *Chac mool,* ein Steinaltar in Menschenform, auf dem Gefangene geopfert wurden, sowie der *tzompantli,* ein spezielles Gestell, auf das die Tolteken die abgeschnittenen Köpfe ihrer Feinde steckten. Auf dem Großen Platz von Tula erhebt sich das imposanteste Gebäude der Stadt, der Tempel des Gottes Quetzalcoatl in seiner Erscheinungsform als Morgenstern. Eine Reihe von Pfeilern, vor allem aber mehrere 4,60 Meter hohe, monumentale „Atlanten" zieren die obere Tempelplattform.

Die Atlanten trugen wahrscheinlich zur Zeit der Toltekenherrschaft das Dach des Haupttempels. Ihre strenge Haltung und ihr ernster Blick entsprachen zweifellos dem ästhetischen Ideal der militaristischen Tolteken.

Ein Federschmuck und ein die Ohren bedeckendes Stirnband schmücken die Häupter der Steinkolosse; auf der Brust ist das Relief eines stilisierten Adlers zu erkennen. Unmittelbar neben dem Tempel des Quetzalcoatl stehen die Säulenreste des „Abgebrannten Palastes". Der Gebäudename geht auf die während der Grabungsarbeiten entdeckten Reste von Trägern des Daches zurück, das ein Feuer im Jahre 1168 zerstört hatte.

184-185 *Auf der Plattform der Pyramide des Tlahuizcalpantecuhtli stehen vier riesige Basaltstatuen und verschiedene runde Säulenschäfte mit Pflanzenornamenten, die ursprünglich das Tempeldach stützten. Die Statuen, Atlanten genannt, stellen zweifellos toltekische Krieger dar. Einige der Skulpturen tragen noch Spuren der ursprünglichen Farbe.*

184 unten *Auf dieser Fotografie sind der Tempel des Tlahuizcalpantecuhtli und die Überreste eines Säulenganges zu sehen, der zum Abgebrannten Palast gehörte. Das Gebäude fiel 1168 einer Feuersbrunst zum Opfer.*

185 rechts *Auch dieses Bild illustriert den Einfluss des Militärs auf die toltekische Kunst. Das einstmals leuchtend bunt bemalte Flachrelief aus Stein zeigt zwei Krieger mit Schild und Helm.*

186 oben *Im Jahre 750 versammelten sich Sterndeuter und Wissenschaftler in Xochicalco, um einen neuen Kalenderzyklus einzuführen. Fresken an der Pyramide des Quetzalcoatl hielten dieses Ereignis fest. Ringsherum windet sich der Körper der Gefiederten Schlange.*

186-187 *Die Pyramide des Quetzalcoatl wurde zu Ehren eines neuen Kalenderzyklus errichtet und stellt einen architektonischen Sonderfall dar: Sie kombiniert einen außergewöhnlich hohen* talud *mit einem* tablero, *der seinerseits von einem auskragenden Mauersims überragt wird.*

187 unten links *Xochicalco, hier der Platz der beiden Stelen, rivalisierte nach Meinung vieler Forscher mit Teotihuacán und beschleunigte dadurch vielleicht den Niedergang der Stadt.*

187 oben rechts *Die Pyramide des Quetzalcoatl dominiert den Hauptplatz der Stadt.*

Xochicalco, Zentrum des Kalenderwesens

187 unten rechts
Die mächtigen Ruinen von Xochicalco enden bei einer Reihe niedriger Säulen. Der hier abgebildete Hauptkomplex besteht aus einer riesigen terrassenförmigen Akropolis.

A Schnecken, Symbole des Windes und der Gefiederten Schlange
B Kalenderzeichen
C Schuppen der Gefiederten Schlange
D Gefiederte Schlange
E Kalenderzeichen

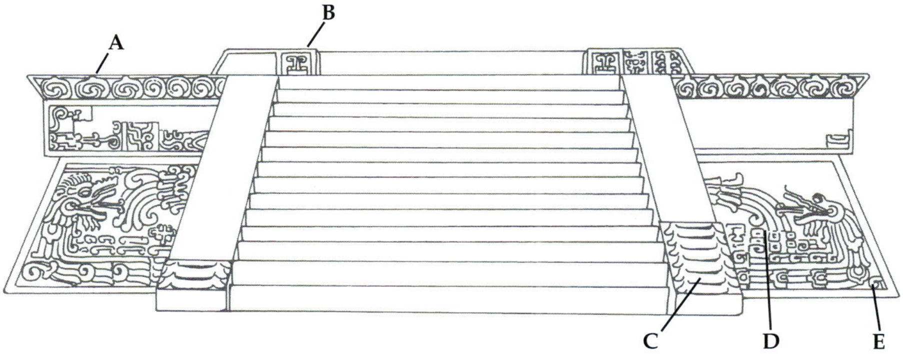

Xochicalco liegt im heutigen mexikanischen Staat Morelos. In der ausgehenden klassischen Periode, etwa ab dem 8. Jahrhundert, erreichte die Stadt ihren kulturellen Zenit. Bis zu diesem Zeitpunkt hatte Xochicalco stets im Schatten der politisch und ökonomisch bedeutenderen Metropole Teotihuacán gestanden. Nach deren Fall entwickelte sich Xochicalco zum führenden Wirtschaftszentrum der Region. Hierzu trug nicht zuletzt die günstige Lage an der stark frequentierten Handelsstraße bei, welche die Mexikanische Hochebene mit dem Fluss Balsas verband. Baumwolle, Kakao, Edelsteine, Federn und Obsidian gehörten zu den begehrten Produkten. Die kulturellen und wirtschaftlichen Kontakte von Xochicalco reichten bis zu den Gebieten der Maya in Oaxaca und Veracruz. Zug um Zug erweiterten die Bewohner der Stadt ihre Kenntnisse und verbanden sie mit dem vermutlich aus Teotihuacán übernommenen Erbe zu einer neuen Synthese. Die Hieroglyphen und Kalenderzeichen belegen, dass Xochicalco nicht nur zur ersten Wirtschaftsmacht, sondern auch zur

geistigen Führerin des gesamten Umlandes aufstieg.
Das Zeremonialzentrum des Ortes erhebt sich wie das von Tula auf einer Anhöhe und war wohl festungsähnlich angelegt. Die Grundmauern des Tempels, die Laubengänge und der Ballplatz, der jenem von Copán gleicht, gehören zu den ältesten auf der Mexikanischen Hochebene. Alle diese Anlagen gruppieren sich um den zentralen Platz. In der Architektur mischen sich Einflüsse von Monte Albán mit Elementen aus Teotihuacán, der Stadt, mit der Xochicalco am schärfsten rivalisierte.
Es gilt als sicher, dass einige Gebäude von Xochicalco wie andernorts in der mesoamerikanischen Welt ausschließlich der Kalenderberechnung dienten. Mitte des 7. Jahrhunderts tagte hier eine wichtige Versammlung, auf der Astronomen aus den verschiedensten Teilen Mesoamerikas über die Einführung eines neuen Ka-

lenders disputierten. Der älteste und gebräuchlichste Kalender war der 260 Tage umfassende Rituelle Weissagungskalender, der bei den Maya *tzolkin*, bei den Azteken *tonalpohualli* hieß. Dieser Kalender kombinierte die 20 Tageszeichen mit den Ziffern 1 bis 13, sodass jeder der aufeinander folgenden Tage mit einer Zahl und einer Ziffer bezeichnet wurde. Der erste Tag des Mayakalenders hieß demzufolge 1 Imix. Erst nach Ablauf von 260 Tagen, nämlich dem Zeitraum von 13 mal 20 Tagen, erhielt ein Tag wieder dieselbe Ziffer und dasselbe Zeichen. Neben dem Ritualkalender gab es den Sonnenkalender, der 360 plus 5 Tage als Perioden von 18 Monaten mit jeweils 20 Tagen umfasste, an die sich ein fünftägiger, als unheilvoll geltender Kurzmonat anschloss. Diese durch komplizierte mathematische Operationen errechnete Zeitspanne diente letztlich dazu, den Unterschied zwischen dem von Menschen gesetzten Kalender und dem tatsächlichen Sonnenjahr auszugleichen, das exakt 365,2422 Tage dauert. Die Lösung ist im Übrigen genauer als die des Schaltjahres im gregorianischen Kalender. Nur alle 18 980 Tage oder 52 Jahre trafen sich der Ritualkalender und der Sonnenkalender an einem Tag. Mayaschriften der klassischen Periode berichten von historischen Ereignissen und belegen diese durch präzise Daten. Letztere beruhen allerdings auf einem weiteren Kalender, dem so genannten *haab*. Er beginnt an einem bestimmten, für uns nicht mehr nachvollziehbaren Tag, der nach unserer Zeitrechnung dem 2. August 3113 v. Chr. entspricht. Dieses Datum galt bei den Maya als Jahr Null. Der Kalender gliederte sich in Monatsperioden zu zwanzig Tagen, *uinal* genannt. 18 *uinal* bildeten einen *tun*, das heißt 360 Tage. Zwanzig Jahre waren ein *katun*, 20 *katun* ein *baktun*.
Die anderen Völker Mesoamerikas bevorzugten einen ähnlichen, jedoch weniger differenzierten Kalender, während die Maya sogar in der Lage waren, die Mondzyklen, die Eklipsen und das Venusjahr zu berechnen.

188-189 *Dieses Bild zeigt einen Ausschnitt des farbigen Frieses, der die Außenmauern der Pyramide des Quetzalcoatl schmückt. Die Darstellungen stehen in Verbindung mit dem Kult der Gefiederten Schlange, die hier – wie bei der Pyramide des Quetzalcoatl in Teotihuacán – als Raubtier mit geöffnetem Rachen erscheint. In die gleiche Wand wurden auch Kalenderhieroglyphen gehauen.*

189 oben *Totenmaske und Schmuck aus Serpentin stammen aus Xochicalco, doch weisen Verarbeitungstechnik und -stil deutliche Einflüsse der Kultur von Teotihuacán auf.*

189 unten links *Diese steinerne Stele in Form eines Parallelflachs ist 1,48 m hoch. Das Bild des Ungeheuers auf der einen Seite stellt vermutlich Tlaloc, den Gott des Regens und der Fruchtbarkeit, dar.*

189 unten rechts *Auch diese Stele ziert ein Flachrelief religiösen Inhalts. Es zeigt die Geburt des Gottes Quetzalcoatl. Im Unterschied zum Fries an der Pyramide erscheint Quetzalcoatl hier nicht als Gefiederte Schlange, sondern in menschlicher Gestalt.*

__190 oben__ Der hier abgebildete Schlangenkopf gehört zu den Symbolen der Kultur und Kunst von Chichén Itzá. Er verweist auf den Kult der Gefiederten Schlange, die hier einen Pfeiler auf dem Gipfel des Kriegertempels schmückt.

__190-191__ Die Fotografie bietet eine Gesamtansicht der beiden berühmtesten Bauten von Chichén Itzá. Es handelt sich um den Kriegertempel und den Palast der Tausend Säulen, die inmitten des tropischen Regenwaldes stehen.

Chichén Itzá, Jaguar und Gefiederte Schlange

A Haus der Nonnen
B Tempel der farbigen Reliefs
C Caracol (Observatorium)
D Rotes Haus
E Cenote
F Grab des Hohenpriesters
G Markt
H Gruppe der Tausend Säulen
I Kriegertempel
J Castillo
K Venusplattform
L Adlerplattform
M Tzompantli
N Großer Ballspielplatz
O Jaguartempel
P Heiliger Cenote

Chichén Itzá ist die beeindruckendste und vollständigste unter den Mayastädten. Ihre höchste Blüte und größte Ausdehnung erreichte sie vermutlich unter dem Einfluss von Invasoren aus Tula.
Archäologische Funde und historische Quellen, letztere häufig vermischt mit Mythen und Legenden, bieten eine Fülle von Material zu den verschiedenen architektonischen und stilistischen Besonderheiten der Stadt, in denen die Mischung zweier grundverschiedener Kulturen zum Ausdruck kommt.
In Chichén Itzá verweisen zahlreiche dekorative Elemente, vor allem in Form von Skulpturen und steinernen Flachreliefs, auf den Quetzalcoatl-Kult. Nur mit Mühe lässt sich hier die historische Figur von dem antiken Gott und mythologischen Wesen trennen. Vermutlich geht diese Synthese auf die Tolteken zurück, die der Mensch-Tier-Gestalt des geheimnisumwitterten Gottes aus dem Erbe Teotihuacáns ihren eigenen Stammesheld Ce Acatl Topilzin Quetzalcoatl überstülpten. Dieser König herrschte lange Zeit über die legendäre Stadt Tula, die viele Archäologen mit dem im Staat Hidalgo ausgegrabenen Ort gleichsetzen. Die Legende berichtet, dass Quetzalcoatl schließlich von seinem neidischen Bruder Tezcatlipoca entthront wurde; die Historiker datieren dieses Ereignis auf das Jahr 987.
Um das Schicksal Quetzalcoatls ranken sich die verschiedensten Geschichten. Demnach sei der Herrscher nach seiner Vertreibung aus Tula, die im Übrigen am ehesten den historischen Kern treffen mag, mit einigen Getreuen gen Osten bis zur Halbinsel Yucatán und von dort weiter aufs Meer hinaus geflohen. Diese Version stimmt mit Dokumenten aus der Kolonialzeit überein, nach denen

191 oben rechts
Dieser Teil des Portikus schließt sich an die Basis des Kriegertempels an. Die zahlreichen viereckigen Stützpfeiler sind mit Flachreliefs verziert, die Krieger in toltekischer Kleidung zeigen. Der Name der Pyramide, die sich neben den Ruinen des Palastes der Tausend Säulen erhebt, leitet sich von diesen Skulpturen her.

191 unten rechts
Die Tolteken führten unter anderem runde Pfeiler und Säulenschäfte ein, ein während der klassischen Periode in Mesoamerika absolut unübliches Stilelement. Die Fotografie zeigt einen Teil der Säulen mit parallelflacher Deckplatte, die ursprünglich das große Dach des Palastes der Tausend Säulen trugen.

ein gebildeter und kultivierter Flüchtling edler Herkunft Chichén Itzá erreichte. Die Maya nannten ihn Kukulkán, was in ihrer Sprache „Schlange-Quetzal“ oder einfacher, „Gefiederte Schlange“ bedeutete.
Der Überlieferung zufolge kannte sich Quetzalcoatl hervorragend in den Bereichen der Kunst und Medizin aus. Seine Kenntnisse sowie die Kultur seiner Heimat mischten sich mit den in Chichén Itzá gültigen Vorstellungen und trugen wesentlich dazu bei, dass die Stadt und ihre Nachbarn sich erneuerten und an Einfluss gewannen. Viele Wissenschaftler haben die mündliche Tradition als romantisierenden Spiegel tatsächlicher Ereignisse interpretiert. Die Eroberer von Chichén Itzá waren wahrscheinlich toltekische Emigranten, die aus Tula flohen, als andere Stämme dort die Macht übernahmen. Ab Ende des 10. Jahrhunderts hatte Chichén Itzá die Führungsposition auf der Halbinsel Yucatán inne. Die Architektur vereint Elemente der Mayakultur der klassischen Periode mit solchen des Puuc-Stils und Neuerungen, die auf die Tolteken zurückgehen.
In Chichén Itzá sticht die enge Verbindung von Baukunst und Menschenopfern ins Auge, die Besucher immer wieder überrascht. Zwar praktizierten die Völker der Halbinsel Yucatán und der übrigen Gebiete Mesoamerikas seit undenklichen Zeiten Menschenopfer, doch betrieben die Tolteken die entsprechenden Rituale mit außergewöhnlicher Systematik und Grausamkeit. In Chichén Itzá zeugen hiervon unter anderem der *Chac mool,* ein Steinaltar mit menschlichen Zügen, der an ähnliche Gebilde in Tula und Tenochtitlán erinnert,

192 oben links *Dieser Ausschnitt zeigt den oberen Teil des Kriegertempels. Deutlich ist der als Rundplastik gestaltete Kopf der Gefiederten Schlange mit aufgerissenem Maul zu erkennen, der als schmückendes Element den Abschluss der großen Treppe bildet. Darüber steht die Figur eines eher einfach gearbeiteten, menschlichen Wesens, vielleicht ein Priester.*

192 unten links *Die Tolteken forcierten den Opferkult bei jenen mesoamerikanischen Völkern, die mit ihnen in Kontakt traten. Auf diesem von Skulpturen mit menschlichen Zügen getragenen Tisch im Kriegertempel wurden Menschen geopfert.*

192 oben rechts *Die kleine Rundplastik in Menschengestalt scheint aus dem Schnabel eines Raubvogels hervorzutreten, der an einer Mauer des Kriegertempels prangt.*

192 unten rechts *Auf diesem Bild ist ein anderer Ausschnitt des Frieses zu sehen, der den Kriegertempel in Chichén Itzá ziert. Die hier aufgereihten Adler und Jaguare sind typische Motive, die sich in allen toltekischen Zentren finden.*

193 *Der große Kriegertempel in Chichén Itzá vereint Kultureinflüsse der Maya und der Tolteken. Auf der Spitze der Pyramide sticht der* Chac mool *ins Auge, ein Opferaltar in Menschengestalt. Dahinter erheben sich die schlangenförmigen Säulen und Pfeiler, die einstmals das Dach des Gipfelheiligtums trugen.*

sowie der *tzompantli,* ein Gestell, auf das man die Köpfe enthaupteter Feinde spießte.
Auch der Cenote-Kult lebte in Chichén Itzá bis zum Eintreffen der Europäer fort. Um den Regengott Chac-Tlaloc zu besänftigen, warfen die Tolteken ausgewählte Opfer in die Fluten eines heiligen Teiches, der aus den Wassern einer Karstquelle gespeist wurde. Eine solche Doline und der damit verbundene Kult existierten nicht nur in Chichén Itzá, sondern auch in verschiedenen anderen Zentren der Region. Da in Kalkgebirgen Niederschlagswasser im wasserlöslichen Gestein rasch versickert, bilden sich dort häufig unterirdische Gewässernetze oder Höhlenflüsse, die an so genannten Karstquellen zutage treten und kreisförmige Teiche oder natürliche Brunnen bilden. Diese Naturerscheinung bezeichneten die Maya der Halbinsel Yucatán mit dem Wort *dzonot,* das die Spanier zu *cenote* hispanisierten. Lag die Quelle tief ins Gestein eingebettet, so gruben die Eingeborenen Stufen und Durchgänge in Höhlen, um bis zum Wasser zu gelangen. Ein berühmtes Beispiel hierfür ist die „Höhle von Bolonchén".
In erster Linie dienten die Karstquellen als Trinkwasserreservoir. Wo immer sich ein natürlicher Brunnen fand, stießen die Archäologen auf menschliche Spuren, die zum Teil aus archaischer Zeit stammten. Vielerorts nutzte man den Cenote, der als Tor zum Jenseits galt, indes auch, um Tiere oder Menschen zu opfern. Auf Mayainschriften der klassischen Periode erscheint neben dem Zeichen für klares, durchsichtiges Wasser ein weiteres, das die trüben oder schwarzen Fluten des Cenote konno-

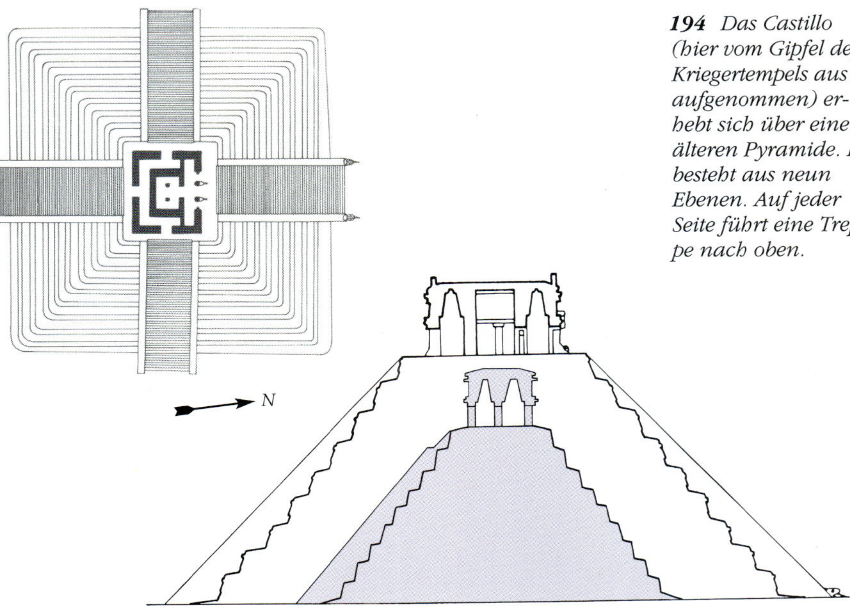

__194__ Das Castillo (hier vom Gipfel des Kriegertempels aus aufgenommen) erhebt sich über einer älteren Pyramide. Es besteht aus neun Ebenen. Auf jeder Seite führt eine Treppe nach oben.

195 oben links *Auf der Spitze des Castillo steht der eigentliche Tempel, dessen Eingang zwei massive, schlangenförmige Säulen zieren. Im Hintergrund erkennt man den Jaguartempel.*

195 oben rechts *Im inneren Tempel des Castillo stieß man auf einen* Chac mool *sowie einen jaguarförmigen Thron mit eingefassten Jadescheiben, Schwefelkiesaugen und knöchernen Reißzähnen.*

195 unten links *Diese beiden Skizzen geben Grundriss und Aufriss des Castillo wieder. Letzterer enthält auch die ältere Pyramide, die sich unter der neuen befindet und durch einen Tunnel zugänglich ist.*

195 unten rechts *Zum Gipfelheiligtum des Castillo gehört die Cella, die sich nach toltekischer Tradition in drei Schiffe mit falschem Gewölbedach gliedert. An den Stützpfeilern sind Spuren des Reliefschmucks zu erkennen.*

196-197 *Der riesige Ballspielplatz von Chichén Itzá umfasst eine Fläche von 7000 Quadratmetern. Mit 160 Metern Länge ist er das größte Areal dieser Art in ganz Mesoamerika. Hohe Mauern, in welche die Zielringe eingelassen waren, schließen den Platz ein.*

196 unten *Um die höchste Punktzahl zu erreichen, mussten die Spieler mit dem schweren Ball die schmale Öffnung treffen, was nur selten gelang. Das abgebildete Ziel* (meta) *trägt ein Flachrelief mit Kukulkán, der Gefiederten Schlange der Maya-Tolteken.*

197 oben *Diese Ansicht zeigt den Ballspielplatz von Chichén Itzá von Süden aus aufgenommen. Der den Spielern vorbehaltene Platz ist sehr groß und wird vom so genannten Jaguartempel beherrscht. Das Ballspiel erfreute sich auch bei den Maya-Tolteken großer Beliebtheit.*

tiert. In Chichén Itzá verbindet eine 300 Meter lange Straße den heiligen Bezirk mit dem Cenote. Zwei große Sakralbauten säumen den Weg, zum einen die Tempelpyramide, das Castillo, zum anderen der Kriegertempel. Das 30 Meter hohe Castillo war dem Gott Kukulkán geweiht. Im Innern der über einem viereckigen Grundriss erbauten Pyramide befindet sich eine zweite, die bereits zu Beginn des 11. Jahrhunderts errichtet worden war. Beide Gebäude bestehen aus neun stufenförmig aufsteigenden Plattformen; auf jeder Seite des Überbaus steigen vier große Freitreppen mit jeweils 91 Stufen zum Heiligtum auf der Spitze empor. Die Anzahl der Treppenstufen ist keineswegs zufällig gewählt: Zusammen mit der rundum laufenden unteren Einfassung der Pyramide addieren sie sich exakt zu den 365 Tagen des Sonnenjahres. Die kosmologische Bedeutung des Gebäudes steht damit außer Frage.
Im Tempel der Krieger findet sich das architektonische Grundmuster der bedeutendsten Sakralbauten von Tula wieder. Auch er war Kukulkán, diesmal in seiner Erscheinungsform als Morgenstern Venus, geweiht. Den Gipfel der mächtigen, vier Ebenen umfassenden Pyramide erreicht man über eine lange Treppe, an deren Spitze ein beeindruckender *Chac mool* emporragt. Die angrenzende Gruppe der Tausend Säulen birgt die Überreste einer antiken Säulenhalle. Die quadratischen oder runden Pfeiler stützten vermutlich ein Flachdach, eine Konstruktion, welche die Tolteken aus Mexiko übernommen hatten. Hier wie bei den meisten anderen Bauwerken von Chichén Itzá mischen sich charakteristische Stilelemente der Maya mit neuen Einflüssen. Beispiele hierfür sind etwa leichtschwebende Säulengänge und bildliche Darstellungen, die sich auf militärische Orden oder den Kult der Gefiederten Schlange beziehen.

197 Mitte *Auf der oberen Plattform des Jaguartempels in Chichén Itzá (hier eine Rückansicht) steht das Heiligtum, dessen Architektur an das Heiligtum des Castillo erinnert. In beiden Fällen stehen mächtige, gewundene Säulen am Eingang. Der Jaguartempel überragt den Ballspielplatz; ein jaguarförmiger Thron aus Stein erhebt sich unter dem großen Portal der Hauptfassade.*

197 unten *Dieses makabere Detail gehört zum* tzompantli. *Der steinerne Aufbau kopiert ein Holzgestell, auf das die Tolteken Köpfe ihrer enthaupteten Feinde steckten. Auch die Verlierer beim Ballspiel konnten diesem grausigen Ritual zum Opfer fallen. Ähnliche Gestelle waren in der Stadt Tula in Gebrauch.*

Die Gruppe der Tausend Säulen umgibt eine Reihe begrenzter Flächen mit präzisen Funktionen, darunter einen Ballplatz, ein großes, trapezförmiges Areal und einen Platz, auf dem wahrscheinlich der Markt stattfand. Die Tolteken strukturierten Politik und Gesellschaft nach militärischen Regeln. Das Heer bestand aus drei, dem Jaguar, dem Adler und dem Koyoten zugeordneten Abteilungen, die auf zahlreichen Darstellungen in Chichén Itzá erscheinen. Typische Flachreliefs zeigen einen Adler und einen Jaguar, die Menschenherzen verschlingen oder Krieger, die Köpfe besiegter Feinde triumphierend in die Höhe recken. Die mesoamerikanische Bilderwelt, die vor allem immer wieder auf die antiken Opferriten verwies, wurde somit überlagert von der Zurschaustellung grausamer Bräuche, die den Alltag der mexikanischen Invasoren der nachklassischen Periode prägten. In Chichén Itzá befindet sich außerdem das interessanteste Observatorium der Mayawelt, der so genannte Caracol („Schnecke"). Dieser eigentümliche zweistöckige Rundbau erhebt sich auf zwei übereinander liegenden rechteckigen Plattformen. Eine Doppeltreppe führt zu dem eigentlichen Observatorium hinauf. Drei konzentrische Mauerkreise bilden die untere

198 oben links *Auf der Venusplattform fanden zu genau festgelegten Zeiten Rituale zu Ehren der Göttin Venus statt, die als Morgen- und Abendstern verehrt wurde.*

198 unten links *Das Grab des Hohenpriesters ist ein kürzlich restaurierter Pyramidenbau. Unter der Basis entdeckten Archäologen einen Brunnen, der mit einer Grotte verbunden war. Hier fand man menschliche Knochen und Wertgegenstände.*

198-199 *Die Adlerplattform erhielt ihren Namen wegen des Relieffrieses, der zu beiden Seiten der Treppe um die Hauptfassade läuft. Adler wechseln hier mit Raubkatzen ab, die Menschenherzen verschlingen. Im Hintergrund ist das Portal des Jaguartempels zu erkennen.*

199 unten links *Die Adlerplattform in Chichén Itzá besitzt große Ähnlichkeit mit dem heute halbzerstörten Altar auf dem Hauptplatz von Tula. Dies belegt ein weiteres Mal den Einfluss von Kultur und Architektur der Tolteken auf Stätten in Yucatán.*

199 unten rechts *Diese Säulengruppe mit zylindrischen Schäften und viereckigen Deckplatten gehörte einst zu einem eleganten überdachten Marktplatz.*

200 oben links *Der Caracol ist ein Rundbau, der in früheren Zeiten als Observatorium diente.*

200 unten links *Das so genannte Rote Haus ist ein schlichtes Gebäude im Puuc-Stil mit einem Dachkamm.*

200-201 *Das Haus der Nonnen, auch Kloster genannt, ist das am stärksten vom Puuc-Stil geprägte Bauwerk in Chichén Itzá. An der Fassade prangen zahlreiche Masken des Gottes Chac, die dem Gebäude ein barockes Aussehen verleihen.*

Etage, zwischen ihnen verläuft jeweils ein schmaler Rundgang, überdacht von einem falschen Gewölbe. Vier nach den Himmelsrichtungen orientierte Türen gewähren Einlass, im innersten Mauerring führen vier weitere in den Hauptraum. In seinem Zentrum steht eine massive Säule, die eine Art Wendeltreppe zum oberen Stockwerk birgt. Diese Konstruktion verlieh dem gesamten Gebäude seinen Namen. Oben gab es mehrere Fensteröffnungen, von denen nur drei übrig geblieben sind. Sie waren so angeordnet, dass man von ihnen aus den Lauf der Venus sowie andere astronomische Phänomene beobachten konnte. Nach Auffassung mancher Wissenschaftler diente der Caracol nicht nur als Observatorium, sondern auch als Tempel für den Kult der Gefiederten Schlange.
Wie bereits erwähnt gibt es in Chichén Itzá auch einige Gebäude im Puuc-Stil, z. B. das Rote Haus und das Haus der Nonnen. Sie ähneln Bauten in Uxmál und anderen Zentren derselben Zeit, sind aber weniger aufwendig dekoriert. An der Tür eines eleganten Palastes, der sich an das Haus der Nonnen anschließt, findet sich ein interessantes Flachrelief. Im Inneren eines runden Strahlenkranzes zeigt es ein mit gekreuzten Beinen sitzendes Wesen, das auf dem Kopf einen Federschmuck trägt. Einer gängigen Hypothese zufolge handelt es sich um einen zum Gott gewordenen Herrscher auf dem Thron. Neben einem der 13 Ballspielplätze der Stadt erhebt sich der Tempel der Jaguare. Mit 166 Metern Länge und 68 Metern Breite ist er der flächenmäßig größte in ganz Mesoamerika. Chichén Itzá erlebte zu Beginn des 14. Jahrhunderts einen raschen Verfall. Die Hegemonialmacht über die Maya-Tolteken ging an Mayapán über. Der heilige Cenote blieb gleichwohl bis zur spanischen Konquista ein bedeutender Anziehungspunkt für Pilger aus ganz Mesoamerika.

201 unten links *Diese Maske des Gottes Chac schmückt eine Ecke der oberen Fassade des Klosters. Deutlich sind die Augenscheiben und die Rüsselnase zu erkennen.*

201 unten rechts *Der Heilige Cenote von Chichén Itzá ist eine Doline, in deren trübe Fluten man Opfer zu Ehren des Gottes Chac warf. Der Cenote eröffnete auch den Weg ins Jenseits.*

202-203 *Auf dem Plan von Chichén Itzá steht im Vordergrund links das Haus der Nonnen, umgeben von kleineren Gebäuden. Weiter rechts erheben sich der Caracol und das Grab des Hohenpriesters. Im Hintergrund rechts befinden sich der Ballspielplatz, das Castillo, der Kriegertempel und die Gruppe der Tausend Säulen.*

TENOCHTITLÁN, DIE LAGUNENSTADT

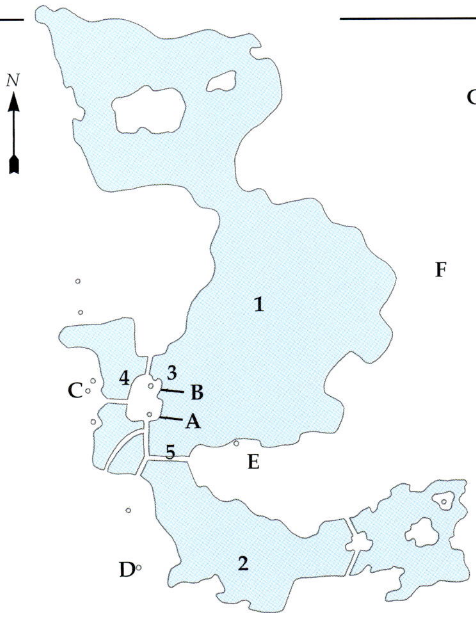

A Tenochtitlán
B Tlatelolco
C Tlacopán
D Cuicuilco
E Ixtapalapa
F Texcoco
G Teotihuacán

1 Texcocosee
2 Xochimilcosee
3 Damm von Tepeyac
4 Damm von Tlacopan
5 Damm von Ixtapalapa

Als Cortés mit seinen Soldaten den Texcocosee erreichte, erblickten sie dort, wo sich heute Mexiko-Stadt erhebt, eine riesige und prachtvolle Metropole. Eigentlich handelte es sich sogar um zwei Städte, Tenochtitlán, die Hauptstadt des Aztekenreiches, und Tlatelolco auf der anderen Seite eines schmalen Flusses, über den eine Brücke führte. Heute zeugen nur noch einige steinerne Ruinen inmitten der hektischen Hauptstadt Mexikos von dem ehemaligen Glanz. Es scheint daher sinnvoll, zunächst einen Blick auf die Kodizes der Azteken und die Chroniken der Eroberer zu werfen, um sich mit der Geschich-

te und Architektur der Stätte vertraut zu machen.
Erst in jüngerer Zeit gelang es, den Eingangsteil des *Codex Mendoza* zu entschlüsseln, der die Ereignisse um Tenochtitlán bis zum Eintreffen der Spanier festhält. Im Jahre 1325 unserer Zeitrechnung gründete der Priester Tenoch die Stadt, die eine rasche Blütezeit von nur 194 Jahren durchmachte und ihren kulturellen Zenit unter dem letzten Aztekenherrscher, Moctezuma II., erlebte. Am 8. November 1519 fanden sich die Spanier vor den Toren der märchenhaften Stadt wieder und die Soldaten, so der Chronist Bernal Diaz del Castillo,

„marschierten wie im Traum durch diese Herrlichkeiten".
Tenochtitlán und Tlatelolco erstreckten sich über einige kleine Inseln, die über lange Deiche Verbindung zum Festland hielten. Um auf die Inseln zu gelangen, musste man über einen der zahlreichen Stege gehen oder ein Boot besteigen. Die Hauptstadt der Azteken wirkte dadurch wie eine uneinnehmbare Festung im Wasser. 300 000 Menschen lebten in den beiden Zwillingsstädten, die inmitten des Binnensees emporwuchsen. Rings um sie schloss sich ein Gürtel von *cinampas,* schwimmenden künstlichen Inseln, die die Azteken aus lehmbedecktem Binsengeflecht erbaut und mit Seilen auf dem Grund des Sees verankert hatten. Begann eine der Inseln zu sinken, bedeckte man sie mit einer weiteren Schicht Erde, sodass sie im Laufe der Zeit ei-

204-205 *Auch die Azteken übernahmen den Kult des Quetzalcoatl. Dieser farbig bemalte, steinerne Schlangenkopf steht neben dem Templo Mayor.*

205 oben links *Die ca. 1,70 Meter hohen Figuren mit menschlichen Zügen dienten vermutlich als Standartenhalter.*

205 oben rechts *Dieser mit farbigem Stuck bedeckte* Chac mool *wurde um 1390 geschaffen. Er stand ursprünglich auf der Plattform des Heiligtums von Tlaloc auf dem Templo Mayor.*

205 unten rechts *Im Nordhof des Templo Mayor in Tenochtitlán befand sich ehemals diese Plattform mit einem* tzompantli.

206-207 *Das Schaubild zeigt die Hauptstadt des Aztekenreiches zu Beginn der spanischen Eroberung. Im Zentrum des Heiligen Bezirks steht der Templo Mayor mit seinen beiden Gipfelheiligtümern. Davor erhebt sich ein dem Windgott geweihter Rundtempel.*

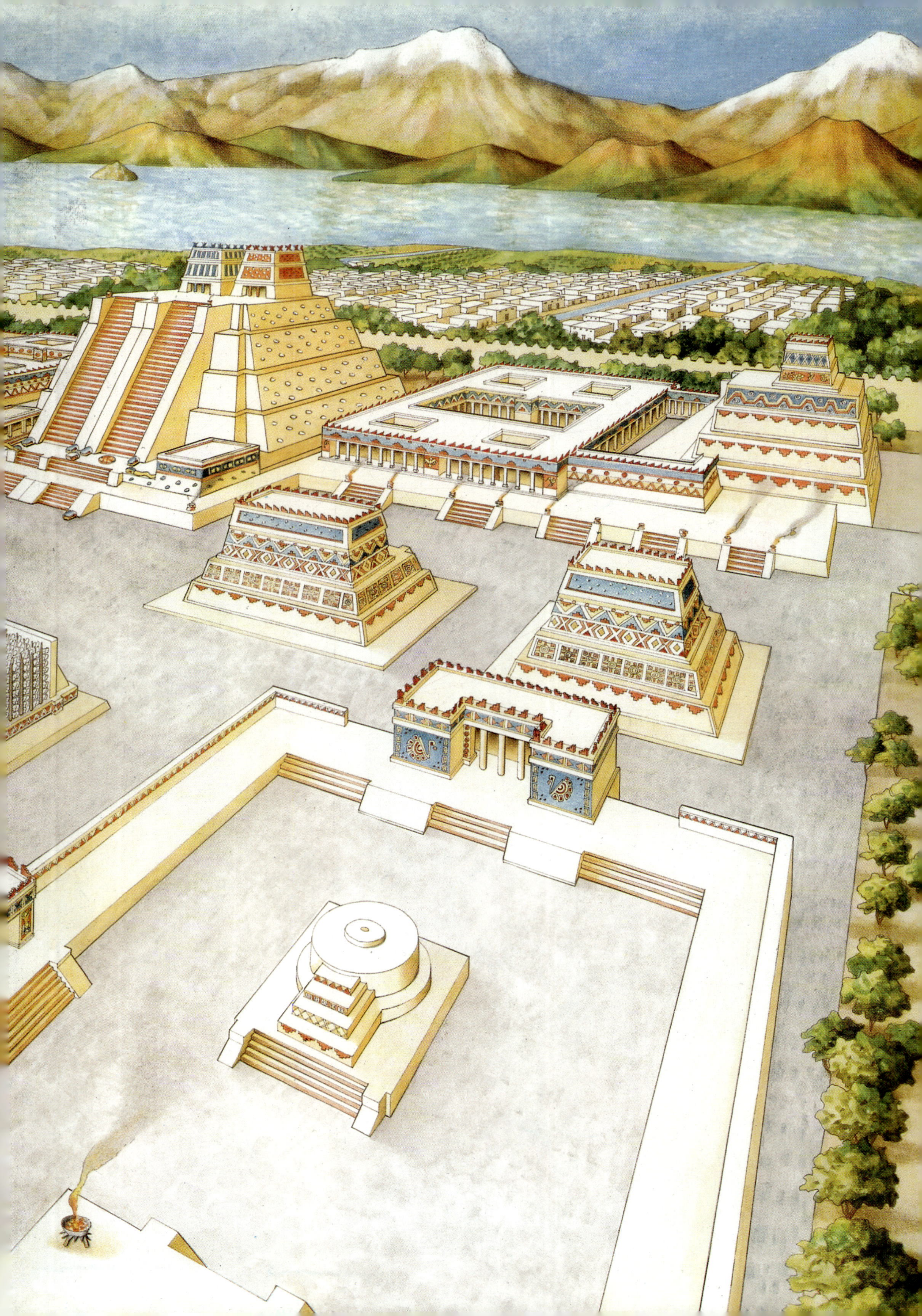

208 oben *Auch die Azteken verbrannten Weihrauch und andere Aromastoffe. Dieses Räucherfass aus farbigem Ton stellt den Maisgott dar. Es stammt aus dem Templo Mayor in Tenochtitlán und wurde um 1470 geschaffen.*

208 Mitte *Diese feingearbeitete Terrakottafigur wurde auf ca. 1480 datiert und stellt einen Adlerkrieger dar. Wie die Tolteken gehörten auch die Azteken verschiedenen Militärorden an, darunter dem Adler- und dem Jaguarorden.*

208 unten *Dieser runde Stein von drei Metern Durchmesser wurde auf Plattform IV des Templo Mayor entdeckt. In einer grausamen Szene enthauptet hier Huitzilopochtli seine Schwester, die Göttin Coyolxahuqui, und trennt ihre Glieder ab.*

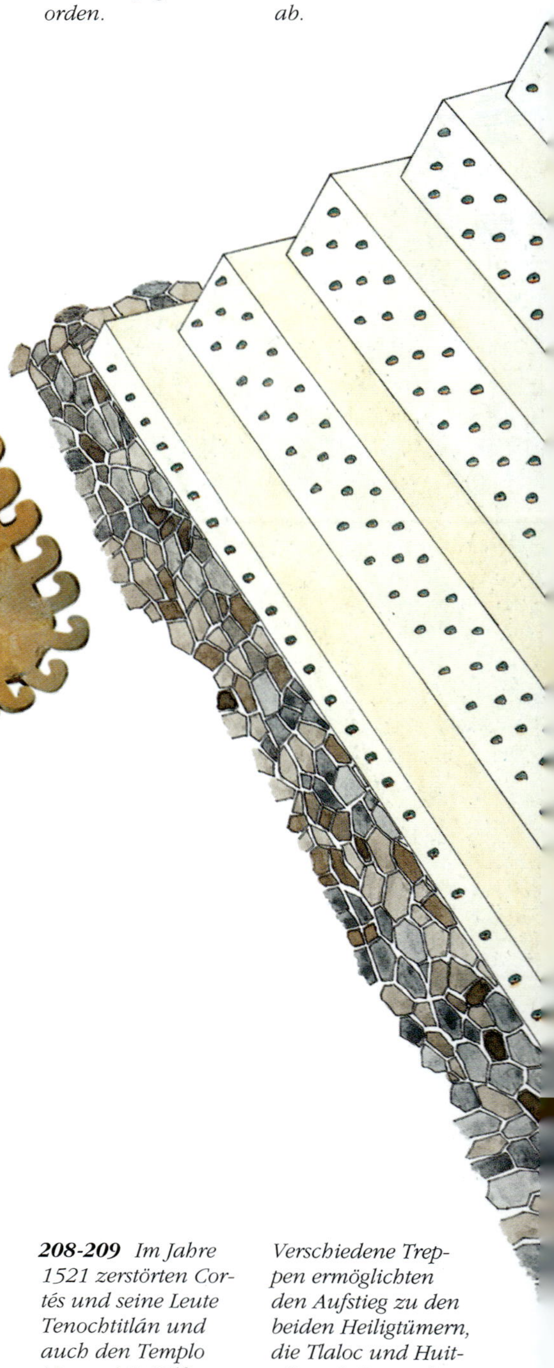

nen immer besseren Nährboden für den Obst- und Gemüseanbau boten. Mit Booten bewegten sich die Einwohner von Tenochtitlán über die zahllosen Kanäle von einem Ort zum anderen. Kein Wunder, dass die europäischen Ankömmlinge sich in ein exotisches Venedig versetzt glaubten. Die Beschreibungen des Chronisten Bernal Diaz aus dem 16. Jahrhundert sind in dieser Hinsicht außerordentlich aufschlussreich. Die Stadt gliederte sich, ganz dem aztekischen Weltbild entsprechend, in vier Stadtviertel und den heiligen Bezirk im Zentrum. Neben den sauberen und gepflegten Wohngebieten für das einfache Volk lagen die Residenzen der Reichen, zu denen sich Tempel, Paläste, Ballspielplätze, Schulen und Thermalbäder gesellten. Mit am meisten zeigten sich die Spanier von den Gärten überrascht, in denen die herr-

208-209 *Im Jahre 1521 zerstörten Cortés und seine Leute Tenochtitlán und auch den Templo Mayor. Mit Hilfe von Kodizes der Azteken und Grabungsfunden gelang es, den großen Sakralbau so wiederaufzubauen, wie er zur Zeit Moctezumas II. ausgesehen hatte. Verschiedene Treppen ermöglichten den Aufstieg zu den beiden Heiligtümern, die Tlaloc und Huitzilopochtli geweiht waren. Auf der untersten Ebene standen große, mit farbigem Stuck überzogene Skulpturen von Fröschen und Gefiederten Schlangen.*

Plan des Zeremonialzentrums von Tenochtitlán

A Nicht identifizierter Tempel
B Templo Mayor
C Tempel des Tezcatlipoca
D Wohnhaus der Priester
E Tempel des Quetzalcoatl
F Ballspielplatz
G Tzompantli
H Tempel des Xipe Totec

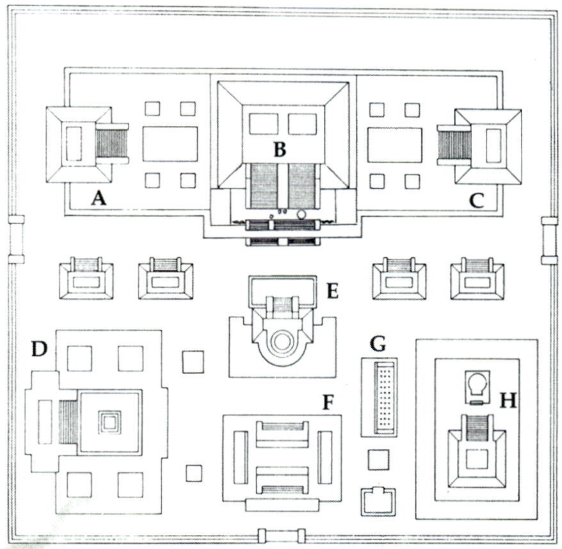

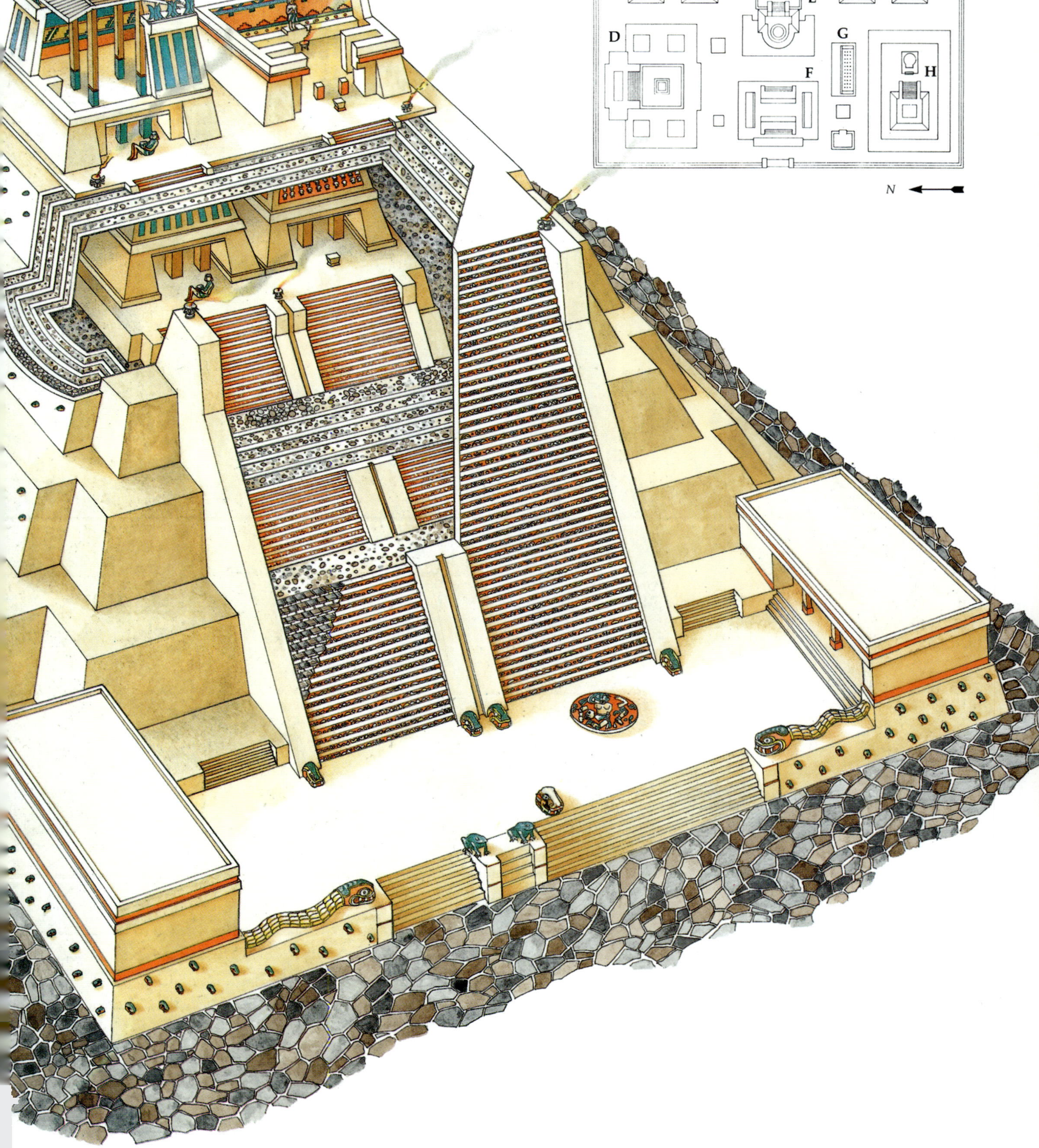

lichsten tropischen Blumen rings um Brunnen und künstliche Wasserfälle blühten. Daneben gab es zahlreiche Parks, in denen die Edelleute Tiere und insbesondere die verschiedensten exotischen Vogelarten hielten. In der Zwillingsstadt Tlatelolco versetzte ein riesiger Markt die Europäer in Erstaunen. Sämtliche Güter gelangten ausschließlich über den Wasserweg an ihren Platz. Waren aller Art, vom Mais über Kakao, Kaninchen, Truthähne, Holz und Honig bis hin zu Federn, Silber und Sklaven wurden per Tauschhandel oder mit Kakaobohnen als Wechselgeld eingekauft und verkauft. Eine Abordnung von Beamten und eine Polizeitruppe sorgten dafür, dass die Geschäfte ohne Zwischenfälle verliefen. Bis zu 60 000 Menschen konnten sich gleichzeitig auf dem Markt aufhalten. Die Kodizes der Azteken und die schriftlichen Quellen der Kolonialzeit liefern uns zahlreiche Bilder von den wichtigsten Bauwerken der aztekischen Hauptstadt. Darüber hinaus förderten Archäologen Tonmodelle der großen Tempel zutage. Unter der Herrschaft von Moctezuma maß der rechteckige Hauptplatz von Tenochtitlán 350 mal 300 Meter. Er bildete

211 Die Azteken verehrten Coatlicue, deren Name „Schlangenkleid" bedeutet. Sie galt als Mutter der Erde und Fruchtbarkeit und hatte der Mythologie zufolge Huitzilopochtli und Coyolxahuqui geschaffen. Diese große Steinskulptur der Göttin im Schlangengewand mit den Zügen eines Raubvogels und einer Schlange tauchte 1780 in Mexico-Stadt auf. Menschenkopf und -glieder weisen auf die grausamen Opferriten der Azteken hin.

210 oben *Diese Tonfigur, vermutlich ein aztekischer Krieger, fand sich im Bereich des Templo Mayor.*

210 Mitte *Der große Steinkopf gehört zur Mondgöttin Coyolxahuqui, deren Name „die mit Schellen Geschmückte" bedeutet.*

210 unten *Der Adler, hier in Form einer Steinskulptur, war das mit der Gründung Tenochtitláns verbundene Totemtier der Azteken. 1978 stießen Archäologen auf dem Gebiet des Tem plo Mayor auf den bedeutenden Fund.*

das Herz des Zeremonialzentrums, in dem der wichtigste Sakralbau, von den Spaniern Templo Mayor genannt, emporragte. Erst 1487 hatte man die imposante Pyramide fertig gestellt. Sie bestand aus vier oder fünf Ebenen, die eine Höhe von 30 Metern erreichten. Eine steile Treppe führte zur obersten Plattform hinauf, wo sich zwei Heiligtümer befanden. Eines war Huitzilopochtli, dem aztekischen Kriegsgott, geweiht, das andere dem Regengott Tlaloc. Überlieferte Darstellungen zeigen, wie man auf dem Altarstein den Opfern das Herz bei lebendigem Leibe herausriss und die Leichen anschließend die Treppe hinunter auf den Platz stieß, von wo aus die Menge dem Ritual beiwohnte. Was ist heute von der prächtigen Stadt, dem majestätischen Zeremonialzentrum und dem größten Imperium Mexikos geblieben? Am 13. August 1521 töteten Cortés und seine Männer Moctezuma II. und sein Gefolge. Anschließend machten sie die Stadt dem Erdboden gleich. Über den Grundmauern der zerstörten Paläste errichteten sie neue Gebäude im Kolonialstil. In Mexiko-Stadt entdeckte man drei Jahrhunderte später auf der Plaza de las Armas eine steinerne Statue der Göttin Coatlicue und den berühmten Kalenderstein. Diese ersten wieder gefundenen Spuren der versunkenen aztekischen Kultur standen am Beginn der modernen Grabungsarbeiten. Zu Anfang des 20. Jahrhunderts stießen die Archäologen auf eine Ecke der steinernen Grundmauer des Templo Mayor, einige Jahre später legten sie einen Teil der Treppe und des *tzompantli* frei.
Ende der Siebzigerjahre war die Stratigraphie des großen Sakralbaus nahezu vollständig abgeschlossen. Mehrere tausend Einzelstücke hatte man zwischenzeitlich aus dem Boden geholt. Das antike Tlatelolco erhob sich an der Stelle der heutigen Plaza de las tres Culturas. Dank zahlreicher Ausgrabungskampagnen können Besucher heute die Ruinen des Zeremonialzentrums bewundern, in dessen Mitte sich eine ebenfalls Huitzilopochtli und Tlaloc geweihte Stufenpyramide befand. Von der Spitze dieses Tempels aus blickte einst Bernal Diaz del Castillo auf das märchenhafte Tenochtitlán, die letzte Hauptstadt des präkolonialen Mexikos.

212 *Bei dieser 1,15 Meter hohen Steinskulptur eines Jünglings, der mit gekreuzten Beinen auf einem Thron sitzt, handelt es sich um Xochipilli, den „Blumenfürsten“. Er galt bei den Azteken als Schutzpatron der Blumen und der Liebe. Sein Kult war mit dem rituellen Ballspiel verbunden.*

213 oben links *Diese Aufnahme zeigt den heiligen Bezirk von Tlatelolco, der Zwillingsstadt von Tenochtitlán, die sich zu einer wichtigen Handelsmetropole entwickelt hatte. In der Mitte erhebt sich die Pyramidenanlage mit den beiden Heiligtümern, dahinter steht die barocke Jakobskirche von Tlatelolco.*

213 unten links *In diesem Teil des heiligen Bezirks von Tlatelolco ist hinten links der Tempel der Zahlen zu erkennen. Seine Wände sind überall mit Hieroglyphen bedeckt, die sich auf die Tage des Rituellen Kalenders beziehen. Rechts davon erhebt sich die Plattform eines Tempels, der dem Windgott geweiht war.*

213 rechts *Diese elegante aztekische Skulptur ist 70 Zentimeter hoch und zeigt das Gesicht eines Adlerkriegers. Die Gesichtszüge sind besonders fein und realistisch ausgearbeitet und heben den Fund dadurch deutlich von den üblichen aztekischen Kunstwerken ab.*

Cacaxtla, ein ungelöstes Rätsel

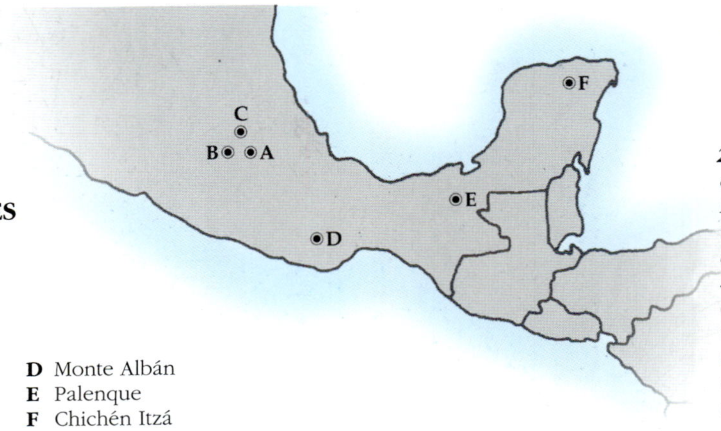

A Cacaxtla
B Tenochtitlán
C Teotihuacán
D Monte Albán
E Palenque
F Chichén Itzá

214 rechts *In Cacaxtla fanden die Forscher Fresken und Wandfriese aus der späten klassischen Periode. Auf diesem Ausschnitt eines Stuckfrieses ist ein Krieger mit Kopfbedeckung und Ohrringen zu sehen.*

214 links *Diese Abbildung veranschaulicht den Farbreichtum und die Ausdrucksstärke, welche die Wandfresken von Cacaxtla kennzeichnen. Hier kämpft ein Wesen mit menschlicher Gestalt und Raubtierzügen gegen eine Jaguarschlange.*

Um das Jahr 800 verloren Teotihuacán und die Mayastädte der klassischen Periode allmählich an Einfluss. Gleichzeitig begann in Zentralmexiko der Aufstieg einiger Zentren, in denen sich, beeinflusst von den mächtigen Nachbarn, eigenständige regionale Kulturen entwickelten.
Unter diesen neuen Städten nahmen Xochicalco, Cholula und Cacaxtla im heutigen mexikanischen Staat Tlaxcala eine herausragende Position ein. Cacaxtla liegt am Fuße des Vulkans Iztaccihuatl.

Die Stadt erreichte ihren kulturellen Höhepunkt zwischen 650 und 900. Ihren Namen, der „Ort des cacaxtli" oder „Ort des Tornisters der Kaufleute" bedeutet, erhielt sie von den aztekischen Invasoren.
Verschiedene Forscher nehmen deshalb an, dass der älteste Kern des Zentrums auf eine Gruppe von Olmeca Xicalanca zurückgeht, eine Gemeinschaft von Händler-Kriegern, die aus der Golfregion stammten. Bedeutung für die Nachwelt erlangte Cacaxtla vor allem aufgrund seiner zahlreichen Fresken, die nach Auffassung der Wissenschaftler zu den bedeutendsten Wandmalereien Zentralmexikos gehören und künstlerisch zum Teil sogar jene von Teotihuacán übertreffen.
Der vollständigste Freskenzyklus befindet sich in einem Palast zur Linken und Rechten der Treppe. Er zeigt blutige Kriegsszenen in all ihrer Grausamkeit und unterscheidet sich dadurch grundlegend von der Bilderwelt Teotihuacáns, die sich eher auf religiöse Themen und Motive konzentriert. Die annähernd lebensgroßen, farbigen Gemälde prächtig gekleideter Krieger und überwundener Feinde wirken außerordentlich realistisch. Außerdem finden sich in Cacaxtla auch einige Fresken mythologischen Inhalts, darunter zwei Bilder von besonderem ästhetischen Wert, die einen Vogelmenschen und einen Jaguarmenschen darstellen.

216 Dieser grimmig dreinblickende Krieger gehört zu einer Kriegsszene des Wandfreskenzyklus in Cacaxtla. Der Stil erinnert stark an die Gemälde der Maya in Bonampak.

217 oben links *Der abgebildete Jaguarkrieger stammt aus dem Kulturkreis der Hochebene von Mexiko, doch die Ausführung ist typisch für die Kunst der Maya.*

217 unten links *Auf den Fresken von Cacaxtla sind zahlreiche mythologische Wesen zu sehen, darunter Ungeheuer in Schlangen- oder Raubtiergestalt.*

217 rechts *Schildkröten, Hirsche und andere Tiere finden sich auf den bis heute zutage geförderten Freskenzyklen. Die gekonnte Ausführung überrascht ebenso wie der gute Zustand der Gemälde.*

Der Vogelmensch ist gerade dabei, eine Gefiederte Schlange zu unterwerfen und zu durchbohren und gibt damit Anlass zu Fragen nach dem Beginn und Ursprungsort des Kultes. Die Fresken insgesamt weisen eine Vielzahl kultureller Einflüsse auf. Ihr Stil erinnert entfernt an die Wandmalereien der ausgehenden Mayazeit, etwa in Bonampak. Einige Motive stammen dagegen mit Sicherheit aus Zentralmexiko. Manche Symbole der Hieroglyphenschrift ähneln jenen von Teotihuacán, andere gleichen den Zeichen der Zapoteken und Mixteken aus Oaxaca. Da sie bislang noch nicht entschlüsselt wurden, lassen sich noch keine präzisen Verbindungen herstellen. Während der letzten 15 Jahre brachten die Archäologen bei Ausgrabungsarbeiten weitere Fresken ans Licht, die ebenfalls permanent den Krieg und die damit verbundenen Schrecken inszenieren. Die Gemeinschaft von Kriegern und Händlern, die die mexikanische Hochebene zwischen dem 7. und dem 10. Jahrhundert beherrschte, erscheint hier in einem düsteren Licht. Wie in der letzten Phase des Aztekenreiches war es das offensichtliche Ziel der Feldzüge, eine möglichst große Zahl von Gefangenen für die anschließenden Menschenopfer mit nach Hause zu bringen.

218 oben links *Der vierstöckige Turm diente vermutlich als Observatorium. Er gehört zu den herausragendsten Bauwerken von Palenque.*

218 oben rechts *Diese Aufnahme zeigt einen ehemaligen Hof, zu dem hin sich früher die Gebäude des Palastes von Palenque öffneten.*

PALENQUE, STOLZ VON KÖNIG PACAL

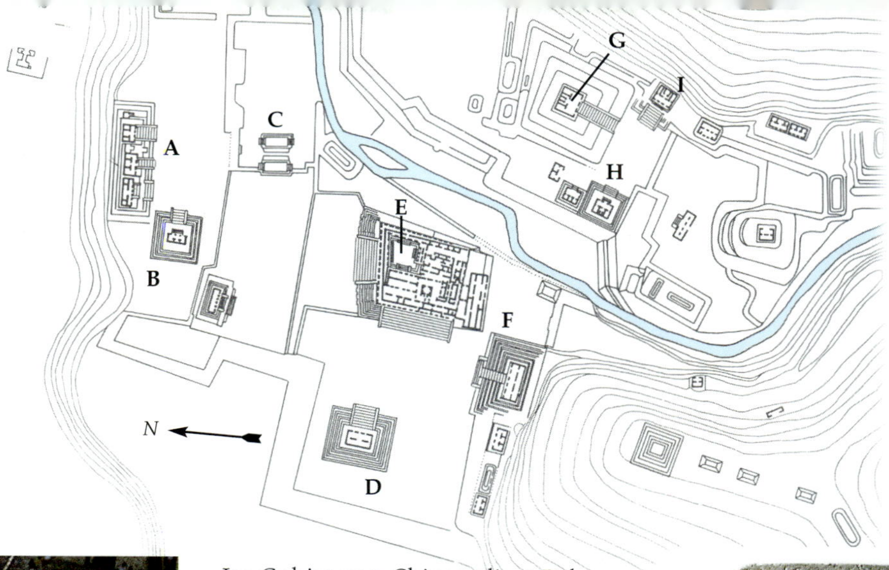

A Nordgruppe
B Märchentempel
C Ballspielplatz
D Großer Palast
E Palast
F Tempel der Inschriften
G Tempel des Kreuzes
H Tempel der Sonne
I Tempel des Blätterkreuzes

Im Gebiet von Chiapas liegt Palenque eine der am besten erhaltenen Mayastätten. Nach ihrem Niedergang im 9. Jahrhundert blieb sie jahrhundertelang vergessen, wurde dann jedoch als eine der ersten antiken Städte Mesoamerikas wieder entdeckt. Im Jahre 1746 unternahm der spanische Geistliche Padre Solís im Auftrag des Bischofs von Santo Domingo eine Reise nach Palenque. Voller Erstaunen erkundete er die Überreste der alten, zum Teil unter üppiger Vegetation begrabenen Stadt, von deren Existenz die Überlieferungen berichteten. Nachdem er den Kolonialbehörden seine Entdeckung mitgeteilt hatte, versuchten zahlreiche Reisende und Wissenschaftler erfolglos, die kulturelle Zugehörigkeit des geheimnisumwitterten Ortes festzustellen.
Viele zeichneten Grundrisse der Stadt und der Ruinen, darunter der Graf von Waldeck, der die Erforschung der antiken Stätten Mexikos zu seiner Lebensaufgabe erklärt hatte. Im Jahre 1825 begann er seine Studien mit einem eineinhalbjährigen Aufenthalt in Palenque, wo er nach ersten Grabungen Bilder der Bauwerke anfertigte. Noch heute faszinieren Waldecks Lithographien, wenngleich die subjektive Interpretation der Funde nicht zu übersehen ist. Ähnlich wie andere Gelehrte seines Zeitalters konnte sich auch der Graf nicht vorstellen, dass sich in Amerika eine von der europäischen Antike völlig unabhängige Hochkultur entwickelt haben sollte.

218-219 *Der „Palast" genannte architektonische Komplex in Palenque besteht aus langen Gebäuden und drei Innenhöfen. Er diente vielleicht der städtischen Führungsschicht als Repräsentationsgebäude.*

219 oben rechts *Dieses Jadetäfelchen stammt aus der Grabkammer von König Pacal und wird auf das Jahr 675 datiert. Es zeigt einen Würdenträger mit Helmbusch.*

219 unten rechts *Dieser Stuckfries war farbig bemalt, doch sind hiervon keine Spuren mehr zu sehen. Zusammen mit anderen Friesen schmückte er den Großen Palast von Palenque.*

220-221 *Diese Aufnahme des Palastes von Palenque vermittelt einen Eindruck von der Faszination und den Geheimnissen, die den Ort noch heute umgeben. In seiner Mitte ragt der vierstöckige Turm empor.*

222 oben links *Der Tempel des Kreuzes wurde 692 unter der Regierung von König Chán Balum errichtet.*

222 oben rechts *Im Jahre 672, wenige Jahre vor dem Tod von König Pacal, entstand der Tempel des Blätterkreuzes.*

Am Tempel der Inschriften wird dieses Konzept, auf das wir weiter unten zurückkommen, besonders deutlich. Außer Waldeck fertigten auch Stephens und Catherwood interessante Darstellungen der Überreste von Palenque an. Die jüngst entschlüsselten Inschriften auf Stelen und Gebäuden erhellen die Geschichte des Zentrums, das stellvertretend für die Mayastädte der klassischen Periode stehen kann.

Die ältesten Bauten gehen auf einen Herrscher zurück, der der politischen und kulturellen Entwicklung Palenques entscheidende Impulse gab. Die Quellen nennen ihn Kin Pacal, in der Sprache der Maya „Sonnenschild". Von 615 bis 683 regierte Kin Pacal über Palenque und initiierte in dieser Zeit unter anderem die Anlage des Großen Palastes. Der Komplex erhebt sich auf einer großflächigen Plattform und besteht aus zahlreichen Parallelflachgebäuden, die sich um drei ursprünglich mit Gewölben überdachte Höfe gruppieren.

Die Struktur der Anlage erinnert an ein europäisches Kloster des Mittelalters. Obgleich der Palast lange Zeit ausschließlich als Wohnort, vielleicht sogar als königliche Residenz, diente, betonen die Forscher heute seine religiöse und kultische Funktion. Der große, dreistöckige Palastturm war wohl ein Aussichtspunkt oder, noch wahrscheinlicher, ein Observatorium.

222-223 *Diese vom Tempel des Kreuzes aus aufgenommene Fotografie fasst die wichtigsten Sakralbauten von Palenque ins Bild. Links steht der Tempel der Sonne aus dem Jahre 690 neben den Ruinen anderer Tempelgebäude. Im Hintergrund erhebt sich der große Tempel der Inschriften, die Grabstätte von König Pacal.*

223 *Dieser Ausschnitt befindet sich auf dem Gipfel des Tempels der Sonne, den Chán Balum im Jahre 690 bauen ließ. Er ist mit Flachreliefs und einem Dachkamm verziert, der jenen von Yaxchilán allerdings nicht gleichkommt. Gemeinsam mit dem Tempel des Kreuzes und dem Tempel des Blätterkreuzes bildete der Tempel der Sonne die so genannte Kreuzgruppe.*

Neben dem Palast erhebt sich im Herzen der Stadt die imposanteste Pyramide, der Tempel der Inschriften. Graf Waldeck zeigte ein großes Interesse für die in Stein gehauenen Schriftzeichen und transkribierte sie, wobei er zugleich versuchte, ihren Sinn zu entschlüsseln. Dabei interpretierte er die Symbole ganz nach eigenem Gutdünken und verwandelte sie auf seinen Zeichnungen manchmal gar in stilisierte Elefantenköpfe. Die Bedeutung des Tempels beruht nicht allein auf seiner Architektur und den imposanten Proportionen, sondern vor allem auf dem großen Geheimnis, das der mexikanische Archäologe Alberto Ruz Lhuillier erst 1952 lüftete. Unter der Grundmauer der Pyramide stieß Ruz nämlich am Ende eines langen, von Steinplatten verdeckten Treppenfußes auf eine große Grabkammer mit einem hohen falschen Gewölbe als Decke.
Im Innern befand sich ein Sarkophag, auf dem eine fünf Tonnen schwere Steinplatte voller Flachreliefs und Inschriften ruhte. Der Sarg enthielt die sterblichen Reste einer hoch stehenden Persönlichkeit, vermutlich eines Königs, sowie zahlreiche Grabbeigaben. Den Inschriften zufolge handelte es sich tatsächlich um den berühmten Pacal, über dessen Verbleib die Forscher lange Zeit gerätselt hatten. Eine herrliche Totenmaske aus Jade mit Augen aus Muscheln, Perlmutt und Obsidian ruhte auf dem Gesicht des Toten, unter dem Geschmeide und den anderen Beigaben waren auch zwei außerordentlich lebensecht wirkende Gipsköpfe, die vielleicht sogar Pacal selbst darstellen.
Der Deckel des Sarkophags gehört wegen seiner gekonnten Verarbeitung und den komplexen Flachreliefszenen zu den am meisten studierten und bewunderten Funden der Mayazeit. Die Bilder zeigen den Übergang des Königs von der Welt der Lebenden in die der Toten. Der Herrscher stürzt gleichsam in die Tiefe, wo im Jenseits, von den Maya Xibalbá genannt, ein Ungeheuer mit geöffnetem Maul lauert. Pacal gleitet am kreuzförmigen Weltenbaum hinab, der in der Mythologie der Maya die Erde mit der Unterwelt, dem Totenreich, und dem Pantheon der Götter verband.
Einige amerikanische Wissenschaftler haben in jüngerer Zeit versucht, die bildlichen Darstellungen auf dem Deckel neu zu interpretieren. Sie schlugen vor, die Symbole mit den astronomischen Kenntnissen der Maya in Verbindung zu bringen. Demnach entspräche der Weltenbaum der Milchstraße, jener „weißen Straße“, die die Seelen der Verstorbenen beschreiten müssen, um an ihrem Ende in ein neues Leben geboren zu werden. Die Inschriften erzählen,

224-225 und 224 unten links *Die große Pyramide der Inschriften in Palenque besteht aus acht Ebenen. 1952 entdeckte der Archäologe Alberto Ruz Lhuillier unter dem Fundament des Gebäudes die Krypta mit der Grabkammer von König Pacal mitsamt des dazugehörigen prächtigen Grabschatzes.*

224 unten rechts *Auf dem Vorplatz des Tempels der Inschriften steht ein kleiner Altar, eine Art Miniaturausgabe eines Sakralbaus.*

225 oben rechts *Außer der Pyramide der Inschriften und den Tempeln, die zur Kreuzgruppe gehören, gibt es in Palenque eine Reihe anderer Gebäudekomplexe, die religiösen Zwecken dienten. Hier abgebildet ist der Märchentempel, ein eher schlichtes Bauwerk, das zu Lebzeiten von König Pacal entstand.*

225 unten rechts *Am nördlichen Ende des Zeremonialzentrums von Palenque steht in der Nähe des Märchentempels ein Pyramidenkomplex. Die so genannte Nordgruppe umfasst mehrere kleinere Tempel.*

226 oben links
Zum Zeitpunkt der Entdeckung, im Jahre 1949, war der gesamte Treppenschacht zum Grab von König Pacal mit Schutt gefüllt, als hätte man Grabräubern bewusst den Zugang verwehren wollen.

226-227 Die Farbtafel erläutert die Position der Krypta und der beiden Zugangstreppen, die sich in der Pyramide der Inschriften verbargen. Der darüber liegende Tempel wurde abgehoben, um die darunter liegenden Räume sichtbar zu machen.

227 oben Eine schwere Steinplatte verschloss den Zugang zur Krypta, die Alberto Ruz 1952 öffnete. Zuvor hatte man drei Jahre damit verbracht, die beiden Treppen freizulegen.

227 Mitte Die Skizze der Grabplatte zeigt König Pacal in den Klauen des Irdischen Ungeheuers, dahinter steht der Lebensbaum mit einem Schlangenvogel.

227 unten Diese Aufnahme macht deutlich, dass der über fünf Tonnen schwere Sarkophag nur unwesentlich kleiner war als die Grabkammer selbst. Daraus lässt sich schließen, dass Krypta und Pyramide um das Grab herum gebaut wurden.

228-229 Diese Gesamtansicht der Pyramiden der Kreuzgruppe zeigt, von links nach rechts, den Tempel des Kreuzes, den Tempel des Blätterkreuzes, Tempel XIV und den Tempel der Sonne.

230 *Unter den Gegenständen und Schmuckstücken, die zum Grabschatz von König Pacal gehörten, befand sich auch diese 24 Zentimeter große Jademaske. Man hatte sie direkt nach seinem Tod auf das Gesicht des Herrschers gelegt.*

231 *Die Fotografie gibt eines der beiden Abbilder von König Pacal wieder. Die Stuckplastik fand sich unter dem Fundament des großen Sarkophages. Das Gesicht drückt Heiterkeit und Weisheit aus und bestätigt das Bild, das schriftliche Quellen von dem Monarchen entwerfen. Er galt als erleuchteter Herrscher, der zur politischen und kulturellen Entwicklung von Palenque wesentlich beitrug. Die prächtige Kopfbedeckung aus Federn war bei den Maya ein Symbol für die Macht und Erhabenheit ihres Trägers.*

dass Chán Balum („Schlange Jaguar"), nach dem Tod seines Vaters Pacal in Palenque den Thron bestieg. Er ließ die drei großen Tempel – den Sonnentempel, den Kreuztempel und den Tempel des Blätterkreuzes – errichten, die den so genannten Kreuzkomplex bilden. Alle drei stehen auf den Gipfeln von pyramidenförmigen Anlagen vor einem Bergkamm und es ist offensichtlich, dass ihre Anordnung einem genau festgelegten Prinzip folgt, das in der Kosmogonie und religiösen Vorstellungswelt der Maya wurzelt. Die Flachreliefs an den Wänden beziehen sich zum Beispiel auf den Lauf der Sonne von ihrem Aufgang bis zu ihrem „nächtlichen" Erscheinungsbild, das der Jaguar verkörpert.

Die Inschriften von Palenque haben einige sehr interessante Informationen zur dynastischen Folge der Nachkommen Pacals geliefert. Über einen bestimmten Zeitraum vollzog sich die Thronfolge zweifellos über die weibliche Linie, eine für die Maya eher unübliche Regelung. Auffällig ist auch die mit der Weihe des Kreuztempels verbundene Zeremonie. König Chán Balum wählte als Termin für die Feierlichkeiten ein Datum, an dem drei Planeten sich auf einer Linie mit der Sonne befanden.

Bonampak, die Stadt der Kriegerbilder

232-233 *Bonampak, eine kleines Zeremonialzentrum der Maya, geht auf das 8. Jahrhundert zurück. Berühmt wurde die Stätte durch den hier zum Teil nachgezeichneten Tempel der Malereien. Zusammen mit den Wandgemälden von Cacaxtla sind die Fresken, welche die drei aneinander angrenzenden Räume schmücken, die schönsten bis heute in Mittelamerika entdeckten. Das Gebäude wurde mit Sicherheit als Denkmal für einen siegreichen Feldherren errichtet.*

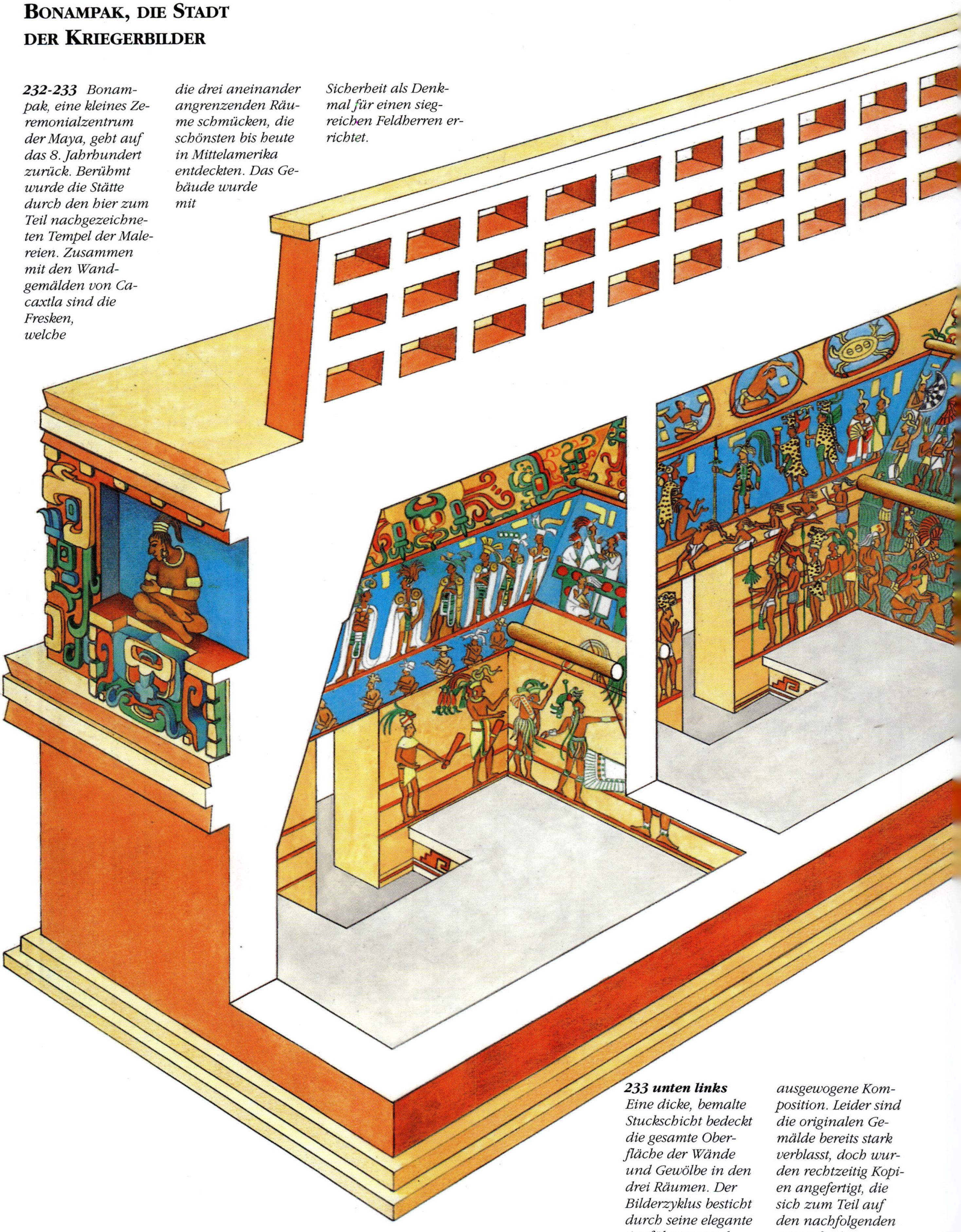

233 unten links *Eine dicke, bemalte Stuckschicht bedeckt die gesamte Oberfläche der Wände und Gewölbe in den drei Räumen. Der Bilderzyklus besticht durch seine elegante Ausführung und ausgewogene Komposition. Leider sind die originalen Gemälde bereits stark verblasst, doch wurden rechtzeitig Kopien angefertigt, die sich zum Teil auf den nachfolgenden Seiten finden.*

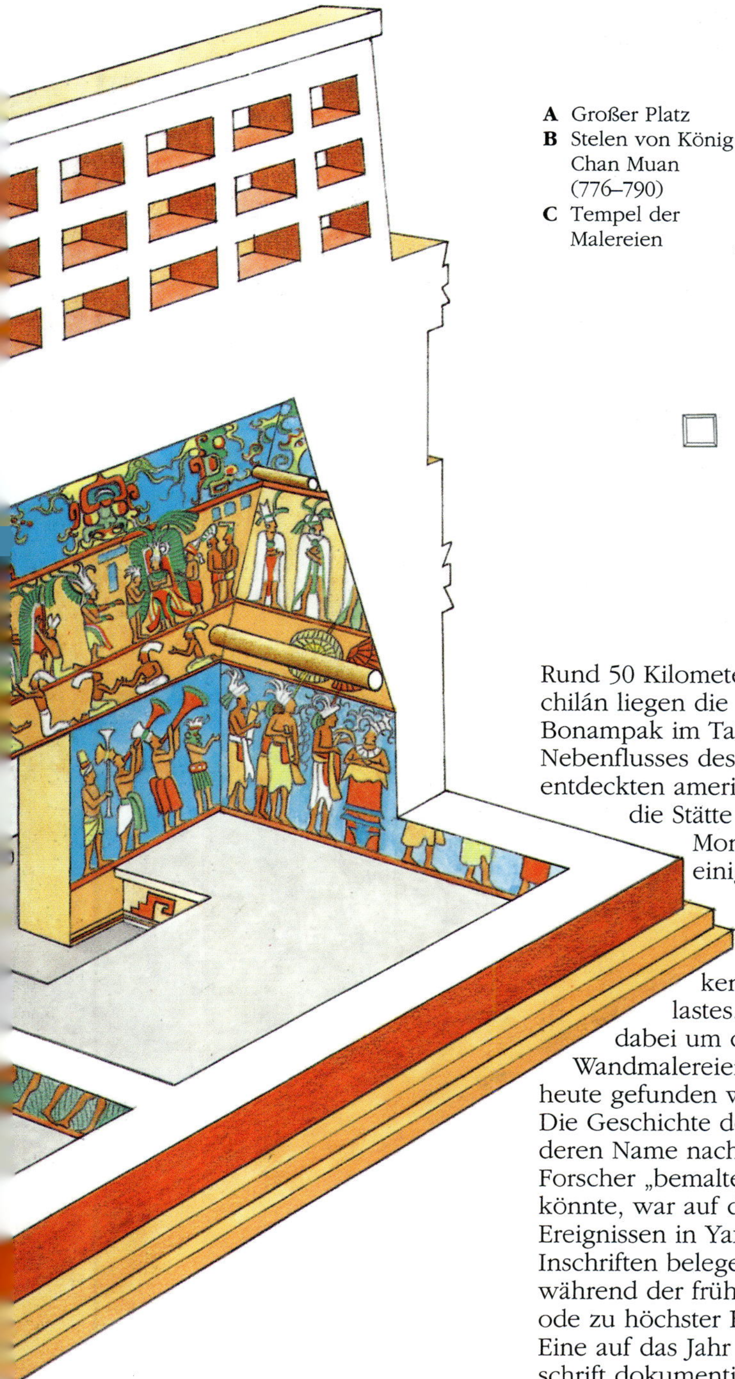

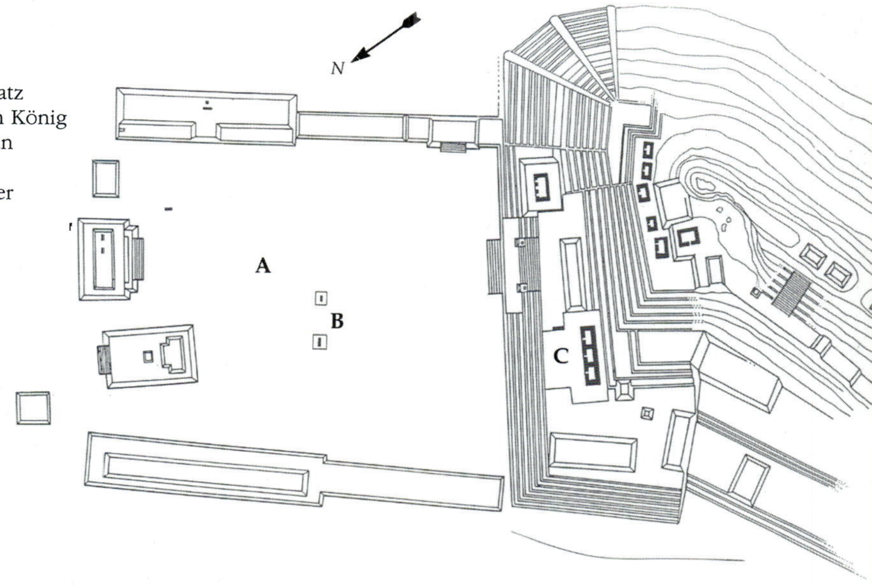

A Großer Platz
B Stelen von König Chan Muan (776–790)
C Tempel der Malereien

Rund 50 Kilometer südlich von Yaxchilán liegen die Ruinen der Stadt Bonampak im Tal des Lachna, eines Nebenflusses des Usumacinta. 1946 entdeckten amerikanische Forscher die Stätte und nur wenige Monate später führten einige Indios andere Wissenschaftler zu den Überresten eines reich mit Fresken geschmückten Palastes. Es handelte sich dabei um die bedeutendsten Wandmalereien der Maya, die bis heute gefunden wurden.

Die Geschichte der Stadt Bonampak, deren Name nach Meinung einiger Forscher „bemalte Wände" bedeuten könnte, war auf das Engste mit den Ereignissen in Yaxchilán verbunden. Inschriften belegen, dass beide Städte während der frühen klassischen Periode zu höchster Blüte gelangten. Eine auf das Jahr 746 datierte Inschrift dokumentiert ein politisches und diplomatisches Bündnis der beiden Städte. Meisterhaft ausgeführte farbige Fresken, die von historischen Begebenheiten berichten, schmücken Wände und Gewölbe von drei miteinander verbundenen Sälen im Innern des Palastes der Fresken.

In Saal 1 steht die Thronfolge eines Königs und seiner Söhne im Mittelpunkt. Ein Stab von Edelfrauen, Würdenträgern und Musikern nimmt an dem komplexen Einsetzungsritual teil. Einige Personen tragen prächtige Kleider und kunstvollen Kopfschmuck und demonstrieren damit Prunk und Reichtum des Hofes. Der dargestellte Tanz steht vermutlich in Verbindung mit Fruchtbarkeitsriten; die Tänzer, die eine gesonderte Gruppe bilden, tragen Furcht erregende Masken. Ein Tänzer ist mit falschen Scheren ausgestattet und imitiert eine Krabbe, ein anderer hat sich als Krokodil verkleidet. Die begleitenden Musiker spielen Trommel, Tamburin, Schlaginstrumente aus Schildkrötenpanzern sowie Schellen. Die Malereien im zweiten Saal kreisen dagegen um einen Sieg, den ein Herrscher mit seinen Soldaten nach einer blutigen Schlacht errungen hat. Zu Füßen des triumphierenden Königs werfen sich die besiegten Feinde auf die Knie. Der Krieg fand im Jahre 790 statt, sodass es sich bei dem überlegenen Herrscher um Chan Muan II. handeln muss. Eine Gedächtnisstele nennt auch das Datum seiner Krönung, die im Jahre 776 er-

233 oben rechts
Von der Akropolis, auf der sich der Tempel der Malereien erhebt, blickt man auf einen Platz, den ursprünglich weitere Plattformen und Sakralbauten umgaben.

233 unten rechts
Diese Stele ließ König Chan Muan zusammen mit zwei weiteren in Bonampak aufstellen.

234 oben Dieser Ausschnitt stammt von der Westmauer des ersten Raumes in Bonampak. Auf türkisblauem Hintergrund ziehen Tänzer und Musiker vorbei.

234 Mitte Diese kriegerische und grausame Szene gehört ebenfalls zu de Wandfresken. Sie er eignete sich unter der Herrschaft von König Chan Muan.

234 unten Das Detail einer Szene aus Raum 2 von Bonampak zeigt einen Krieger in Jaguarhaut, der einen besiegten Feind köpft. Die Inschriften weisen diese Episoden als historische Realität aus.

234-235 Die Fresken von Bonampak geben Aufschluss über viele Sitten der Maya der klassischen Periode. In dieser Szene kämpfen mit Lanzen und Schilden bewaffnete Krieger, die prächtigen Kopfschmuck aus Federn oder in Form von Tierhäuptern tragen.

folgte. Aus epigrafischen Texten geht überdies hervor, dass Chan Muan eine Prinzessin aus Yaxchilán heiratete. Die Wandmalereien von Bonampak bestätigen somit die in den schriftlichen Zeugnissen angeführten Ereignisse.

Im oberen Teil der Wände sind recht eigentümliche Bilder zu sehen. Einige Malereien zeigen Schriftrollen mit Sternenkonstellationen, darunter zwei Pekaris beim Paarungsakt, ein Symbol für die Konstellation der Zwillinge; während am anderen Ende eine Schildkröte auf die Sterne im Bild Orion verweisen könnte.

Der Freskenzyklus endet in Saal 3, wo Chan Muan seinen Sieg mit einer prunkvollen Zeremonie im Kreise seines Hofstaates und seiner Familie feiert. Das Fest schließt mit einem Ritus, bei dem die überwundenen Feinde den Göttern geopfert werden. Abgesehen von der bereits genannten Stele entdeckte man weitere Inschriften auf den Architraven des Palastes der Fresken, die den historischen Rahmen der Herrschaft von Chan Muan vervollständigen. Leider verblassten die leuchtenden Farben der Wandgemälde, die jahrhundertelang im Schutze der Dunkelheit überdauert hatten, kaum dass sie in Kontakt mit Licht und Feuchtigkeit gekommen waren. Zum Glück gelang es rechtzeitig, originalgetreue Kopien anzufertigen, die das Museum für Anthropologie in Mexiko-Stadt sowie das Florida State Museum in Gainesville heute in den ebenfalls nachgebauten Sälen ausstellen.

236 oben *Yaxchilán im Tal des Flusses Usumacinta gehörte zu den großen Mayazentren der klassischen Periode. Das Bild zeigt den Hauptplatz mit zahlreichen Überresten der antiken Stadt.*

236-237 *Die drei Haupttempel von Yaxchilán wurden auf Terrassenplattformen inmitten der üppigen Vegetation des Regenwaldes angelegt. Sie erschwert den Zugang zu der historischen Stätte.*

Yaxchilán, ein bewegtes Stadtbild

A Großer Platz
B Komplex 33

1 Östliche Akropolis
2 Westliche Akropolis
3 Südgruppe

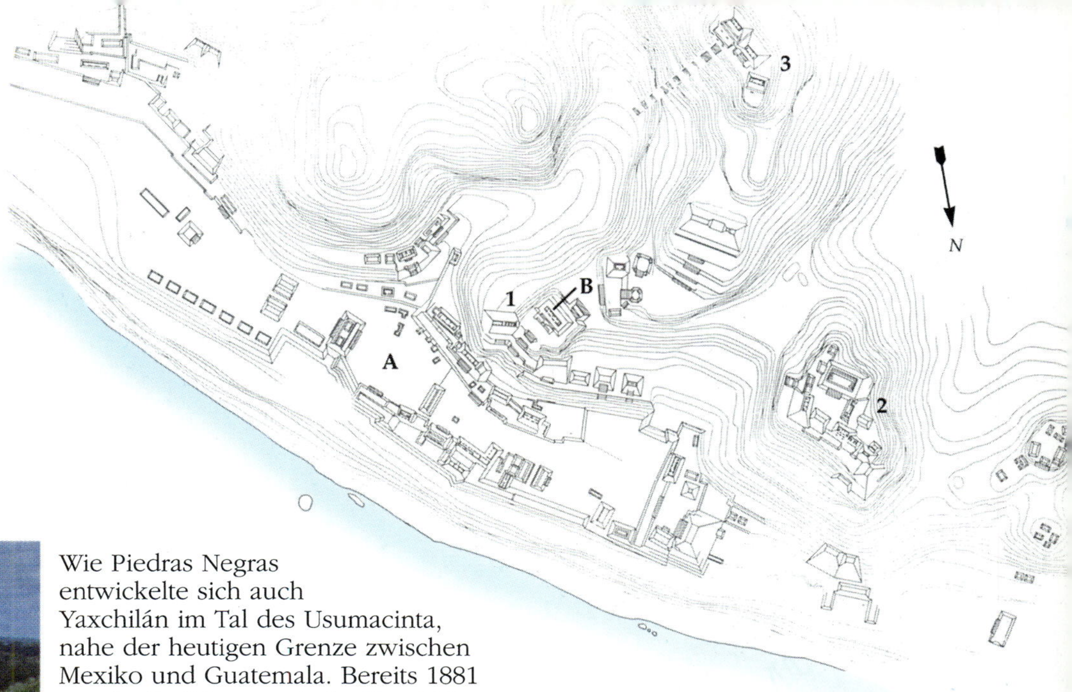

Wie Piedras Negras entwickelte sich auch Yaxchilán im Tal des Usumacinta, nahe der heutigen Grenze zwischen Mexiko und Guatemala. Bereits 1881 wurde die Stätte entdeckt. Yaxchilán blühte während der klassischen Periode und weist daher viele architektonische Parallelen zu Palenque auf. Übereinstimmungen zeigen sich zum Beispiel in der Konstruktion der Steinmauern, den langen Treppen und den großen, durchbrochenen Dachkämmen, die auf den Pyramidenspitzen als Schmuckmotive dienten. Wind, Feuchtigkeit und tropische Vegetation haben die erlesenen Stuckdekorationen allerdings fast vollständig zerstört. Der größte Teil der Gebäude ruht auf zwei terrassenförmigen Akropolen. Viele der rechteckigen Anlagen bestehen im Innern aus einer doppelten Reihe von Räumen, in die man durch drei Türen gelangt. Erlesene Flachreliefs und Inschriften zieren zahlreiche Stelen, Altäre und Architrave.
In den Sechzigerjahren begann die russische Inschriftenforscherin Tatiana Proskouriakoff mit der Entschlüsselung der Texte und Bilder. Schließlich entzifferte sie die in Stein gehauenen Zeugnisse und löste damit viele Rätsel, die sich mit der Mayaschrift bis dahin verbunden hatten. Die Wissenschaftlerin erkannte, dass es sich bei den Darstellungen um historische Dokumente handelte: Sie preisen die Taten von Herrschern und erzählen wichtige Ereignisse aus deren Leben, stets begleitet von präzisen Daten und Verweisen auf die Kalenderrechnung.
Heute wissen wir, dass in Yaxchilán über viele Jahre Könige einer einzigen Dynastie regierten. Die berühmtesten waren Vogel Jaguar und seine Gattin, Frau Xoc. Sie ließen den imposanten, 65 Meter hohen Tempel 33 errichten, der die Stätte noch heute überragt.

237 oben rechts
Eine breite Treppe führt zu einer der Plattformen, die an den Hauptplatz von Yaxchilán angrenzen. Die Gebäude der Stadt zeichnen sich durch elegante, durch Feuchtigkeit und üppigen Pflanzenwuchs heute jedoch weitgehend zerstörte Dachkämme aus. Fresken und Inschriften zieren die Türbögen der Paläste.

237 unten rechts
Tempel und Paläste dieses Zentrums entsprechen dem Stilideal des Usumacinta-Tals. Zu den typischen Merkmalen gehören durchbrochene Dachkämme und Stuckfriese im oberen Bereich der Gebäude.

Uaxactún, das Sonnen-observatorium

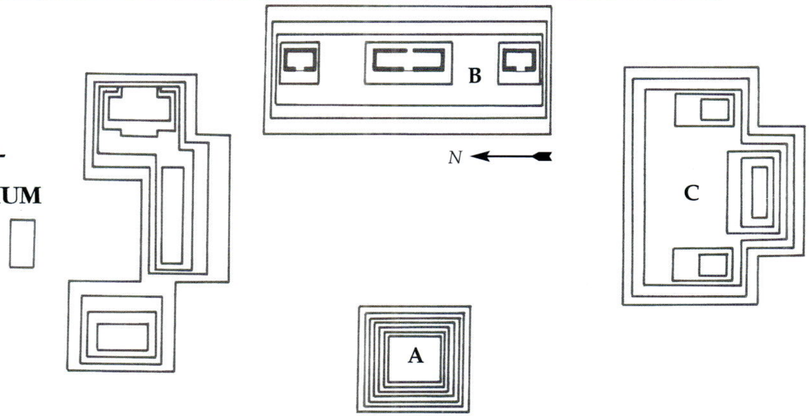

Plan von Komplex E in Uaxactún

A Pyramide E VII-sub
B Ostgruppe
C Gruppe A-5

Das Zeremonialzentrum von Uaxactún liegt in Guatemala. Wie das unweit befindliche El Mirador und die beiden Stätten Lamanai und Cerros in Belize bildete es sich gegen Ende der vorklassischen Periode aus dem kulturellen und architektonischen Zusammenfluss von olmekischem Substrat und der neu entstehenden Kultur der Maya. Einige Archäologen bezeichnen den Stil der Städte mit pyramidenförmigen Anlagen und primitiven, rechteckigen Ballplätzen daher als „prä-Maya-Stil".
Die Zeremonialgebäude bestanden aus einfachen Plattformen, die man zunächst aus Lehm, später aus Stein errichtete. Hierbei liefen die rechteckig angelegten Grundmauern stufenartig aufeinander zu und verjüngten sich dadurch nach oben hin. Große Stuckmasken, die Wesen aus der mythologischen Welt darstellten, zierten die Gebäudemauern. In der Mitte führte eine Haupttreppe zur Spitze der Pyramide, auf der sich das eigentliche Heiligtum befand. In einigen Fällen blieben Überreste dieser ursprünglich von einem Laubdach bedeckten Steinhütten erhalten. Das Zeremonialzentrum Uaxactún – der Name der Stadt bedeutet „acht Steine" – entwickelte sich während der präklassischen Periode in der Nähe von Tikal im tropischen Flachland von Petén. Das Herz der Stadt setzte sich aus mehreren Gebäudekomplexen aus Stein zusammen, die sich an fünf, im Laufe der Zeit zu Akropolen

238-239 *Das Observatorium ist das repräsentativste Gebäude von Uaxactún. Es wurde in der vorklassischen Periode begonnen und später in einen anderen Komplex integriert, der heute verschwunden ist. Das Observatorium diente vor allem zur Beobachtung der Sonnenwenden und Tagundnachtgleichen.*

238 unten links *Das Zeremonialzentrum von Uaxactún entwickelte sich zwischen der Mitte der vorklassischen Periode und dem 10. Jahrhundert im Gebiet von Petén im heutigen Guatemala. Hier ist der Überrest eines kleineren Tempelkomplexes, Gruppe B genannt, zu sehen.*

238 unten rechts *Gruppe A von Uaxactún umfasst eine Reihe von bedeutenden Gebäuden, welche die Bewohner im Laufe von fünf Jahrhunderten – zwischen dem 4. und dem 9. Jahrhundert – errichteten. Die imposanten Ruinen von Palast 5 erheben sich über einer hohen Plattform.*

239 oben rechts *Komplex 18 beherrscht den östlichen Hauptplatz von Gruppe A in Uaxactún. Die Ruinen des großen, lang gestreckten Gebäudes ragen über einer Stufenplattform empor.*

239 unten rechts *Die Gesamtansicht von Komplex E 10 erinnert an die Pyramiden von Tikal, ist aber weniger eindrucksvoll. Zwischen Tikal und Uaxactún gibt es viele stilistische Übereinstimmungen, da die Städte sich zur gleichen Zeit entwickelten.*

240 Die Skizze illustriert, welche Gebäudeecken die Priester von Uaxactún zur Sternbeobachtung nutzten. An einem bestimmten Punkt vor der Pyramide treffen die Strahlen, die durch die Gebäudemitte fallen mit jenen der Eckpunkte zusammen, sodass sich von hier aus alle wesentlichen Bewegungen der Sonne verfolgen lassen.

verwandelten Hügeln entlangzogen. In direkter Umgebung lagen bäuerliche Siedlungen aus zumeist verderblichem Material, von denen lediglich einige Steinfundamente erhalten blieben. Unter den Ruinen eines jüngeren Gebäudes entdeckte der berühmte Archäologe Sylvanus Morley den repräsentativsten Palast von Uaxactún, die so genannte „Pyramide E". Sie wurde im Laufe der letzten drei Jahrhunderte vor Christi in drei Phasen erbaut und ist das älteste erhaltene Bauwerk ihrer Art in der genannten Region. Die vier massiven Treppen und die großen Masken aus Stuck und Stein, die das Irdische Ungeheu-

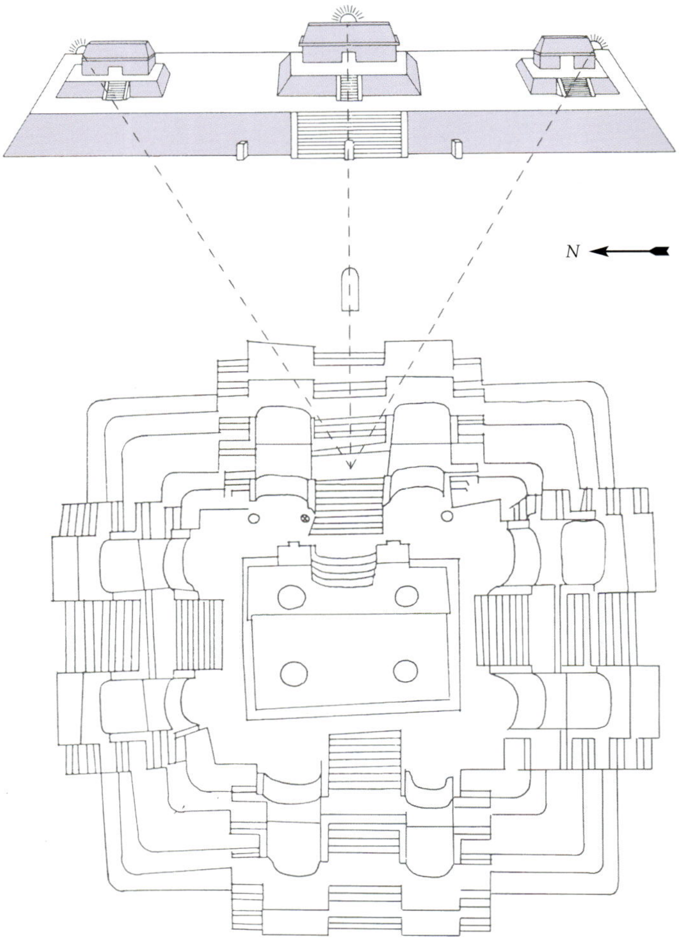

er aus der olmekischen Mythologie darstellen, lassen die Pyramide im Vergleich zu anderen eher primitiv wirken. Während der klassischen Periode errichteten die Einwohner von Uaxactún eine weitere, heute nicht mehr existente Pyramide über der älteren. Zusammen mit einer Plattform an der Ostseite, auf der drei kleinere Tempel standen, formte sie einen Komplex, der als Observatorium diente.

Vom Gipfel der Pyramide aus konnte man an den Tagen der Tagundnachtgleiche im Frühling und Herbst den Aufgang der Sonne hinter dem Haupttempel beobachten.

Am 21. Dezember, dem Tag der Wintersonnenwende, ging die Sonne dagegen hinter dem rechten, zur Sommersonnenwende am 21. Juni hinter dem linken Tempel auf (vgl. Skizze oben links).

Die ursprüngliche Pyramide, die die Bezeichnung E VII sub. trägt, wurde ebenfalls als Observatorium genutzt. Einer weit verbreiteten These zufolge entsprach ihr Grundriss in Form eines Malteser Kreuzes genau wie jener der Zwillingspyramiden von Tikal dem

Kreuzsymbol der Null, das einerseits für „Vollendung", andererseits für das Universum mit dem Knotenpunkt und den vier Himmelsrichtungen stand.
Im Unterschied zu den Stuckfratzen an der Pyramide von Los Cerros repräsentieren die Masken in Uaxactún allerdings nicht den Zyklus von Sonne und Venus, sondern stellen das Ungeheuer vom Berg im Kampf mit der Visionsschlange dar.

240-241 *Die Farbtafel zeigt den vollständig rekonstruierten Komplex E V von Uaxactún, der um die Mitte der vorklassischen Periode entstand. Die Farbspuren, die sich auf den Überresten der Gebäude fanden, belegen, dass diese vollständig mit buntem Stuck überzogen waren. Wie die klassischen griechischen Bauten waren auch die mesoamerikanischen Pyramiden und Paläste leuchtend bunt bemalt, doch verblasste die Farbe im Laufe der Jahrhunderte. Pyramide E V gehört zu den ältesten Komplexen im Kulturraum der Maya. Während der klassischen Periode stülpte man ihr einen anderen, größeren Bau über, der heute jedoch längst zerfallen ist. Die vier Seiten der Pyramide waren mit großen Stuckmasken verziert, die an die Pyramide von Cerros in Belize erinnern. Die Darstellungen bezogen sich auf den Kult des Irdischen Ungeheuers, die Sonne sowie andere, mit bestimmten Sternen verbundene Gottheiten.*

242 oben *Die Spitzen der höchsten Pyramiden von Tikal ragen aus dem dichten Regenwald von Guatemala empor. Zu erkennen sind die Tempel I, II und V sowie die Pyramide der Verlorenen Welt.*

242-243 *Im Vordergrund sieht man den oberen Teil der Pyramide der Verlorenen Welt, dahinter erhebt sich das höchste Gebäude von Tikal, Tempel IV. Mit Dachkamm ist er 70 Meter hoch.*

Tikal, Giganten der Mayapyramiden

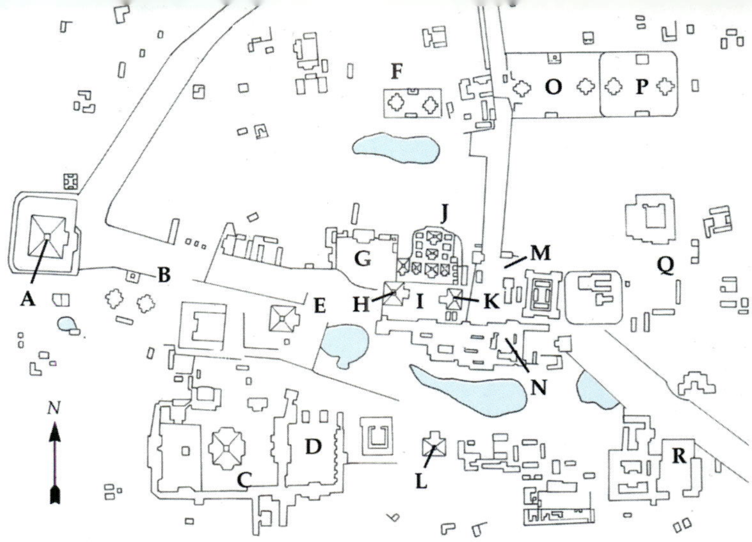

Die Tempel von Tikal sind die höchsten und imposantesten im gesamten Kulturraum der Maya. Sie ragen aus dem üppigen Grün des guatemaltekischen Regenwaldes empor und bieten dem Betrachter ein zugleich seltsames und majestätisches Bild. Die Geschichte der Stadt ist durch Schriftzeugnisse äußerst präzise belegt. Sie nennen unter anderem den genauen Beginn von Aufstieg und Niedergang. Stele 29 trägt mit dem Jahr 292 das älteste Datum; das jüngste findet sich auf Stele 11 und entspricht dem Jahr 869.
Eine Reihe von Faktoren, darunter die strategische Lage von Tikal innerhalb des Kulturraums der Maya und die auf den Bauwerken festgehaltenen historischen Ereignisse, veranlassten die Forscher Nicolay Grube und Simon Martin in jüngerer Zeit zu der These, Tikal und die Stadt Kalacmul hätten während der klassischen Periode die Rolle von Hegemonialmächten gegenüber den anderen Stadtstaaten der Maya übernommen.
Zahlreiche Ausgrabungen, die bereits 1881 begannen und noch immer andauern, brachten in Tikal nahezu dreitausend Bauwerke ans Licht, die sich über eine Fläche von 16 Quadratkilometern verteilen. Im Herzen der Stadt erstreckt sich das eigentliche Zeremonialzentrum über 1200 mal 600 Meter. Schon aufgrund seiner Größe handelt es sich daher um eine historisch und archäologisch außerordentlich wichtige Stätte. Das Zeremonialzentrum gruppiert sich um einen großen Hauptplatz, an dessen Rändern ganze Wälder von Gedächtnisstelen und Opferaltären stehen. Zwei Zwillingsbauten, Tempel I und II genannt, beherrschen die Ost- und die Westseite des Platzes. In der Nähe erheben sich weitere Komplexe mit Zeremonialgebäuden, darunter die Nord-, die Süd- und die Zentralakropolis, der Platz der sieben Tempel, der Ballplatz, die Wasserbecken und andere mehr. Der größte Teil der Bauten, die zum Zeremonialzentrum von Tikal gehören, entstand zwi-

A Tempel IV
B Komplex N
C Südakropolis
D Platz der Sieben Tempel
E Tempel III
F Komplex O
G Westpalast
H Tempel II
I Großer Platz
J Nordakropolis
K Tempel I
L Tempel V
M Ostplatz
N Zentralakropolis
O Komplex R
P Komplex Q
Q Gruppe F
R Gruppe G

243 oben rechts *Die massive Struktur der vereinzelt stehenden Pyramide der Verlorenen Welt versinkt fast unter der dichten Baumdecke.*

243 unten rechts *Die Gipfel der nebeneinander stehenden Zwillingstempel I und II scheinen über dem Blätterdach zu schweben.*

244-245 *Die Farbtafel zeigt eine Rekonstruktion von Tikal, der weiträumigsten und mächtigsten Mayastadt der klassischen Periode. Wasserbecken versorgten die Stätte und die umliegenden Gebiete mit Wasser; über eine breite Straße erreichten die Dorfbewohner das Zeremonialzentrum.*

Plan der Nordakropolis

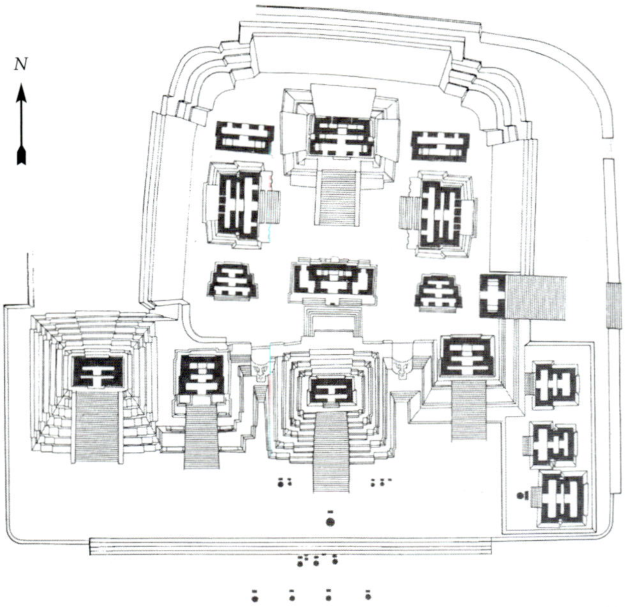

schen dem 7. und dem 9. Jahrhundert.
Die Geschichte der Stadt, die mit Hilfe von Inschriften und Grabungen rekonstruiert werden konnte, erweist sich als äußerst komplex. Die meisten relevanten Begebenheiten stehen in direktem Bezug zu den Dynastien, die hier über mehrere Jahrhunderte herrschten. Tikal machte eine erstaunliche kulturelle und ökonomische Entwicklung durch, bis es im Jahre 534 unter den Einfluss von Teotihuacán geriet. In diesem Moment kam es zu einem tiefen Einschnitt, der rückblickend am völligen Fehlen weiterer Dokumente sichtbar wird.
Ab dem 6. Jahrhundert setzte eine Renaissance auf allen Ebenen ein; neue Gedächtnisstelen und Prunkbauten wurden in Angriff genommen und es begann eine Zeit der politischen, wirtschaftlichen und kulturellen Blüte, die sich bis Ende des 9. Jahrhunderts fortsetzte. Wie in Palenque, fanden die Archäologen auch in Tikal unter den Grundmauern der Zeremonialgebäude reich ausgestattete Gräber. Kostbare Schmuckstücke, Tongeschirr und Jademasken von unschätzbarem Wert zeugen von der Macht ihrer verstorbenen Besitzer. Zu ihnen gehörten mit Sicherheit die Herrscher mit seltsamen Namen, deren Gestalten im Mittelpunkt komplexer Flachreliefs auftauchen und deren Biographie sich anhand von Inschriften nachvollziehen lässt. Am berühmtesten waren wohl Jaguarpranke, Sturmhimmel und Fürst Kakao. Letzterer regierte vermutlich über rund 40 000 Einwohner.

Erlesenste Gefäßmalereien, die ebenfalls aus den Gräbern stammen, zeigen Herrscher und Hofstaat in prächtigen Gewändern, aber auch in derben Alltagsszenen, deren Interpretation ein neues Licht auf das höfische Leben einer der mächtigsten Städte im präkolumbianischen Mesoamerika wirft.
Tempel I und II von Tikal, die alle anderen Gebäude des Zeremonialzentrums überragen, sind Beispiele ausgeklügelter Architektur. Tempel I ist fünfzig Meter hoch. Eine steile

246 oben links *Die Nordakropolis und Tempel I von Tikal grenzen an den Großen Platz.*

246 unten links *Tempel I, hier die Frontalansicht von Tempel II aus gesehen, erhebt sich neben dem Großen Platz mit zahlreichen Gedächtnisstelen.*

246-247 *Das große Zeremonialzentrum von Tikal umfasst eine Reihe von Gebäudekomplexen, hier Tempel I und die Zentrale Akropolis.*

247 unten *In dieser Aufnahme, vom Gipfel der Nordakropolis aufgenommen, sieht man im Hintergrund Tempel II, der etwas kleiner als Tempel I ist.*

Treppe führt zur Spitze der aus neun Ebenen zusammengesetzten Pyramide empor, wo sich das eigentliche Heiligtum befindet. Es besteht aus drei parallelen Sälen mit falschen Gewölben, zu denen ausschließlich die Mitglieder des Klerus und der herrschenden Elite Zutritt hatten. Der elegante Dachkamm, der den Tempel ziert, hat Öffnungen, über die sich weitere Bögen spannen, um die Gesamtstruktur aufzulockern. An keinem anderen Ort wird das architektonische Konzept so deutlich, das die

248-249 *Diese Rekonstruktion von Tikal vermittelt einen Eindruck von seiner Größe und der Komplexität des Zeremonialzentrums. Gebäudegruppen wie die Nordakropolis und die Zentralakropolis waren ursprünglich mit farbigem Stuck bedeckt. Sie grenzen an die beiden Zwillingspyramiden, die Tempel I und II.*

250 oben *Vor der Stufenplattform, auf der sich eine der beiden Zwillingspyramiden von Komplex Q erhebt, stehen zahlreiche Gedächtnisstelen, zum Teil in Verbindung mit Altären oder flachen, runden Thronen.*

250-251 *Wie die übrigen Sakralbauten von Tikal trägt auch Tempel II einen imposanten Dachkamm. Am Fuße der Treppe erinnern Stelen an die kriegerischen Taten der Könige von Tikal.*

251 oben rechts
Eine lange Treppe führt zum Gipfel der Pyramide der Verlorenen Welt empor. Der großflächige Tempel liegt am südwestlichen Ende des Zeremonialzentrums von Tikal.

251 unten rechts
Dieser eindrucksvolle grüne Hügel verbirgt eine weitere, noch vollständig überwachsene Pyramide. Lediglich ein Teil der riesigen Stadt Tikal wurde bis heute freigelegt und vor dem stetig vordringenden Regenwald gerettet.

Nachbildung eines Gebirges anstrebt, um den Abstand zwischen der Welt der Sterblichen und dem Reich der Götter zu verringern.
Gegenüber von Tempel I erhebt sich Tempel II als dessen verkleinertes Ebenbild. In siebzig Metern Höhe ragen die Dachkämme unter dem üppigen Bewuchs hervor, die auch andere Pyramiden wie die Tempel III und IV zieren.
Die Zentralakropolis umfasst eine Reihe von Gebäuden, darunter einen gewaltigen Palast aus fünf Ebenen, der als Verwaltungsgebäude oder Wohnsitz von Adligen diente. Im Inneren der von falschen Gewölben überdachten Säle und Galerien sind noch zahlreiche Steinsitze sowie Holzbalken zu sehen, die auf seltsame Weise die Zeiten überdauert haben. Inmitten der majestätischen und gut erhaltenen Gebäude fällt es nicht schwer, sich den mächtigen Herrscher Fürst Kakao vorzustellen, wie er sich – geschmückt mit Federn und Edelsteinen – auf einen Rundgang durch die Säle begibt oder Opferhandlungen vornimmt. Trotz vieler erhellender Gemälde auf Gefäßen warten noch zahlreiche Fragen zur „Urwaldmetropole“ Tikal auf eine Antwort.
Die Inschriftenstelen von Tikal erzählen die Geschichte einer einzigen Dynastie, die ohne Unterbrechung von der frühen klassischen Periode bis zum 9. Jahrhundert über die Stadt herrschte. Insgesamt sind 39 Könige bekannt, die nacheinander den Thron in der Hauptstadt über die Region Petén bestiegen.
Der älteste, durch eine Inschrift belegte König hieß Yax Moch Xoc und herrschte ungefähr von 219 bis 238. Auf einem kleinen Schmuckstück aus Jade, das nach seinem Aufbewahrungsort den Namen „Stein von Leiden“ trägt, befindet sich das Bild eines anderen berühmten Herrschers von Tikal mit Namen Vogel Null Mond. Die stilisierte Figur auf der einen Seite des Anhängers und die Inschrift auf der anderen Seite, die auf das Jahr 320 verweist, lassen den

Stein wie eine Art Miniaturstele wirken. Zu Füßen des Königs liegt eine Gestalt. Ihre Haltung lässt vermuten, dass es sich um einen zum Opfertod verurteilten Gefangenen handelt.
Das Motiv des gefangenen Feindes taucht in den historischen Zeugnissen von Tikal von diesem Zeitpunkt an immer wieder auf und belegt die steigende Macht des Stadtstaates sowie die Häufigkeit von Eroberungskriegen.
Zu den mit Tikal rivalisierenden Städten gehörte das nahe gelegene Uaxactún, das König Jaguarpranke endgültig unterwarf.
Die jüngste Stele von Tikal geht auf das Jahr 869 zurück, doch hatte der Niedergang der Stadt nach Meinung vieler Forscher bereits um 830 begonnen. Ein Jahrhundert später gaben die letzten Bewohner die Metropole auf.

Copán, die Stadt der Stelen

1 Großer Platz
2 Ostplatz der Akropolis
3 Westplatz der Akropolis

A Tempel
B Tempel
C Stele von König 18 Kaninchen
D Tempel für öffentliche Zeremonien
E Ballspielplatz
F Hieroglyphentreppe
G Königspalast
H Kleiner Königstempel
I Kleiner Königstempel
J Tempel-Palast
K Haupttempel des Königs

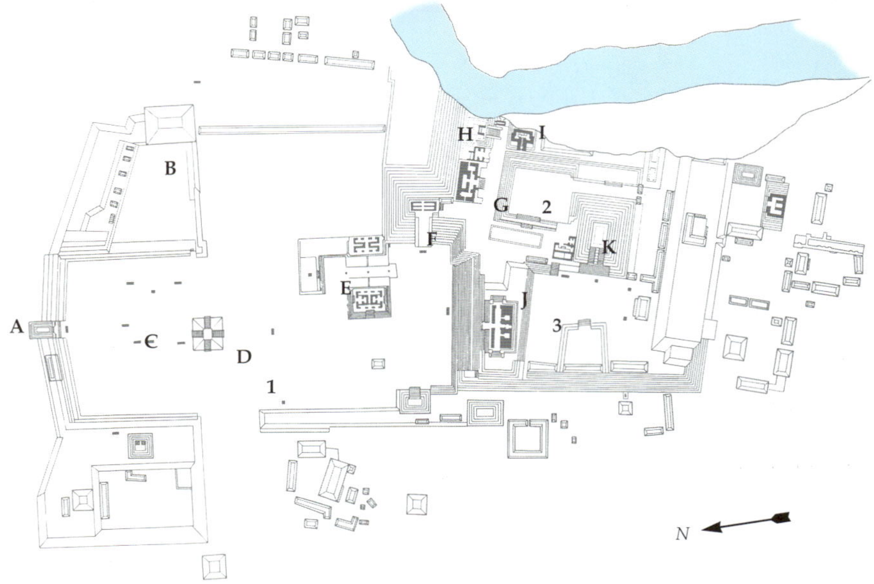

252 oben links *Der Ballspielplatz von Copán wurde kürzlich restauriert. Er hat die typische Form eines „I" und wird auf der Nordseite von einer Treppe begrenzt, über der sich eine Stele erhebt.*

252 unten links *Auf dem Großen Platz von Copán stehen zahlreiche Gedächtnisstelen und Altäre.*

252 oben rechts *Das Zeremonialzentrum von Copán umfasst eine Reihe von Gebäudekomplexen. Dieses Bild zeigt Komplex 11 unweit des Ostplatzes.*

252 unten rechts *Diese Skulptur geht auf das Jahr 762 zurück und gehört zu den Wahrzeichen von Copán. Das Ungeheuer trägt in der linken Hand eine Fackel und stellt vermutlich den Gott der Stürme und des Blitzes dar.*

253 *In Copán stehen Skulpturen häufig in direkter Verbindung mit Bauwerken. Diese Maske prangt an der Treppe der Jaguare, unweit des Ostplatzes.*

Unweit des Motaguabeckens entstanden während der klassischen Periode an der heutigen Grenzlinie zwischen Guatemala und Honduras die beiden Zentren Quiriguá und Copán, deren Geschichten eng miteinander verbunden waren.
In beiden Städten stehen zahlreiche Gedächtnisstelen und -altäre, die an die Heldentaten und Kriegszüge der jeweiligen Könige erinnern sollen. Eine Stele in Quiriguá berichtet von einer Niederlage, die der Herrscher der gegnerischen Stadt, der mächtige König 18 Kaninchen, im Jahre 737 hinnehmen musste. Dieses Datum markiert einen schweren Schlag für das politische und militärische Ansehen der mächtigen Metropole Copán, die gerade auf dem Höhepunkt ihrer Macht stand und ungeachtet ihrer Lage am Rande des Kulturkreises der Maya bereits zu einem bedeutenden Zentrum aufgestiegen war. Die Ruinen von Copán lassen noch heute den kulturellen und wirtschaftlichen Reichtum erahnen, der das Zentrum zwischen dem 5. und dem 9. Jahrhundert auf der Höhe der klassischen Periode auszeichnete. Die Stadt erhob sich in einer Hügelregion, die der Copán, ein Nebenfluss des Motagua, mit seinen Wassern befruchtet. Das Zentrum dehnte sich über ein Gebiet von rund 16 Hektar entlang einer Nord-Süd-Achse aus. Den größten Teil der rechtwinkligen Anlage nehmen von Menschenhand errichtete Plattformen und Terrassen ein.
Zu den Bauwerken, die während der Blütezeit der Stadt, zwischen dem 6. und dem 9. Jahrhundert, entstanden, gehört auch die Hieroglyphentreppe, die zur Spitze einer imposanten Pyramide der Akropolis hinaufführt. 2500 Schriftzeichen sind in die 63 Stufen dieser Treppe eingeritzt, die eine bis heute noch nicht vollständig ausgeschöpfte Fundgrube für historische Daten und die Geschichte der Herrscherdynastie darstellt. Die Texte beziehen sich auf den Zeitraum zwischen 545 und 745.

254 *In Copán fand man bei Grabungen zahlreiche elegante Rundplastiken wie diesen Steinkopf.*

255–258 *So präsentierte sich Copán auf dem Höhepunkt seiner Macht. Hohe Pyramiden beherrschten das Zeremonialzentrum, ringsum lagen zahlreiche Wohnhäuser auf niedrigen Terrassen inmitten bestellter und bewässerter Felder. Der Große Platz war vollständig mit Stuck bedeckt und gliederte sich in Teilbereiche mit mittelhohen Gebäuden, während sich im Süden die imposante Akropolis erhob.*

259 *Dieser Steinkopf stellt vermutlich einen der 16 Herrscher dar, die nacheinander über Copán regierten. Kopfbedeckung und Ohrscheiben weisen ihn als hochrangige Persönlichkeit aus.*

260 oben links *Die Forscher bezeichnen viele Bauwerke in Copán als Altäre, obgleich ihre wahre Funktion häufig ungeklärt bleibt. Der abgebildete Altar G trägt eine Inschrift und einen Schmuckfries.*

260 unten links *Üppiger Stuckschmuck umrahmt den Eingang zu Tempel XXII in Copán und lässt ihn geradezu barock wirken.*

260 rechts *Die Stelen von Copán zeichnen sich durch reiche und erlesene Dekoration aus, welche die Figur des dargestellten Herrschers einrahmt. Die 1,15 Meter hohe Stele D stammt aus dem Jahre 736.*

261 *Dieses Detail gehört zu Stele F in Copán. Zeit und Witterung haben das Gesicht des Königs angegriffen, doch ist noch immer der für Honduras typische reiche Rahmen zu erkennen.*

Neben der Akropolis und dem Hauptplatz steht ein weiterer Komplex von Zeremonialgebäuden, darunter der Ballspielplatz, der nach Restaurierungsarbeiten in seiner ursprünglichen Schönheit erstrahlt. Tatsächlich war der Ballplatz von Copán der größte und eleganteste seiner Art im Mesoamerika der klassischen Periode. Der gepflasterte Platz hat die übliche Form eines großen „I" und wird auf der Nordseite von einer breiten Freitreppe und einer Stele begrenzt. Zur Linken und Rechten erheben sich über den Treppen Steinstrukturen, die ihrerseits in kleinere Abschnitte unterteilt sind und in der Architektur der Ballplätze ein ungewöhnliches Element darstellen. Unweit des Ballspielplatzes steht im Zentrum des Großen Platzes eine kleine Pyramide mit vier Außentreppen, die an das Ende eines *katun* (Periode von 20 Jahren) erinnern könnte.

Außer der Akropolis, den Tempelgebäuden, den um weite Höfe angelegten Wohnhäusern und dem Ballspielplatz besitzt Copán eine Unzahl von Stelen und Altären mit Flachreliefs und Inschriften, die eine relativ exakte Rekonstruktion der Stadtgeschichte ermöglichten.
Auf seinen Forschungsreisen mit Lord Stephens fertigte Frederick Catherwood Zeichnungen von verschiedenen Stelen in Copán an.
Als wichtigstes Monument gilt Altar Q, ein großer, 776 aufgestellter Kalksteinquader. Die vier äußeren Seiten des Blockes, dessen ursprüngliche Funktion ungeklärt ist, ziert ein langer Fries. In chronologischer Reihenfolge zeigt er die 16 Herrscher der Dynastie, die in Copán regierten. Alle Personen sind in sitzender Position dargestellt, doch unterscheiden sie sich deutlich in Kleidung und Kopfschmuck. Viele von ihnen erscheinen weitere Male auf den Stelen, die sich über das gesamte Gebiet des Zeremonialzentrums verteilen. Die Technik der Rundplastik und die zahlreichen mythologischen Bildelemente verleihen den Skulpturen einen völlig eigenen Stil, den manche Kunsthistoriker als geradezu „barock" bezeichnen.
Das erstaunlichste und am besten erhaltene Beispiel hierfür ist wohl die so genannte Stele B. Sie wurde anlässlich der Krönung des mächtigen Königs 18 Kaninchen errichtet. Den Inschriften zufolge erwarben sich viele der Könige durch Kriegszüge und große Bauprojekte Ruhm. Als Stammvater der Dynastie wird Yax Ku'k Mo' genannt und unter vielen eigentümlichen Namen nehmen 18 Kaninchen und Yax Pac („Neue Sonne am Horizont"), der 16. und letzte Herrscher der Dynastie, eine Sonderstellung ein. Yax Pac, Sohn von König Dunkle Muschel und einer adligen Hofdame aus Palenque, ging als bedeutender Mäzen von Kunst und Architektur in die Stadtgeschichte ein und förderte darüber hinaus insbesondere Wissenschaftler und Schreiber. Auch bemühte er sich, eine Reihe von Problemen in der Landwirtschaft zu beheben,

die der sprunghafte Anstieg der Bevölkerung mit sich gebracht hatte. Yax Pac war es auch, der Altar 16 in Auftrag gab, auf dessen Fries er das königliche Zepter aus den Händen des Dynastiegründers, Yax Ku'k Mo', entgegennimmt. Yax Pac, auf dessen Regierungszeit nahezu alle erhaltenen Gebäude der Akropolis in ihrer heutigen Form zurückgehen, starb im Jahr 800 und wurde in seiner Grabkammer beigesetzt.
Für Copán begann nun aufgrund der stark angewachsenen Bevölkerung und anderer ungeklärter Faktoren eine Umbruchszeit, wie sie auch die anderen Maya-Zentren des Tieflandes erlebten. Sie endete mit der vollständigen Aufgabe der Stadt. Die Inschriften und Überreste vermögen das abrupte Ende des Zentrums allerdings bis heute nicht überzeugend zu erklären.

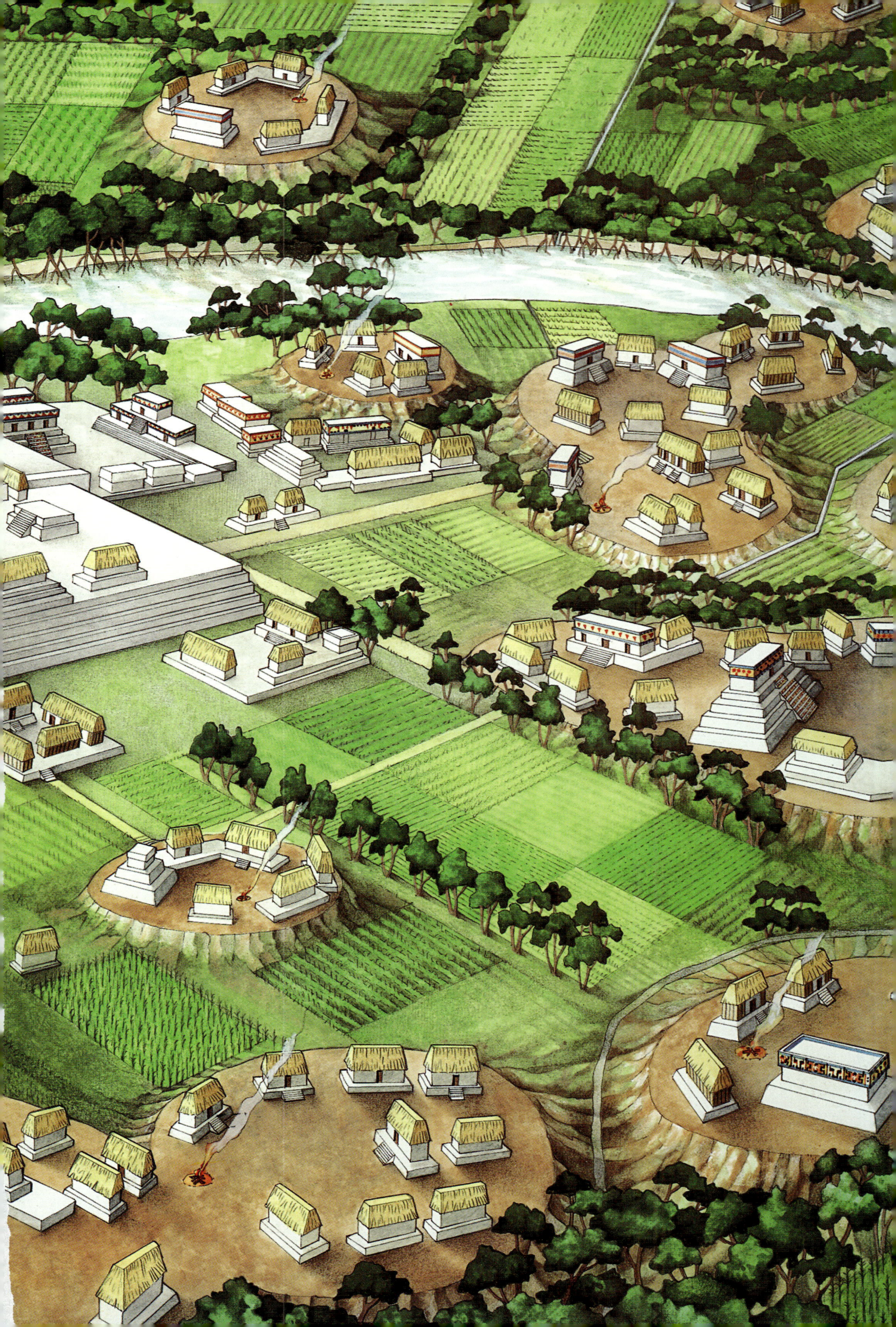

Uxmál, ein Meisterstück ausgewogener Architektur

A Nordgruppe
B Plattform der Stelen
C Nonnenviereck
D Wahrsager-pyramide
E Friedhofgruppe
F Ballspielplatz
G Schildkrötenhaus
H Gouverneurspalast
I Taubenviereck
J Große Pyramide
K Südgruppe
L Pyramide der Alten Frau

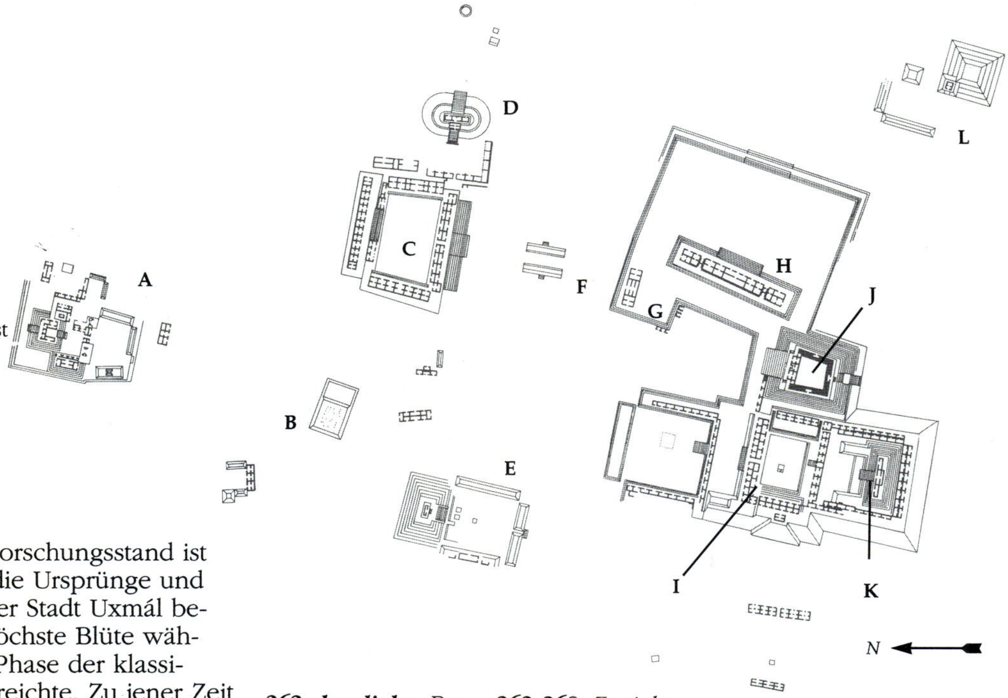

Nach heutigem Forschungsstand ist nur wenig über die Ursprünge und die Geschichte der Stadt Uxmál bekannt, die ihre höchste Blüte während der letzten Phase der klassischen Periode erreichte. Zu jener Zeit hatte bereits bei zahlreichen anderen Zentren im Tiefland der Niedergang begonnen. Während mächtige Stadtstaaten wie Palenque, Tikal, Copán und andere aus vielfach noch unbekannten Gründen aufgegeben wurden und rasch im Dickicht der tropischen Vegetation versanken, stiegen im nördlichen Yucatán andere Zentren auf, zu denen neben Kabah, Labná, Sayil und Chacmultún auch Uxmál gehörte. Grabungen bezeugen ihre Existenz bereits für die vorklassische Periode, doch erst deutlich später, zwischen dem 9. und dem 11. Jahrhundert, gewannen sie unter dem Einfluss fremder Völker aus der Gegend von Tabasco, Chenes und anderen mexikanischen Regionen an Bedeutung. Ein neuer, eleganter und ausdrucksstarker Stil kennzeichnet die Architektur von Uxmál. Nach dem Namen der Region, in der er die größte Verbreitung fand, trägt er die Bezeichnung „Puuc-Stil".
Von allen Städten des Puuc-Gebietes erlebte Uxmál wohl den stärksten politischen und ökonomischen Aufschwung und ist überdies das bis heute am besten erhaltene Zentrum. Die einzige bekannte Angabe zur Geschichte ist der Name eines Herrschers, Chac, der das Zentrum um das Jahr 900 regierte. Der Reichtum an dekorativen Elementen, der den Puuc-Stil kennzeichnet, zeigt sich an keiner Stelle so deutlich wie bei den Überresten von Uxmál und unterscheidet sich grundlegend von den mächtigen und strengen Urwaldmetropolen. Stattdessen macht sich hier jene charakteristische Stilmischung bemerkbar, die auf die Kombination von Einflüssen der Maya und anderer Völker zurückgeht. Typischstes Stil-

262 oben links *Der Gouverneurspalast und direkt dahinter der Templo Mayor von Uxmál.*

262 oben rechts *Diese Mauern gehören zum Taubenviereck. Der Name leitet sich von den Zinnen her, die wie in der europäischen Taubenschlagarchitektur von Nischen durchbrochen sind.*

262-263 *Zwei der berühmtesten Gebäude von Uxmál ragen aus dem Urwalddickicht empor. Rechts erhebt sich die Wahrsagerpyramide, die sich durch einen einzigartigen, ovalen Grundriss auszeichnet. Links erkennt man den oberen Teil des Nonnenvierecks, dessen Innenhof an ein Kloster erinnert.*

263 unten *Die Fassade des Schildkrötenhauses wirkt schlicht und dennoch elegant. Die steinernen Schildkröten, die den über drei Türen verlaufenden Säulenfries abschließen, haben dem Gebäude seinen Namen verliehen.*

merkmal sind die Steinmosaiken, die die Fassaden der Gebäude bedecken. Mäander, Rauten, stilisierte Tiere und Säulen bilden Friese, die feinen Geweben gleichen; riesige Masken aus Stuck und Stein, die zumeist den Gott Chac darstellen, zeugen von der Bedeutung und Intensität, die dem Chac-Kult in Uxmál zukam. Falsche Bögen und Säulenschäfte mit viereckigen Kapitellen sind ebenfalls häufig anzutreffende Bauelemente jener Zeit. Auf einigen Friesen, die Puuc-Gebäude schmücken, zum Beispiel dem Nonnenviereck, sieht man stilisierte Strohhütten der Maya. Zusammen mit einer ähnlichen Darstellung auf dem Bogen von Labná handelt es sich um die einzigen überlieferten Bilder von traditionellen Maya-Behausungen. Die meisten Gebäude in Uxmál hatten einen lang gezogenen, rechteckigen Grundriss und bestanden aus mehreren Räumen, die sich um große, quadratische Innenhöfe oder Plätze gruppierten. Diese typische Struktur trug dem Gebäudetyp die Bezeichnung „Viereck" ein, doch ist die ursprüngliche Funktion bis heute ungeklärt. Man nimmt allerdings allgemein an, dass es sich um königliche Residenzen oder öffentliche Bauten handelte. Am bekanntesten sind das Schildkrötenhaus, das Nonnenviereck, dessen komplexe Struktur mit einer Vielzahl von Zellen um einen Innenhof an ein Kloster erinnert, sowie der Gouverneurspalast, der sich auf einer massiven Basis erhebt und Strukturen früherer Epochen aufweist.
Nach Auffassung einiger Forscher wurde dieser Palast gezielt so ausgerichtet, dass die Astronomen beobachten konnten, wie die Venus als Morgenstern hinter der Spitze einer Pyramide aufging. Auch in diesem Fall gilt es zu bedenken, dass vielen mesoamerikanischen Gebäuden, denen wir heute eine bestimmte Funkti-

264 oben links *Ursprünglich schloss sich ein an drei Seiten von einem niedrigen Portikus begrenzter Hof an die Wahrsagerpyramide an. Ein Portal mit falschem Gewölbe führte von hier aus zum Nonnenviereck.*

264 oben rechts *Diese eigentümliche, zweiköpfige Raubkatze wird Altar der Jaguare genannt. Vermutlich handelt es sich um einen Opfertisch, auf dem Tiere und Menschen hingerichtet wurden. Im Hintergrund steht der Gouverneurspalast.*

264-265 *Im Licht der untergehenden Sonne wirkt die Wahrsagerpyramide besonders majestätisch. Der Name leitet sich von einer alten Legende aus Yucatán her; charakteristisches Merkmal des stufenförmig angelegten Gebäudes ist der ovale Grundriss.*

265 *Diese Skulptur gehört zum Gesamtkomplex der Wahrsagerpyramide. Sie stellt eine Person, vielleicht eine Gottheit oder einen Herrscher von Uxmál, dar, der aus dem Maul einer Raubkatze blickt. Der Stil lässt sich dem toltekischen Kulturkreis zuordnen.*

266 oben links *Das elegante Steinmosaik am Nonnenviereck ist typisch für den Puuc-Stil der späten klassischen Periode in Yucatán. Bis heute rätseln Forscher über die genaue Funktion des Gebäudes.*

266 oben rechts *Durch die Restaurierung erhielt der Portikus vor dem Hof der Wahrsagerpyramide zum Teil sein ursprüngliches Aussehen zurück. Durch einen falschen Bogen gelangt man vom Hof zum Nonnenviereck.*

on zuordnen, vermutlich eine weit komplexere Bedeutung zukam, als wir dies heute ermessen können.
Auch Uxmál besitzt selbstverständlich Pyramiden und einen Ballplatz, die aus der klassischen Periode stammen. Das außergewöhnlichste architektonische Zeugnis ist allerdings die einzigartige ovale Pyramide, die nach einer alten Legende aus Yucatán Wahrsagerpyramide heißt. Sie besteht aus mehreren, übereinandergesetzten Ebenen und wird auf der Westseite von einer Treppe durchbrochen, die zu einem kleinen Heiligtum führt.
Die Fassade dieses Tempels schmückt ein Bild des Irdischen Ungeheuers im Chenes-Stil mit weit aufgerissenem Maul. Eine Reihe von Masken des Gottes Chac mit vorstehender Nase begrenzen die Treppe und verweisen abermals auf die herausragende Bedeutung des Kultes. Auf dem Gipfel der Pyramide befindet sich ein weiteres, größeres Heiligtum, das zu einem späteren Zeitpunkt im typischen Stil von Campeche errichtet wurde.
Bei Grabungsarbeiten in jüngerer Zeit gelang es, die Basis der Pyramide freizulegen. Hierbei stieß man auf Reste eines langen Säulenganges, der sich ursprünglich um die gesamte Pyramide gezogen hatte.
In Uxmál lässt sich an mehreren Gebäuden die Mischung von Stilrichtungen verschiedener Regionen und Epochen beobachten, die die Stadt prägten. Ein Beispiel hierfür ist das Taubenviereck, eine Art Palast, der vielleicht älter als die bislang zutage geförderten Gebäude ist. Ein langer, durchbrochener Dachkamm erinnert hier an die europäische „Taubenschlagarchitektur“. Die Palastmauern weisen noch Spuren der einstmaligen Stuckverzierungen auf. Toltekischen Ursprungs sind dagegen die Flachreliefblöcke der Friedhofgruppe, wo Skulpturen in Form von Schädeln und Knochen unweigerlich an die *tzompantli* von Chichén Itzá erinnern.

266-267 *Das Nonnenviereck gehört zu den berühmtesten Gebäudekomplexen von Uxmál. Die ersten europäischen Reisenden, die die Ruine besichtigten, gaben ihm den heute noch gebräuchlichen Namen, weil die zellenähnlichen Räume und der Innenhof an ein Kloster erinnern. Über die genaue Funktion der großen rechteckigen Bauten, die während der klassischen Periode in Uxmál entstanden, ist nichts bekannt.*

267 rechts *Dieses dekorative Element ist ein Beispiel für die Eleganz und hohe Kunstfertigkeit des Puuc-Stils. Es stammt vom Westpalast, der zum Nonnenviereck gehört. Über einem Steinmosaik, das geometrische Figuren bildet, windet sich die Gefiederte Schlange in Flachrelieftechnik. In ihrem Maul hält sie einen Menschenkopf. Offenkundig hatte Uxmál Elemente der toltekischen Kultur wie den Kult von Quetzalcoatl-Kukulkán übernommen und verehrte diese mit dem Morgenstern verbundene Gottheit.*

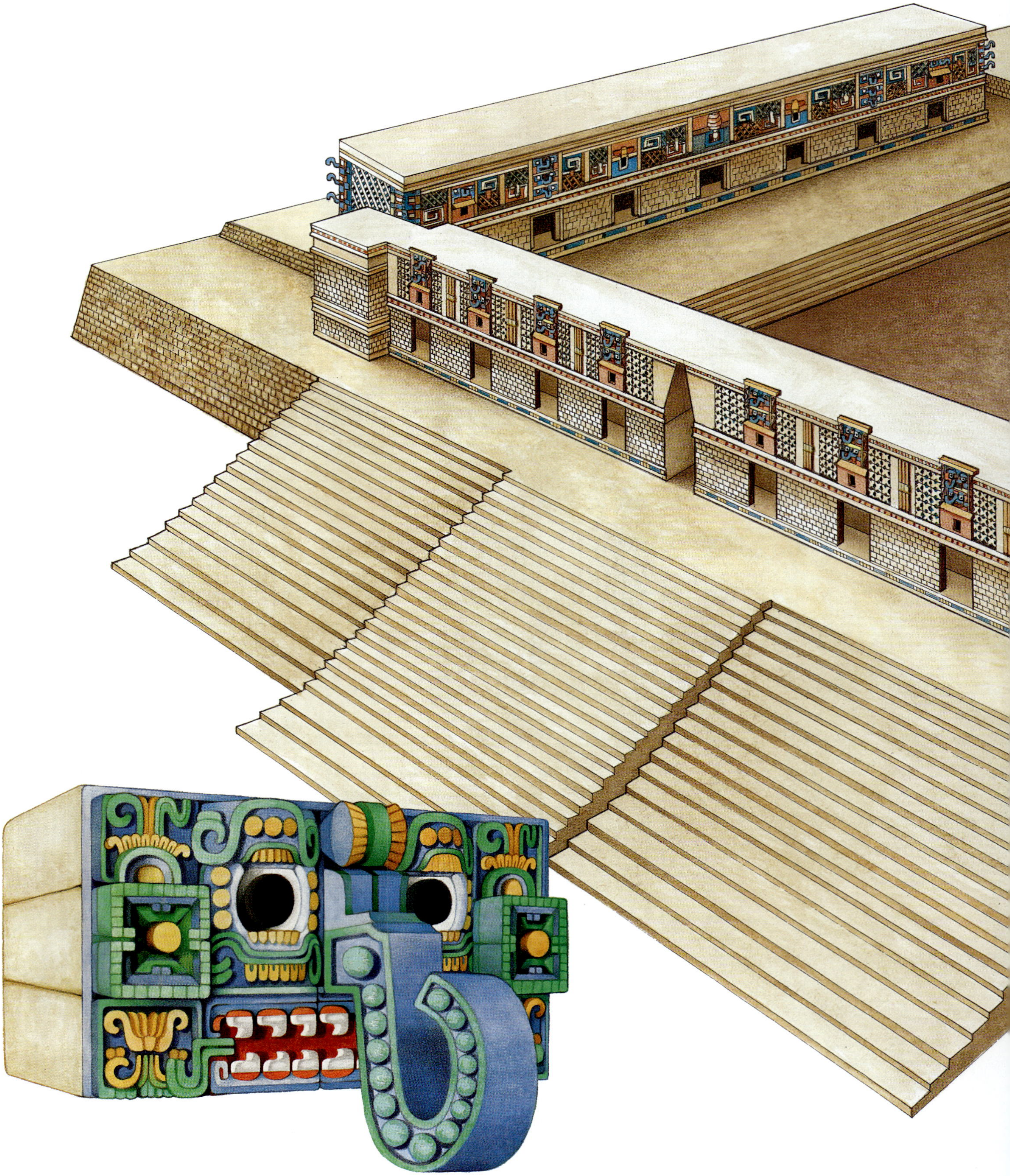

268 links *Leider gibt es nur noch wenige Spuren der leuchtenden Farben, welche die Gebäude der Maya einst erstrahlen ließen. Die hier nachgezeichnete Maske des Gottes Chac schmückte die Fassade des Nonnenvierecks.*

268-269 *Die Farbtafel rekonstruiert das Nonnenviereck mit seinen vier freistehenden Gebäuden. Sie erheben sich auf einer Plattform und schließen einen 45 mal 65 Meter großen Hof ein. Über eine dreigeteilte Treppe und durch ein großes Portal mit falschem Gewölbe gelangte man in den Innenhof und von dort aus zu den Palästen. Sie bestehen im Inneren aus je zwei parallelen, nicht miteinander verbundenen Reihen von Zimmern. Geometrische Friese und Masken des Gottes Chac zierten die Fassaden.*

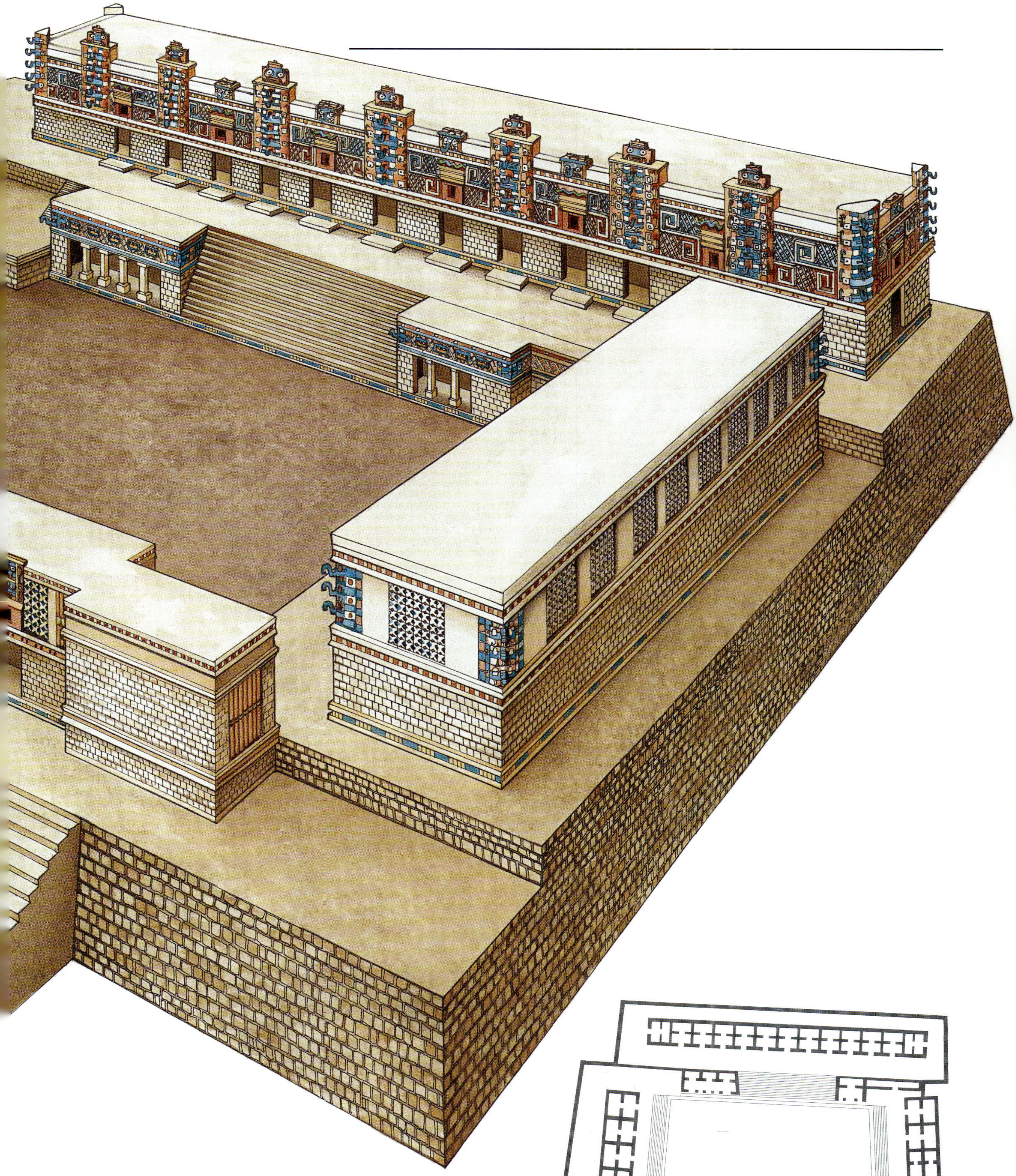

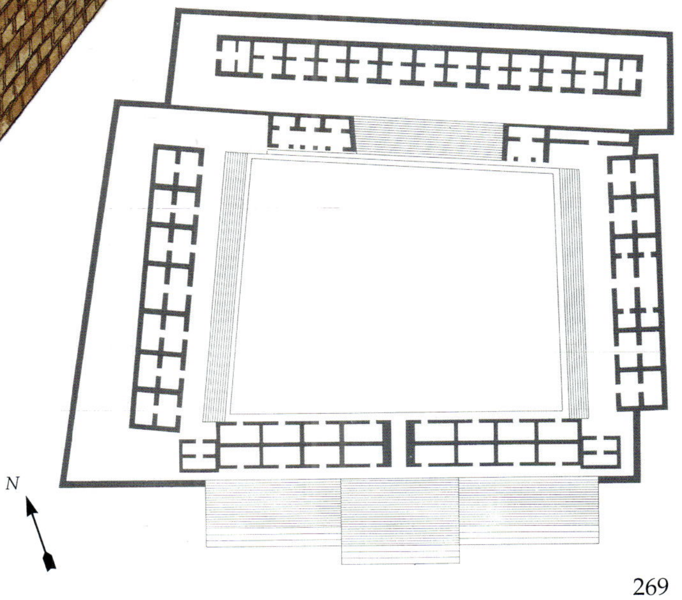

269 unten *Der Plan des Nonnenvierecks in Uxmál lässt den rechteckigen Grundriss und die lang gezogene Anlage der Gebäude gut erkennen, die an den großen, tiefer gelegenen Innenhof grenzen. Breite, kurze Treppen ermöglichen den Zugang von drei Seiten. Der Komplex erhebt sich auf einer niedrigen Plattform, während der Innenhof zu ebener Erde liegt.*

__270 oben__ Der 45 Meter lange Palast der Masken, hier von der Rückseite aus aufgenommen, hat die Form eines Parallelflachs und geht auf das 9. Jahrhundert zurück. Er steht auf einer niedrigen Plattform und wird von einem eleganten Dachkamm überragt.

__270-271__ Der Palast der Masken trägt seinen Namen aufgrund der 260 identischen Masken des Gottes Chac, welche die Hauptfassade bedecken. Diese Aufnahme vermittelt einen guten Eindruck von der besonderen Gebäudestruktur. Auf dem Vorplatz liegen Mauerreste mit Hieroglyphen in Flachrelieftechnik.

__271 unten links__ Diese ernst und streng blickende Figur an der rückwärtigen Fassade des Codz Pop erinnert stark an die aztekische und huaxtekische Kunst.

Kabah, Kultzentrum des Gottes Chac

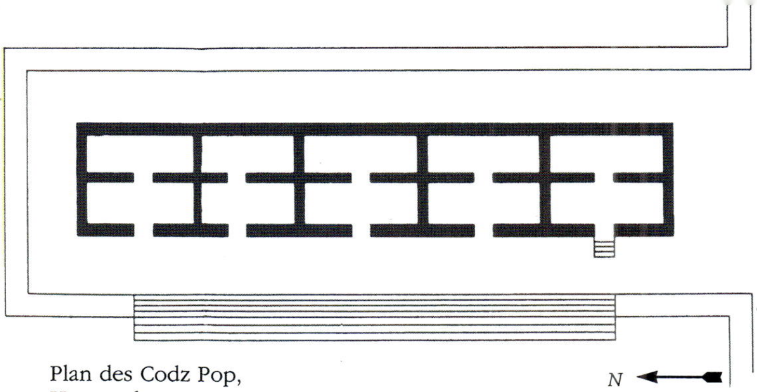

Plan des Codz Pop, Hauptpalast von Kabah

271 oben rechts
Dieser Ausschnitt des Palastes der Masken veranschaulicht den Schmuck der Fassade, die vollständig mit Masken des Regen- und Fruchtbarkeitsgottes Chac bedeckt ist.

271 unten rechts
Ein mit der Technik des falschen Gewölbes konstruierter Gang im Inneren des Palastes der Masken.

In jüngster Zeit eröffnete sich bei Restaurierungs- und Grabungsarbeiten in Kabah ein neuer Blick auf die Architektur der Stadt. Das berühmteste und auffälligste Gebäude des unweit von Sayil und Labná gelegenen Zentrums ist der Codz Pop aus dem 9. Jahrhundert, auch Palast der Masken genannt.
Einzigartig ist die vollständig mit Masken des Regen- und Fruchtbarkeitsgottes Chac besetzte Fassade. Zwar gehört das Motiv durchaus zu den gängigen Elementen der im Puuc-Stil errichteten Zentren, doch kommt den Darstellungen am Palast von Kabah offenkundig eine besondere Bedeutung zu, die auf einen ins Übermäßige gesteigerten Kult hindeutet. Ein eleganter Dachkamm überragt das 45 Meter lange rechteckige Gebäude, das ursprünglich 260 identische Masken mit der typischen Rüsselnase bedeckten. Die Anzahl war natürlich keineswegs zufällig, sondern entsprach den 260 Tagen des Mayakalenders *(tzolkín)*.

Auch in Kabah maß man demzufolge wie in den meisten Mayastädten dem Kalenderwesen und der Zeitrechnung eine hohe Bedeutung zu, die Forscher noch immer vor Rätsel stellt.
Im Inneren des Palastes gelangt man über eine Art Stufe von einem Raum in den nächsten. In Wirklichkeit handelt es sich um den eigentümlich zusammengerollten Rüssel von Chac und so bedeutet auch der Name Codz Pop „eingerollte Matte“. Die Bezeichnung erinnert an die Matten, die ein- oder ausgerollt wurden, wenn hohe Würdenträger sich setzten oder zu Fuß gingen. Einige Forscher vermuten daher, dass der Zutritt zum Palast der Masken hoch stehenden Persönlichkeiten vorbehalten blieb, doch gibt es hierfür keine letztgültigen Beweise.
Auf der Ostseite des Palastes der Masken befindet sich ein weiteres Gebäude, das in den Neunzigerjah-

ren ausgegraben und restauriert wurde. Es ist vor allem wegen einer Reihe von Statuen von Bedeutung, die im Kontext der Puuc-Architektur eine Besonderheit darstellen.
Es handelt sich um männliche, stehende Figuren, deren Strenge geradezu roboterhaft wirkt. Attribute wie Schnurrbart, Krone und Opfernarben weisen sie als hochrangige Würdenträger von edler Abstammung aus. Auch ein anderes Monument in Kabah erlangte Berühmtheit. Der große, freistehende Bogen markierte vielleicht einmal den Eingang zum Stadtzentrum am Ende der Straße, die Kabah mit Uxmál verband. Er könnte auch als Grenze zwischen dem heiligen Bezirk und der übrigen Stadt gedient haben. Der mit der Technik des falschen Gewölbes erbaute Bogen ist schlicht gearbeitet und trägt noch nicht die erlesenen Flachreliefs, die den Bogen von Labná auszeichnen.

272-273 *Die Ruinen des Zeremonialzentrums von Kabah lassen noch die schlichte Eleganz des Puuc-Stils erahnen, der die gegen Ende der klassischen Periode erblühte Stadt prägte. Dieser Überrest eines Palastes grenzt an einen weiträumigen Platz. Das rechteckige Gebäude mit einem kleinen Dachkamm zieht sich über zwei Ebenen. Das untere Stockwerk ist in Zellen mit je einer kleinen Tür unterteilt, die an das Nonnenviereck von Uxmál erinnern. Eine Treppe führt zur oberen Ebene, die im Innern einen langen Korridor birgt.*

272 unten *Dieser großflächige Platz bildet das Herz von Kabah. Im Vordergrund ist die Basis eines rechteckigen Gebäudes mit einer Säule zu erkennen, das „Haus der Pfetten“. Im Hintergrund erheben sich die Ruinen eines noch nicht freigelegten Pyramidenbaus; rechts sieht man die Rückseite des Codz Pop.*

273 *Der Bogen von Kabah, ein monumentales Stadttor, stand am Südpunkt der Straße von Kabah nach Uxmál. Im Unterschied zum Bogen von Labná trägt er keinen Schmuck. Er ist aber ein gutes Beispiel für die Technik des falschen Bogens, die in den Puuc-Städten der klassischen Periode häufig Verwendung fand.*

Labná,
Juwel des Puuc-Stils

Zusammen mit Sayil und Uxmál gehört Labná zu den gelungensten Beispielen der Puuc-Architektur. Besuchern der Ruinenstadt sticht der große Bogen aus der klassischen Periode sofort ins Auge. Er steht am Fuße des Castillo, eines pyramidenförmigen Kultgebäudes.
Ursprünglich diente der Bogen als überdachter, in eine Befestigungsmauer integrierter Durchgang. Er stellte die Verbindung zwischen zwei rechteckigen, heute nahezu vollständig zerfallenen Gebäuden her. Durch zwei Türen gelangt man in die quadratischen Räume zu beiden Seiten des eigentlichen Bogens. Der Schmuck des oberen Teils unterstreicht die Eleganz des mit der üblichen Technik des falschen Gewölbes errichteten Bogens.
Die zwei Fassaden unterscheiden sich im Übrigen erheblich voneinander. Die Westseite trägt zwei als Flachrelief gearbeitete Motive, die eine einfache Bauernhütte mit Strohdach zeigen. Im Innern der Nischen standen einstmals vermutlich zwei Statuen. An einer Ecke prangt eine Maske des Regen- und Fruchtbarkeitsgottes Chac, deutlich erkennbar an der Rüsselnase. Noch zu Beginn der spanischen Eroberung pflegten die Mesoamerikaner diesen uralten Kult. Eine ähnliche Maske sowie weitere Schmuckelemente im Puuc-Stil finden sich auch bei den Ruinen des Palastes, eines großen Gebäudes, das vermutlich repräsentativen Zwecken diente. Auf der anderen Seite des Bogens verläuft ein Ornamentfries vor einer Halbsäulenreihe, um die sich ein Band mit geometrischen Motiven zieht. Ganz oben sind noch Reste eines von Rechtecken durchbrochenen Dachkammes zu erkennen.

274 oben links
Diese Straße, der sacbé, führte zum Palast von Labná, der im Hintergrund erkennbar ist.

274 unten links
Die Vorderseite des Bogens von Labná grenzt an einen ursprünglich von Gebäuden eingeschlossenen Hof. In seiner Mitte stehen die Überreste eines Altars.

274-275 *Der Bogen von Labná – hier die rückwärtige Seite – diente als überdachte Verbindung zwischen zwei Gebäudegruppen.*

275 oben *Der mirador (Aussichtsturm) verdankt seinen Namen seiner im Vergleich zu den übrigen Gebäuden erhöhten Position. Der noch immer nicht freigelegte Tempel steht auf einer Pyramidenplattform und wird von einem beachtlichen Dachkamm überragt.*

Sayil, Stadt des grossen Palastes

276 Masken des Gottes Chac, die an jene von Kabah erinnern, schmücken den oberen Teil eines Portikus. Die gedrungenen, zylindrischen Säulen, typische Merkmale des Puuc-Stils, wechseln mit Halbsäulenreihen.

276-277 Diese erst kürzlich aufgenommene Fotografie zeigt die gesamte Fassade des Palastes von Sayil. Bis vor kurzem bedeckten Schutt und Geröll die untere Ebene, doch wurde er inzwischen vollständig freigelegt.

Sayil, das nur wenige Kilometer von Uxmál und Labná entfernt liegt, überrascht mit eleganten und prächtigen Gebäuden im Puuc-Stil. Das berühmteste Bauwerk ist der imposante dreistöckige Palast, ein 85 Meter langer Bau auf einer breiten Basis. Die drei Ebenen verjüngen sich nach oben hin; eine große Haupttreppe führt zum Gipfel empor.

Die unterste Ebene wurde von Trümmern befreit und zum Teil restauriert; sie wirkt außerordentlich asymmetrisch. Auf der rechten Seite öffnen sich sieben Türen. Vier davon sind einfach gestaltet, zwei werden von je zwei Säulen eingerahmt und die letzte wird von einer Mittelsäule gestützt. Die linke Seite wirkt demgegenüber sehr schlicht und besitzt nur fünf einfache Türen, über denen eine fortlaufende Halbsäulenreihe verläuft.

Unter architektonischen Gesichtspunkten ist die mittlere Ebene am interessantesten. In jeden Innenraum gelangt man durch ein großes Portal, das zwei zylindrische Säulen mit parallelflachen Kapitellen gemäß dem typischen Puuc-Stil in drei Bereiche gliedern. Darüber befindet sich ein Fries mit Masken des Gottes Chac und Darstellungen des geheimnisvollen „herabstürzenden Gottes“ zwischen Schlangenmäulern. Die dritte, eher streng gehaltene Ebene weist eine Reihe von Türen auf, über denen einstmals Figuren aus farbigem Stuck hingen.

Zu den hervorstechendsten Merkmalen des Palastes von Sayil gehört die gezielte Kombination von rein sakralen Stilelementen mit eher weltlichen Aspekten, auf die man im Kulturkreis der Maya nur selten in dieser Ausprägung stößt.

Stil und Anlage des Palastes unterscheiden sich deutlich von den schlichteren, bestenfalls einstöckigen „Vierecken“ in Uxmál.

Der Palast von Sayil scheint sich

*277 **unten** An den Palästen auf Yucatán, die auf die späte klassische Periode zurückgehen, stößt man allenthalben auf Masken des Gottes Chac. Wissenschaftler nehmen daher an, dass der Kult gegenüber vorangegangenen Epochen stark an Bedeutung zugenommen hatte. Er blieb bis zum Eintreffen der Spanier lebendig.*

zunächst am alten Modell der Stufenpyramide zu orientieren. Gleichwohl wird die Anlage der Innenräume an der östlichen Langfront und der kürzeren, rückwärtigen Südseite sichtbar und macht den Bau so zu einem richtigen Palast, der vermutlich einmal für Verwaltungszwecke genutzt wurde.

278-279 *Zeichnung und Plan des Palastes von Sayil vermitteln einen Eindruck von seiner Größe und Pracht. Das lang gezogene Gebäude erhebt sich auf einer Plattform und zieht sich über drei Ebenen, die ihm ein pyramidenartiges Aussehen verleihen. Elegante Säulenhallen bestimmen das Bild auf der ersten und zweiten Ebene.*

N

Edzná, Begegnung der Stilrichtungen

280 Von einem Gebäude namens Nohol Na aus präsentiert sich die archäologische Stätte Edzná mit der Fünfstöckigen Pyramide im Hintergrund links.

280-281 Das Gebäude der fünf Stockwerke gilt als eines der untypischsten Gebäude auf der Halbinsel Yucatán. In ihr verbindet sich die antike Pyramidenstruktur der Maya mit der Architektur des Puuc-Stils. Ein Dachkamm überragt den Tempel auf der Spitze.

Die Stadt Edzná liegt in einem abgeschiedenen Tal in Campeche, an den Grenzen zur Puuc- und Chenes-Region. Ihre höchste Blüte erlebte sie zwischen 800 und 1000 in der ausgehenden klassischen Periode.
Obgleich die Einflüsse der benachbarten Regionen stark auf die Architektur des Zentrums einwirkten, entwickelte sich doch ein eigenständiger Stil. Die Wissenschaft bezeichnet ihn als Hybridstil oder Übergang zwischen dem Puuc-Stil mit seinen eleganten Säulen und den Stilrichtungen von Chenes sowie Río Bec. Edzná existierte vermutlich bis zum Ende der klassischen Periode als unabhängige Stadt, die danach rasch verfiel und wie viele andere Mayazentren aufgegeben wurde.

281 unten links
Ein schlichter Tempel beherrscht die fünfte Ebene der Pyramide von Edzná. Durch eine Tür, vor der vier dicke Säulen stehen, gelangt man in sein Inneres. Über dem Dach sind die Reste des Dachkammes zu sehen.

Verschiedene Steinstelen, die sich im Bereich der Stadt fanden, tragen Inschriften aus der Zeit zwischen 672 und 810, jener Periode, während der Edzná den Höhepunkt der politischen und kulturellen Macht erlebte. Man geht davon aus, dass in jener Epoche eine Herrscherdynastie über die Stadt sowie die umliegenden ländlichen Gebiete regierte. Die Tributzahlungen reichten aus, um die Prunkbauten zu errichten, die Besucher noch heute bestaunen können.

Die Anlage des Zeremonialzentrums erinnert an Tikal und andere, früher entstandene Städte in der Region von Petén.
Der Kern der Siedlung gruppiert sich um einen rechteckigen Platz, auf dem sich noch Spuren des ursprünglichen Schmuckes aus Stuck finden. Er fällt nach Süden hin leicht ab, um das Regenwasser abzuleiten. Auf dieser Seite erhebt sich auch der bedeutendste Gebäudekomplex, die so genannte Große Akropolis, die vor kurzem aufwendig restauriert wurde. Ein anderes wichtiges Bauwerk des Zeremonialzentrums ist der 120 Meter lange Nohol Na, auch Tempel des Nohol genannt. Nicht weit davon entfernt liegt die Plattform der Messer, eine Gruppe von Bauten aus unterschiedlichen Epochen. Die Akropolis steht auf einer sechs Meter hohen Plattform; am bekanntesten ist das Gebäude der Fünf Stockwerke aus der Puuc-Zeit, das über ein älteres Gebäude gestülpt wurde. Die Pyramide setzt sich aus vier übereinander gestaffelten Ebenen zusammen, auf deren Gipfel das eigentliche Heiligtum steht. Der sechs Meter hohe Dachkamm auf der Spitze wurde wohl in Anlehnung an die Sakralbauten von Tikal geschaffen. Im ersten Stockwerk befinden sich sieben Räume mit quadratischen Säulen im Stil von Río Bec an den Eingängen. Der vierte Stock wartet dagegen mit zylindrischen Säulen im Puuc-Stil auf. Zum Heiligtum gelangt man über eine steile Treppe an der Außenfassade.
Zwei typische regionale Stilmerkmale kennzeichnen den Komplex: zum einen das Gewölbe, zum anderen die runden Säulen, welche die Maya erst in der ausgehenden klassischen Periode verwendeten, als sich andere mesoamerikanische Völker ihrer schon lange bedienten. Aufgrund der Aufteilung der Innenräume halten manche Wissenschaftler das Gebäude der fünf Stockwerke für eine vollendete Verbindung zwischen einem Palast und einer Pyramide.

281 unten rechts
Der Nordtempel, der zur großen Akropolis gehört, wirkt wie die anderen Gebäude im Zeremonialzentrum von Edzná sehr massiv, jedoch weniger elegant als das Gebäude der Fünf Stockwerke.

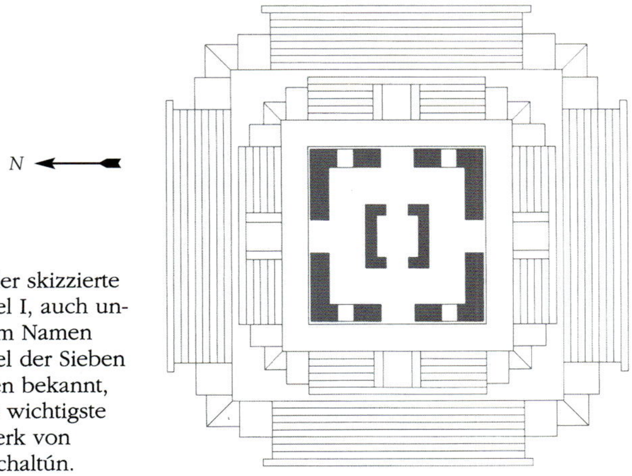

Der hier skizzierte Tempel I, auch unter dem Namen Tempel der Sieben Puppen bekannt, ist das wichtigste Bauwerk von Dzibilchaltún.

Dzibilchaltún, Zentrum bewegter Geschichte

Die alte Stadt Dzibilchaltún liegt etwa zwölf Kilometer vom heutigen Mérida entfernt im Norden der Halbinsel Yucatán. Ihre Ursprünge gehen auf die vorklassische Periode zurück, doch erreichte sie ihren wirtschaftlichen und kulturellen Höhepunkt erst in der ausgehenden klassischen Periode, wahrscheinlich zwischen dem 8. und dem 11. Jahrhundert. Die Entwicklung war vermutlich eng mit dem Salzhandel verknüpft und es scheint, als hätten zum Zeitpunkt der maximalen Ausdehnung etwa 25 000 Menschen in Dzibilchaltún gelebt. Der eigentliche Stadtkern besteht aus Gruppen von Stufenpyramiden mit falschen Gewölben, die eine zentrale Verkehrsachse säumen. Außerhalb des Zeremonialzentrums förderte man bei Grabungen rund 8000 antike Wohnhäuser zutage, darunter einige tausend Bauten mit Steinwänden. Mehrere Straßen verbanden das Stadtinnere mit anderen Komplexen und einem heiligen Teich, dem Cenote von Xalacah, auf dessen Grund sich unzählige Votivgaben fanden.
Im Herzen des Zeremonialzentrums erhebt sich eines der erstaunlichsten Beispiele der Mayaarchitektur in Yucatán. Der Tempel der Sieben Puppen wurde zwischen dem 7. und dem 8. Jahrhundert über einem älteren Gebäude errichtet. Es handelt sich um einen symmetrischen Tempel auf einer Stufenplattform, der einige im mesoamerikanischen Kulturraum absolut unübliche Elemente aufweist. Hierzu gehören die großen Fensteröffnungen neben dem Eingang in der Hauptfassade sowie der Hauptturm in Form einer Rumpfpyramide auf dem Dach. Er ist im Inneren hohl, besitzt aber keine Öffnungen nach außen. Nach Meinung einiger Forscher ersetzte er den traditionellen Dachkamm. Im Inneren fand man neben einem Altar aus der späten vorklassischen Periode sieben Tonfiguren in Menschengestalt, von denen der Name des Gebäudes herrührt.

282 oben links *Auch die Stätte Dzibilchaltún im Norden der Halbinsel Yucatán besitzt eine Reihe interessanter Gebäude. Diese Plattform mit Stele diente vermutlich als Altar. Am Ende der Straße erhebt sich der eigentümliche Tempel der Sieben Puppen aus der ausgehenden klassischen Periode.*

282 unten links *Auf einer niedrigen Plattform steht Gebäude 38, ein einfacher und massiver Tempel über quadratischem Grundriss, der an den Tempel der Sieben Puppen erinnert. Die Bauten von Dzibilchaltún sind für die Architektur der ausgehenden klassischen Periode auf Yucatán eher untypische Beispiele.*

282-283 *Einfach und zugleich rätselhaft ist die Struktur des Tempels der Sieben Puppen. Auf jeder Seite der niedrigen Plattform führt eine Treppe nach oben, eine Konstruktionsweise, die an die Mayapyramiden der späten präklassischen Periode erinnert.*

283 unten links *Dieses Bild zeigt den* sacbé, *die lange Straße zwischen dem Zeremonialzentrum und dem Cenote von Xalacah.*

283 unten rechts *Im Innern des Tempels der Sieben Puppen führt ein fensterloser „Turm" bis zum Dach und trägt auf diese Weise den traditionellen Dachkamm.*

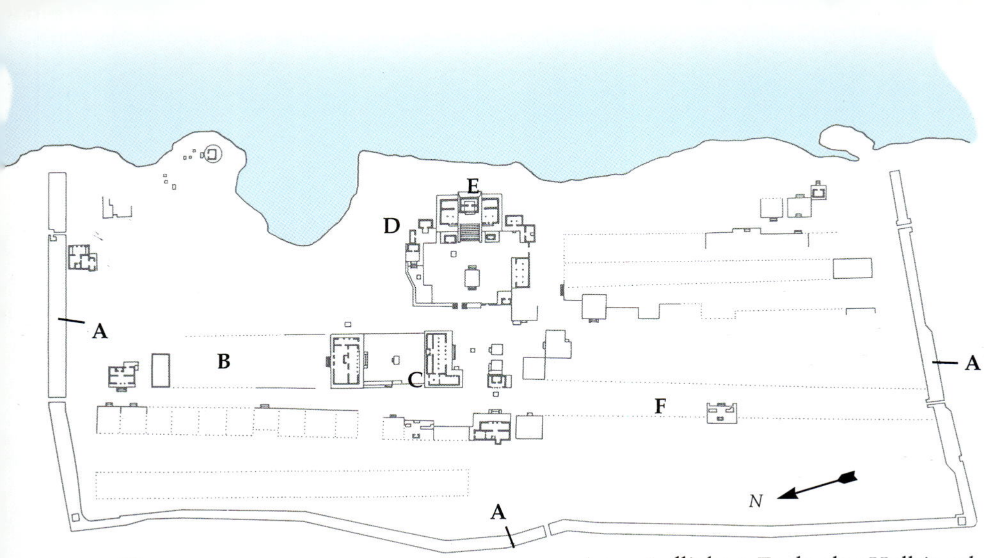

Tulum, die Festung am Meer

A Mauer
B Markt
C Großer Palast
D Tempel des herabstürzenden Gottes
E Castillo
F Hauptstraße

Am nördlichen Ende der Halbinsel Yucatán liegt Tulum, eine der letzten Mayabastionen der späten nachklassischen Periode, in exponierter Lage auf der Höhe einer Klippe. Die Stadt war einst ein wichtiger Anlaufhafen und ein bedeutendes Handelszentrum. Um 1200 gegründet, erreichte sie ihre höchste Blüte rund zwei Jahrhunderte später, nach dem Fall von Mayapán. Wie die anderen Zentren, die zur gleichen Zeit entlang der Küste entstanden, war auch Tulum ursprünglich von einem Festungsgürtel mit Wachttürmen und Wehrgängen umgeben. Einige Straßen verbanden das Zentrum mit dem Regenwald im Landesinneren. Als die Spanier unter der Führung von Juán de Grijalva 1518 hier landeten, lebten noch Menschen in der Stadt und Wallfahrer pilgerten zum Heiligtum der Göttin Ixchél auf der nahen Insel Cozumel. Nach der Konquista wurde Tulum aufgegeben und geriet in Vergessenheit. Erst 1841 stießen die berühmten Forschungsreisenden John Stephens und Frederick Catherwood auf die versunkene Stadt. Wie in den anderen Küstenzentren lässt sich auch in Tulum eine Mischung von Stilelementen der Maya mit solchen aus Mexiko beobachten. Eines der wichtigsten Gebäude, das Castillo, ragt auf einem steilen Felsenvorsprung empor. Der Säulengang auf der Vorderseite, der sich eindeutig an der maya-toltekischen Kultur von Chichén Itzá orientiert, weist es als eines der ältesten Bauten der Stadt aus. Von Bedeutung ist auch der Tempel der Fresken aus der späten nachklassischen Periode. Seine Wände sind vollständig mit eleganten Gemälden verziert, auf denen Blau- und Grautöne vorherrschen. Sie kreisen um Szenen aus der Mythologie und besonders um eine geheimnisvolle Gottheit, deren Identität noch nicht geklärt werden konnte. Wegen der Haltung, in der sie sich präsentiert, wird sie als „herabsteigender Gott" bezeichnet. Der Stil der Fresken erinnert stark an Gemälde aus den mixtekischen Kodizes von Oaxaca.

284 oben links *Der Tempel der Fresken in Tulum gehört zu den letzten vor der Konquista von Mayavölkern erbauten Gebäuden.*

284 unten links *Das größte Bauwerk von Tulum ist das hier abgebildete Castillo, das in exponierter Lage auf einer Klippe über dem Meer thront.*

284-285 *Der Blick auf Tulum lässt ahnen, welche Verwunderung die Spanier empfunden haben müssen, als sie die Zitadelle auf der Steilklippe entdeckten. Nach dem Fall von Mayapán übernahm Tulum die Funktion der Hegemonialmacht über Yucatán und war noch bei Ankunft der Europäer bewohnt.*

285 unten links *Das Castillo von Tulum liegt exponiert auf der Höhe einer Klippe. Seine Struktur erinnert an den Stil einer maya-toltekischen Pyramide, die hier allerdings einer Festung gleicht.*

285 unten rechts *Der lang gezogene Palast besaß ein Atrium mit Säulengang.*

286-287 *Im Unterschied zu Mayastädten früherer Epochen war Tulum als befestigte Zitadelle angelegt und diente vor allem als Handelsplatz. Diese Ansicht zeigt den wichtigsten Tempel und das letzte Wahrzeichen der Mayakultur, das Castillo, wie es sich heute Besuchern darbietet.*

Glossar

Atlatl
Aztekische Bezeichnung für einen Wurfspeer, den die Tolteken während der nachklassischen Periode in Mesoamerika einführten. Der *atlatl* besteht aus einem Stock, an dessen Ende ein Haken befestigt ist. Er diente zunächst zur Jagd, später auch als Waffe.

Calmecac
Aztekische Bezeichnung für Tempelschulen, die den jungen Männern der Oberschicht von Tenochtitlán vorbehalten waren. Sie erhielten Unterricht in zahlreichen Fächern, unter anderem in Astronomie, Mathematik und Schreibkunst.

Chac mool
Opferaltar aus Stein in Form eines halbausgestreckten Menschen, der sich auf die Ellenbogen stützt und den Kopf zu einer Seite dreht. Die Tolteken führten den *Chac mool* in Mesoamerika ein; die berühmtesten Altäre finden sich in Tula, Chichén Itzá und Tenochtitlán.

Cenote
Von dem Mayawort *dzonot* abgeleitetes spanisches Wort. Es bezeichnet einen natürlichen, tiefen und kreisförmigen Brunnen (Doline) über einer Karstquelle auf der Halbinsel Yucatán. Der Cenote diente als Wasserreservoir und Kultstätte für den Regengott.

Dachkamm
Ab der frühen klassischen Periode übliche Verzierung auf dem Gipfel von Mayatempeln. Auf Tempel V in Tikal erreicht der Dachkamm eine Höhe von 16 Metern. Während der postklassischen Periode waren die Dachkämme mit farbigen Stuckfiguren – in der Regel Masken von Göttern, Schlangen, Jaguaren oder hochrangige Persönlichkeiten – geschmückt.

Falscher Bogen, falsches Gewölbe
Bei den Maya übliche Technik der Bogengestaltung. Im Gegensatz zum echten Gewölbe, das bei den Maya unbekannt war, kragen die Steine des falschen Gewölbes von Schicht zu Schicht vor, bis sich der Bogen schließt, oder die Mauern nehmen bis zum Gewölbeschluss an Dicke zu.

Hieroglyphen
Schriftzeichen (von griech. „gliefein“, „schreiben“). In der Schrift der Zapoteken und der Maya bestehen die Hieroglyphen aus ideografischen oder phonetischen Zeichen oder einer Mischung aus beiden.

Kakao
Pflanze *(Teobroma Cacao)* aus der Familie der Sterculiaceae, die ursprünglich im Amazonasgebiet und in Mesoamerika beheimatet war. Zapoteken, Maya und Azteken brauten aus den zu Pulver zerriebenen Kakaosamen einen bitteren, zugleich stimulierenden und nahrhaften Trank, die Grundlage unserer Schokolade.

Kazike
Aus dem Karibischen abgeleitetes spanisches Wort. Es bezeichnet die eingeborenen Häuptlinge oder Ortsvorsteher kleinerer Gemeinden in Meso- und Südamerika während der präkolumbianischen Epoche und der Kolonialzeit.

Nahual
Das Azteken-Wort bedeutet „Verwandlung“. In der religiösen Vorstellung der präkolumbianischen Völker Mesoamerikas besaßen Herrscher und Schamanen neben ihrer menschlichen auch eine Tier-Identität. Mit Hilfe von Speisen oder Riten versetzten sie sich in Trance und konnten dann Kontakt zu ihrem nahual-Tier in der Welt des Übernatürlichen aufnehmen. Das wichtigste nahual-Tier war der Jaguar, der als Symbol der göttlichen Macht und als nächtliche Erscheinungsform des Sonnengottes galt.

Nahuatl
Nahuatl, die Sprache der Azteken gehört zur Familie der utoaztekischen Sprachen. In Mittelamerika sprechen heute über eine Million Menschen Nahuatl.

Patolli
Aztekisches Spiel unbekannter Herkunft, das besonders zur Zeit der spanischen Eroberung sehr beliebt war und dem indischen *parchesi* ähnelt.

Pochteca
Nahuatl-Wort für Kaufleute und Händler. In der mesoamerikanischen Welt hatten sie eine bedeutende Position inne. Sie besaßen mehrere Schutzpatrone.

Quetzál
Der Quetzál *(Pharomachrus mocinno)* stammt aus der Familie der Trogons. Er ist in den tropischen Wäldern Mesoamerikas beheimatet. Die präkolumbianischen Völker verehrten ihn aufgrund seines grün leuchtenden Federkleides als heilig. Der Wappenvogel Guatemalas zählt zu den vom Aussterben bedrohten Tierarten.

Schamane
Der Schamane war in der präkolumbianischen Welt Heiler, Priester und Zauberer in einer Person. Mit Hilfe halluzinatorischer Riten oder Speisen versetzte er sich in Trance und konnte dann in Kontakt mit der Welt der Götter treten. Während der präklassischen Periode hatten Herrscher zugleich die Funktionen des Schamanen inne. Auch heute gibt es bei vielen amerikanischen Stämmen noch Schamanen.

Talud-tablero-Schema
In Teotihuacán entwickeltes Gestaltungsprinzip, das sich in vielen Teilen Mesoamerikas durchsetzte. Ein senkrechter Wandteil *(tablero)* ruht auf einer schrägen Mauer *(talud)*. Die Proportionen dieses Schemas können sehr unterschiedlich ausfallen und lassen daher eine Vielfalt architektonischer Gestaltungsweisen zu.

Temazcalli
Nahuatl-Wort für ein privates oder öffentliches Dampfbad, das die Bewohner von Tenochtitlán aus rituellen und hygienischen Gründen außerordentlich schätzten. Es bestand aus einem Raum, dessen Steinfußboden stark erhitzt und anschließend mit Wasser begossen wurde, damit Dampf entstand.

Teocalli
Nahuatl-Wort für „Zeit“ und, damit verbunden, für einen bestimmten Kalender. Wörtlich bedeutet der Begriff „Haus der Götter“.

Tzompantli
Das Steinmonument bildet ein Holzgestell nach, auf das man die Köpfe geopferter Menschen oder enthaupteter Feinde steckte. Die Tolteken der nachklassischen Periode führten es in Mesoamerika ein.

Weltenbaum
Mythisches Symbol der Maya, bestehend aus einem Baum, der im Knotenpunkt der vier Himmelsrichtungen steht und mit Wurzeln, Krone und Zweigen die Ebenen der Unterwelt, der irdischen Welt und der Welt der Götter vereint.

Literaturverzeichnis

Geschichte und Kultur der präkolumbianischen Völker Mittelamerikas

Baudez, C. und Becquelin, P.: Les Mayas. Paris, 1984

Benson, E. (Hg.): The Olmec and their neighbors: Essays in memory of Matthew W. Stirling. Dumbarton Oaks, Washington D.C., 1981

Davis, N.: Die Azteken. Düsseldorf 1974

Davis, N.: The Toltecs until the Fall of Tula. Norman, 1977

Helfritz, H.: Die alten Kulturen der Neuen Welt. Wien, 1965

Matos Moctezuma, E.: Les Aztèques. Lyon, 1989

Matos Moctezuma, E.: Teotihuacán – La Metropoli degli Dei. Milano 1990

Pina Chan, R.: Olmechi – La Cultura Madre. Milano, 1989

Séjourné, L.: Altamerikanische Kulturen. Fischer Weltgeschichte Band 21. Frankfurt, 1984

Soustelle, J.: Die Olmeken, Ursprünge der mexikanischen Hochkulturen. Zürich und Freiburg i. Br., 1980

Willey, G. R. (Hg.): Das Alte Amerika. Propyläen Kunstgeschichte, Bd. 18. Berlin, 1974

Archäologische Stätten: Architektur, spanische Eroberung und erste Reisende

Baudez, C. und Picasso, S.: Les cités perdues des Mayas. Paris, 1987

Díaz del Castillo, B.: Historia Verdadera de la Conquista de la Nueva España. 2 Bde. Porrua, 1960

Durán, Fray Diego: Historia de las Indios de Nueva España E Islas de la Tierra Firme. Porrua, 1967

Graulich, M.: L'art précolombien. La Mésoamérique. Paris, 1992

Hardoy, J.: Pre-Columbian Cities. New York, 1973

Miller, M. E.: The Art of Mesoamerica. New York, 1986

Miller, M. E. und Taube K.: The Gods and Symbols of Ancient Mexico and The Maya. London und New York, 1992

Morley, S., Brainerd G. und Sharer, R. J.: The Ancient Maya. Stanford, 1983

Paddock, J.: Ancient Oaxaca. Palo Alto, 1966

Pasztory, E.: Aztec Art. New York, 1983

Popol Vuh, Das Buch des Rates. Düsseldorf, 1980

Prescott, W.: Historia de la Conquista de Mexico. Porrua, 1970

Proskouriakoff, T.: An Album of Maya Architecture. Washington, 1946

Rodríguez Monegal, E.: Die Neue Welt. Chroniken Lateinamerikas von Kolumbus bis zu den Unabhängigkeitskriegen. Frankfurt, 1982

Ruz Lhuillier, A.: El Templo de las Inscriptiones, Palenque. México D. F., 1973

Schele, L. und Freidel, D.: Die unbekannte Welt der Maya. Das Geheimnis ihrer Kultur entschlüsselt. München, 1991

Stierlin, H.: Das Alte Mexiko. Weltkulturen und Baukunst. München, 1964

Stierlin, H.: Die Kunst der Azteken. Stuttgart, 1982

Stierlin, H.: Die Kunst der Maya. Stuttgart, 1983

Thompson, J. E. S.: Die Maya – Aufstieg und Niedergang einer Indianerkultur. München 1968

Townsend, R.: State and Cosmos in the Art of Tenochtitlán. Dumbarton Oaks Study 20, Washington D.C., 1979

Kunst, Religion und Alltag

Alcina-Franch, J.: Die Kunst des alten Amerika. Freiburg, 1979

Benson, E. (Hg.): Death and the Afterlife in Pre-Columbian America. Washington D.C., 1973

Caso, A.: El Tesoro de Monte Albán. Mexico City, 1969

Caso, A.: Los Calendarios prehispanicos. Mexico City, 1967

Coe, M. D.: Das Geheimnis der Maya-Schrift. Ein Code wird entschlüsselt. Hamburg 1995

Edmundson Munro, S.: The Book of the Year. Middle American Calendrical System. Salt Lake City, 1988

Houston, S. D.: Maya Gliphs. London, 1989

Joralemon, P.: A Study of Olmec Iconography. Studies in Precolumbian Art and Archaeology. Dumberton Oaks Study 7, Washington D. C., 1971

Kan, M., Meighan, C. und Nicholson, H. B.: Sculpture of Ancient West Mexico: Nayarit, Yalisco, Colima. Los Angeles, 1989

Leon Portilla, M.: Rückkehr der Götter. Köln, 1962

Leyenaart, T. A. und Parson, L.: Ulama, The ballgame of the Maya and Aztec. Leiden, 1988

Müller, W.: Kleine Geschichte der altamerikanischen Kunst. Die Hochkulturen Mittel- und Südamerikas. Köln, 1988

Proskouriakoff, T.: A Study of Classic Maya Sculpture. Washington, 1950

Scharlau, B. und Münzel, M.: Quellqay. Mündliche Kultur und Schrift bei den Indianern Lateinamerikas. Frankfurt a. Main, 1986

BILDNACHWEIS

Antonio Attini/Archivio White Star: Seiten 18, 19 Hintergrund, 37 o, 39 m, 58, 110 or, 138 l, 139 u, 148, 149, 150, 151, 152, 152-153, 154, 155, 156, 157, 160 u, 160-161, 161 m, u, 162, 163 o, 164, 165, 166, 167, 168, 169, 170, 171, 172 o, 172-173, 174, 175, 176, 177, 178, 179, 182 u, 182-183, 183 o, 184 u, 184-185, 186, 187, 188-189, 189 o, 204-205, 205 r, 210 r, 213, 231, 233, 234 m, u, 234-235.

Massimo Borchi/Archivio White Star: Seiten 1, 2-3, 4-5, 6-7, 12 Hintergrund, 136-137, 138-139, 140, 140-141, 141 ur, 142 ol, 142-143, 143, 144-145, 146-147, 161 o, 162-163, 190, 191, 192, 193, 194, 195, 196, 197, 198, 199, 200, 201, 218 o, 218-219, 219 u, 220-221, 222, 223, 224, 225, 226, 227 o, u, 228-229, 236 o, 237, 238, 239, 242, 243, 246, 247, 250, 251, 252, 253, 260 o, m, 261, 262, 263, 264 o, 264-265, 266, 267, 270, 271, 274, 275, 276, 277, 280, 281, 282, 283, 284, 285, 286-287, 292 Hintergrund.

Aisa/Ag. Luisa Ricciarini: Seiten 35 2. Foto v. l., 153 u, 173 u, 184 l, 205 ol, 240 l.

AKG Photo: Seiten 61 ur, 85, 108 u.

Archivio Scala: Seiten 26 4. Foto v. l., 48-49, 77 or, 100-101, 101 o, 103 o, 104, 117 m, 118-119, 126 ol.

Archivio Foto Elio and Stefano Ciol: Seiten 116 r, 125 m, 130 or.

Charles Lenars: Seite 67 or.

E.T. Archive: Seiten 24 o, 115, 128 u.

Franck Lechenet/Ag. Hemispheres: Seiten 236-237.

Giovanni Dagli Orti: Seiten 8 o, 9, 16-17, 20 o, 21, 22, 26 2. Foto v. l., 26 3. Foto v. l., 26 5. Foto v. l., 34, 35 1. Foto v. l., 35 3. Foto v. l., 36, 37 u, 38 o, u, 40 r, 42 o, 42-43, 44, 45, 46, 47, 52, 53, 54, 55, 56 u, 59, 60 o, 62 o, 64 o, 65, 67 ol, 67 u, 68, 69, 70 o, m, 71, 72, 77 u, 78, 79 c, u, 80-81, 82, 83, 90 o, ur, 91 o, 92, 92-93, 95 r, 97, 99 o, 101 u, 102 o, 103 u, 106, 107, 108 o, 109 or, u, 110 ol, 111, 112-113, 117 o, 118 o, 120, 121, 124, 125 u, 126 ul, 128 or, l, 129, 130-131, 135, 173 o, 183 u, 185 o, 189 u, 208 o, m, 211, 212, 214 l, 215, 230, 260 u, 265, 292.

Henri Stierlin: Seiten 10-11, 13, 14-15, 20 u, 23 o, 24 u, 25, 38 r, 39 o, u, 40 l, 41, 42 u, 57, 60 u, 61 o, 61 ul, 62 m, u, 63, 64 u, 66, 70 u, 73, 74, 75, 76, 77 ol, 91 ul, 93, 94, 95 o, u, 102 u, 105, 109 ul, 110 u, 116 l, 117 u, 119, 122, 123, 125 o, 130 u, 134 l, 141 ul, 142 or, 153 o, 208 u, 214 r, 216, 217, 219 o, 254, 259.

Werner Forman Archive: Seiten 8 Hintergrund, 23 u, 26 1. Foto v. l., 56 o, 84-85, 90 ul, 91 ur, 96 l, 98, 98-99, 102 m, 103 m, 112, 113 o, 114, 126 r, 134 r.

Museen und Kunstsammlungen

Biblioteca Medicea Laurenziana, Florenz: Seiten 96 o, 127 o, u.

Bourbon Palace Library, Paris: Seiten 80-81, 83, 103 u, 135 u.

Civic Library, Turin: Seite 109 ur.

David Bernstein, New York: Seite 90 ul.

Ethnological Missionary Museum, Vatican: Seite 126 ol.

Metropolitan Museum of Art, New York: Seite 56 o.

Museo de America, Madrid: Seiten 118-119.

Museo degli Argenti, Florenz: Seiten 48-49.

Museum für Völkerkunde, Basel: Seite 126 r.

Museum für Völkerkunde, Wien: Seiten 61 ur, 92 u, 92-93, 108 u.

Museum of Decorative Ceramics, Teotihuacán: Seite 183 u.

Museum of Mankind: Seiten 24 o, 115, 128 ul.

Museum of the Popol Vuh, Guatemala: Seite 117 o.

National Archaeological Museum, Guatemala: Seiten 8 o, 9, 97, 102 o, 112-113, 118 o, 292.

Nationalbibliothek, Florenz: Seiten 102-103, 103 o, 117 m, 127 m.

Nationalbibliothek, Madrid: Seiten 67 u, 78, 79, 92 l, 113 u, 129 u.

Nationalbibliothek, Paris: Seite 85.

National Museum of Anthropology, Mexico City: Seiten 8 Hintergrund, 16-17, 20 o, 21, 36, 37, 38 o, u, 39 m, 42 o, 42-43, 44, 45, 46, 47, 52, 53 u, 58, 59 o, 62 o, 64 o, 65, 67 ol, 68, 69, 70, 71, 72, 77, 82, 90 o, ur, 103 o, 110, 111, 113 o, 124 u, 125 u, 126 ul, 128 ol, 129 o, 130-131, 135 o, 153 u, 173, 184 l, 185 o, 189 u, 208 o, 210 l, 210 or, 211, 212, 213 u, 230, 231, 265.

National Museum of Ethnology, Leyden: Seite 120.

Oaxaca Regional Museum: Seiten 95 r, 108 o, 109 o, r.

Privatsammlung: Seiten 96 l, 96 u, 102 m, 103 m, 112, 134 r.

Sotheby's, New York: Seite 91 ur.

Templo Mayor Museum: Seiten 66, 73, 128 or, 208 m, u, 210 ur.

The Bridgeman Art Library: Seiten 78-79, 86 o, 96 u, 113 u, 127 m.

The British Museum, London: Seiten 98, 98-99, 118.

Tikal Museum, Guatemala: Seiten 53 o, 103 u, 121, 124 u.

Universitätsbibliothek, Bologna: Seiten 84-85.

University of Veracruz Museum, Jalapa: Seiten 22, 40 r, 117 u.

Villahermosa Regional Museum: Seite 59 u.

Xochicalco Museum: Seite 189 o.

Dr. Kurt Stavenhagen Sammlung: Seite 23 u.

REGISTER

a *hinter einer Seitenzahl bezieht sich auf eine Abbildung*

***292** Diese Maya-Tonpfeife von der Insel Jainá stellt einen* maracas*-Spieler dar.*